经济管理学术文库·金融类

家族企业融资行为机理与特性

Mechanism and Characteristics of Financing Behavior of Family Enterprises

耿成轩 / 著

> 图书在版编目（CIP）数据
>
> 家族企业融资行为机理与特性/耿成轩著. —北京：经济管理出版社，2011.7
> ISBN 978-7-5096-1553-9
>
> Ⅰ.①家… Ⅱ.①耿… Ⅲ.①家族—私营企业—融资—研究 Ⅳ.①F276.5
>
> 中国版本图书馆 CIP 数据核字（2011）第 150780 号

出版发行：经济管理出版社
北京市海淀区北蜂窝 8 号中雅大厦 11 层
电话：(010)51915602　　邮编：100038
印刷：北京银祥印刷厂　　经销：新华书店
组稿编辑：勇　生　　责任编辑：勇　生　赵祥昆
责任印制：杨国强　　责任校对：蒋　方

720mm×1000mm/16　　16.5 印张　　275 千字
2013 年 3 月第 1 版　　2013 年 3 月第 1 次印刷

定价：38.00 元

书号：ISBN 978-7-5096-1553-9

·版权所有　翻印必究·

凡购本社图书，如有印装错误，由本社读者服务部负责调换。联系地址：北京阜外月坛北小街 2 号
电话：(010)68022974　　邮编：100836

序

  家族企业的复兴与崛起，是中国改革开放以来最为重要的经济与社会现象之一。实际上，家庭或家族经营是一种极为古老的经营方式，家族企业的历史由来已久。无论是中国社会早期的织造坊、铁器坊、铜坊、糖坊、纸坊等大量以家庭或家族为中心的手工作坊，还是明清时期以"徽商"和"晋商"为代表的商贸行，以及清末"洋务运动"后出现的郭氏家族的永安公司、简氏兄弟的南洋烟草公司以及荣氏家族的"三新"（福新、茂新、申新）公司等民族企业，普遍采用了家庭或家族所有、主要家族成员直接参与经营的家族制经济组织模式。改革开放初期农村家庭联产承包责任制的普遍推广和个体私营经济的兴起，成为中国家族企业的历史进程中断数十年后再度复兴的重要标志。这种在当时特定的社会、政治、经济和文化背景下最为可行与最为熟悉的制度选择，可以说是"又一只看不见的手"——家族制度发挥社会资源配置作用的结果，从而奠定了家族企业组织形态在私营经济中的主流地位，掀开了中国家族企业复苏、成长与发展的新的历史画卷。经历了由少到多，从纺织、商贸等传统行业到电子、信息、生物等高新技术领域，从单一业主制到股份合伙制乃至上市公司，从零散、分散的家庭小作坊到跨行业、跨地域大型企业集团的巨大发展，在夹缝中萌生、成长起来的家族企业已成为中国私营企业中最具普遍意义的经济组织形式，为社会变革提供了重要的经济支撑和深厚的物质土壤，是中国社会经济版图上不可忽视的重要群体。

  家族企业在中国的快速复兴与崛起不是偶然的。从古至今，家庭是人类社会最基本的生活单位，家庭关系则是最基本的关系。当家庭或家族所具备的社会经济功能发挥作用，涉足生产、分配、交换和消费的各个环节，并将资本、劳动力、土地、技术等家族在社会系统内的基本资源以及建立在亲缘关系基础上的家族伦理规则等家族制度，有组织地投射于社会经济活动当中之时，家族就成为一种特定的经济组织的生长点，进而培植、孕育出具有生产组织功能的家族式经营的企业来。翻开人类经济发展的历史，最古老的经济组织无疑是家庭或家族经济共同体，现代意义上的企业也大多是从家族经济共同体转化而来的。特别是"家文化"传统在中国社会更是有着无比深厚的积淀，这个巨大而深厚的制度存量，为我国现代家族企业存在与发展的合理性与必然性提供了深层的注解。回顾波澜壮阔的改革历程，中国经济转轨实际上是促进生产力发展的新制度不断取代束缚生产力发展的传统制度的过程。可以说，私营经济是最能够适应市场经济的一种经济成分，而家族企业又是私营经济中最具活力的经济形式。尤其是在市场经济发展的初期，家族企业的活力与适用性及其自身的优势是其他企业组织无法相比的。在家族企业最为发达的我国东部沿海地区，特别是广东、浙江、江苏这些资源并不丰富的省份，经济发展速度长期居于全国前列。其中一个重要原因就是在社会经济的巨大变革过程中，依靠血缘和亲缘关系以及家庭和家族规则所产生的强大凝聚力，通过共同经济利益的感召，使得私营经济起步早、生命活力强、发展速度快、规模大，在推动地区经济增长、促进社会发展、拓展就业渠道、提供有效供给、形成合理的经济结构等方面都发挥了无可替代的巨大作用。在一定程度上，以家族企业为主体的私营经济作为转轨时期最具生命活力的经济机体，是形成我国不同地区国民经济发展水平和速度之差异的重要因素之一。

美国学者吉尔伯特·罗兹曼认为，"家庭和血缘有一切理由能构成研究现代中国的第一主题"。家族企业在中国的兴盛已成为无可辩驳的事实，而家族企业将在中国长期存在的观点也已逐渐得到绝大多数学者的肯定。放眼全球，无论是在经济发达国家，还是在新兴经济国家与地区，家族企业都同时承受着批评与赞誉。事实上，家族企业是个中性词，不具有任何褒贬意义，不应盲目给家族企业贴上低效、落后、即将被现代公司取代的标签。所谓家族企业的消亡只是一种可能性，而不是定理。众多国家的企业发展史都印证了这一点。作为人类历史上最古老的企业组织形式，家族企业在工业化进程中既不是一种只适用于传统劳动密集型的小规模生产者，也不是通向更为高级的、成熟的企业组织形式过程中的一个昙花一现的阶段。它并未随着社会经济的演变而消亡，而是在自身的维系上表现出了某种韧性。不仅深深扎根于家族文化传统浓厚的亚洲国家和地区，即使在市场经济非常成熟、发达的现代西方社会，以"血缘"为纽带的家族企业依然表现出强大的生命力，并没有随着生产力水平的提高而消亡，至今仍然是生机勃勃。与家族企业在东西方各国的广泛存在相对应，不同国家的意识形态、制度环境、文化背景及经济水平的差异，形成了家族企业发展的不同环境，使得家族企业在其可存在的界限内以不同的方式运行达到自身最高交易效率。因此，没有必要去争论家族企业是否适合我国当代市场经济、家族企业是否应存续、家族企业制度是否一定要转化为现代企业制度等诸如此类的问题，市场竞争形成的淘汰机制所作的选择是最有说服力的，实践已经做出了最有力的回答。我们要做的就是，在现代社会多元企业生态环境下，正视家族企业这一当代企业群体中数量庞大、内部结构关系复杂、规模差异显著的企业组织形态，科学梳理其内在的组织关系结构，客观评价其在社会经济发展中的地位与作用，深入剖析其运行动力、成长"瓶颈"与发展障碍，使这一特殊的经济组织形态能够不断适应社会经济的变革，积极应对来自于市场经济体制不断完善的宏观要求和企业自身发展的微观压力的双重挑战，并使其更具持久的竞争力和生命力。寻求对家族企业健康、持续发展有价值的理论诠释，呼唤富有建设性的科学指引，提供有益的启示和借鉴，这正是21世纪中国家族企业研究的根源与动力所在。

对于这本即将问世的专著，我不想做过多的评论。但作者基于家族企业这一具有极大吸引力的研究对象，围绕融资问题这一决定家族企业成长空间乃至生死存亡的关键性困惑与难题展开研究，分析家族企业不同于其他经济组织的复杂而独特的融资行为特性，其研究视角以及所提出的一些观点很具鲜明特色与独到之处。第一，该书将家族企业融资行为的内生复杂基因结构、外部融资环境约束作用及其动态演变纳入一个统一的分析框架之中，构建了一个开放环境下系统性的理论研究框架，勾勒出一个比较清晰的家族企业融资行为特征轮廓、体系框架和运行路径。克服了过于注重局部而割裂整体、只看到内部而忽视外部、拘泥于静态而忽略动态的系统性缺陷，充分体现要素与要素、要素与结构、结构与环境的整体效应，提升了家族企业融资行为研究的完整性、系统性和有效性。第二，从家族企业存在着特殊的企业主权威这一显著特征出发，重新审视现有主流融资理论对家族企业融资活动理论诠释的不足与适用性的偏差，将企业主个人权威、特质、社会地位等新的分析元素内化到研究脉络之中，增强了对家族企业融资行为独有特性的诠释力。第三，结合家族及企业生命周期的多维波动，动态而非静态地研究家族企业融资活动，分析与时间和空间相关的家族企业融资行为的复杂演变过程，更好地反映其融资行为动态变迁的运行机制和基本规律。第四，基于转轨期宏观融资制度安排对不同所有制企业的非均衡性以及家族企业的生长习性，将非正规金融引入家族企业融资研究，结合正规金融和非正规金融的双重视角展开深入分析，为更客观、全面地揭示家族企业现实环境下的融资行为进行了有益的尝试。

不可否认的是，作为人类社会最早出现并一直延续至今的企业组织形态，家族企业本质上为家族与企业的集合体，既是一个社会经济组织，又是一个文化伦理组织，融合了社会、历史、文化、经济等多种复杂的因素。现实中家族企业融资活动是一个涉及面很广的问题，尤其是我国经济转轨背景下家族企业复兴与发展的历史轨迹并不长，独特的社会环境、历史传统、文化根源及成长路径等诸多因素的综合作用效应，导致家族企业融资行为机理与特性更加复杂，迄今为止并不存在一个可以被普遍接受的答案。作为一个系统复杂的研究课题，这本书最终的价值与优劣须留待广大读者去评判。无论如何，通过持续不断地研究，来拓展家族企业融资问题研究的空间，丰富和完善家族企业融资理论的内容体系，将是理论界和企业界共同努力的方向。

中国人民大学商学院教授、博士生导师　荆　新
2013年2月

内容提要

　　作为人类历史上最古老的经济组织形态，家族企业至今仍是世界各国最具普遍意义的企业类型，也是当今我国私营企业的主导模式和社会经济版图上不可忽视的重要群体。家族企业不同于其他经济组织的内生异质性特征以及外部环境的复杂作用效应，衍生出其复杂而特殊的融资行为机理与特性，映射出现有主流企业融资理论对家族企业适用性的匮乏与不足，相关理论探讨和实证分析迫切需要得到更加深入的研究。本书从整体的、有机的、能动的思维逻辑出发，基于家族企业内生关系结构的异质性和复杂性、外部融资环境的多样性和约束性，以及生命周期多维波动的规律变迁，重新审视和考量现有主流融资理论对家族企业融资活动的适用性和理论偏差，通过理论与实证研究，阐释家族企业融资活动的行为机理及其复杂性、特殊性和动态性，揭示其融资活动的过程、实质和行为规律。

　　本书对家族企业融资行为多方位、深层次的系统研究，主要围绕以下四个方面展开：首先，剖析家族嵌入所引致的家族企业内生异质性关系结构，从融资目标、灰色资金流动、控制权偏好和企业主权威等不同侧面，研究家族企业不同于一般企业组织的复杂而特殊的融资行为，构建家族企业融资结构决策模型，指出家族企业融资行为取向与融资结构特征是其内生异质性关系结构作用效应的映射，是家族利益与企业价值的动态均衡。其次，在内生关系结构效用分析的基础上，考察分析影响和制约家族企业融资行为的外部融资环境，构建融资信号传递博弈、非正规金融替代、上市融资决策等系列模型，研究家族企业在信贷市场、非正规金融市场、债券市场、股票市场的融资活动，针对宏观融资环境中客观存在的所有制歧视和规模歧视，指出家族企业融资行为体现了从微观的企业经营管理层面到宏观的融资制度体系层面的共同作用，是一定融资环境约束下理性选择的结果。再次，将家族企业融资活动与企业生命周期有机联系起来，分析家族企业融资行为与企业生命周期之间的动态相关性，通过家族企业融资行为动态演变模型构建，分析初创期、成长期、成熟期、转化（衰退）期各阶段融资行为动态变迁的运行机制和基本规律。最后，进一步展开家族企业融资行为实证研究，设计家族企业融资问卷调查表架构与变量，运用数模分析方法和统计软件平台，对样本数据进行统计检验分析，为理论分析提供事实基础并验证其可靠性和有效性。基于以上对家族企业融资行为的理论与实证分析，得出一系列相关结论与启示，系统而完整地揭示家族企业复杂而特殊的融资行为机理与特性规律。

目 录

第一章 绪论 … 1

第一节 国内外家族企业发展背景 … 1
一、家族企业的发展是一个世界性的现象 … 1
二、家族企业在中国内地的复兴与发展 … 5

第二节 问题的提出与研究的意义 … 12
一、问题的提出 … 12
二、研究的意义 … 15

第三节 国内外研究现状 … 16
一、国外研究现状 … 16
二、国内研究现状 … 23
三、国内外研究现状简要评析 … 28

第四节 研究的基本思路与内容结构 … 30
一、研究的基本思路 … 30
二、本书的内容结构 … 31

第二章 家族企业融资理论基础 … 33

第一节 家族企业的内涵与界定 … 33
一、家庭与家族的内涵 … 33
二、家族企业的界定 … 36

第二节 企业融资方式与融资行为 … 47
一、企业融资方式及其划分 … 47
二、融资行为与融资结构 … 51

第三节 企业融资结构理论 … 52
一、早期的融资结构理论 … 52

二、现代融资结构理论 ·· 53
　　三、融资结构理论的新发展 ·· 55
　　四、融资结构理论与家族企业融资研究述评 ····················· 57
第四节　金融成长周期理论 ·· 59

第三章　家族企业融资行为取向的内生影响因素 ······················ 63
第一节　家族企业的内生异质性结构 ····································· 63
　　一、家族企业系统——家族系统与企业系统的耦合 ·········· 63
　　二、家族嵌入下的异质性特征 ······································· 66
第二节　融资目标的复杂性——家族利益与资本理性的交融 ····· 68
　　一、家族企业目标的复杂性 ·· 68
　　二、家族企业融资目标的复杂均衡 ································ 70
第三节　融资活动的特殊性——企业与家族的灰色资金流动 ····· 73
　　一、家族资本与企业资本的交织 ··································· 73
　　二、家族与企业资本互动的融资影响效应 ······················ 75
第四节　融资方式的治理性——控制权偏好的效用 ·················· 77
　　一、家族对控制权的特殊偏好 ······································ 77
　　二、控制权偏好对融资行为的影响 ································ 80
第五节　融资决策的有效性——企业主权威的作用 ·················· 83
　　一、家族企业中的企业主权威 ······································ 83
　　二、企业主融资决策的主导作用 ··································· 86
第六节　家族企业融资行为取向特征——顺序与结构 ·············· 90
　　一、内源融资倾向 ·· 90
　　二、外源融资选择 ·· 91
　　三、家族企业融资结构决策模型 ··································· 94

第四章　家族企业融资行为的外部环境约束 ··························· 101
第一节　家族企业融资环境的总体特征 ································· 101
　　一、融资制度障碍——增长与供给的悖论 ···················· 101
　　二、融资活动的规模歧视 ··· 105
第二节　信贷市场与家族企业融资——信息不对称的分析视角 ··· 108
　　一、信息不对称与家族企业信贷配给 ··························· 108

二、家族企业融资的信息传递博弈分析 ………………………… 112
　　三、家族企业的关系融资 ………………………………………… 116
第三节　非正规金融与家族企业融资 ………………………………… 118
　　一、非正规金融的形态特征 ……………………………………… 118
　　二、非正规金融——诱致性制度变迁的产物 …………………… 122
　　三、非正规金融的比较优势与相对劣势 ………………………… 127
　　四、家族企业融资中的非正规金融替代效应 …………………… 132
第四节　家族企业与债券融资 ………………………………………… 136
　　一、企业债券融资的市场环境特征 ……………………………… 136
　　二、家族企业债券融资分析 ……………………………………… 137
第五节　股票市场与家族企业融资 …………………………………… 139
　　一、家族企业上市融资的环境与路径 …………………………… 139
　　二、家族企业上市的收益与成本 ………………………………… 144
　　三、家族上市融资行为决策的模型分析 ………………………… 148

第五章　家族企业融资行为的动态变迁 …………………………… 155

第一节　家族企业生命周期 …………………………………………… 155
　　一、企业生命周期现象 …………………………………………… 155
　　二、家族企业生命周期演变 ……………………………………… 158
　　三、家族企业生命周期模型构建 ………………………………… 161
　　四、家族企业生命周期的阶段轮回 ……………………………… 164
第二节　家族企业融资行为的动态性特征 …………………………… 166
　　一、融资需求的动态性 …………………………………………… 167
　　二、信息约束的动态性 …………………………………………… 168
　　三、融资方式的动态性 …………………………………………… 171
　　四、融资方式与生命形态演变的动态对应性 …………………… 172
第三节　家族企业生命周期各阶段的融资行为特征分析 …………… 175
　　一、家族企业融资行为动态模型构建 …………………………… 175
　　二、初创期融资行为特性 ………………………………………… 177
　　三、成长期融资行为特性 ………………………………………… 179
　　四、成熟期融资行为特性 ………………………………………… 182
　　五、转化（衰退）期融资行为特性 ……………………………… 185

第六章 家族企业融资行为实证研究 ········· 187

第一节 家族企业融资问卷的设计构架 ········· 187
一、设计目的与原则 ········· 187
二、问卷内容变量设计 ········· 188

第二节 样本来源与描述统计 ········· 190
一、样本数据来源 ········· 190
二、样本描述统计 ········· 192

第三节 实证分析过程 ········· 195
一、实证假设与路径 ········· 195
二、家族企业目标演化与融资行为传导分析 ········· 197
三、家族企业控制权演化与融资行为取向分析 ········· 203
四、现实环境下的家族企业融资行为特性与演变实证分析 ········· 207
五、实证分析总结 ········· 214

第七章 结论、启示与展望 ········· 217

参考文献 ········· 223

附 录 ········· 245

后 记 ········· 249

第一章 绪 论

第一节 国内外家族企业发展背景

一、家族企业的发展是一个世界性的现象

家族企业（family business）是人类历史上最古老的企业组织形态。在远古时期，家族企业就一直作为古代经济和文明的支柱，在世界文明的发展中发挥着重要的作用。古希腊的经济活动很大一部分是由家族控制和以家庭为基础的。古罗马帝国、中世纪直到新大陆被发现之前，这一状况也没有多大的改变。在早期工业革命时代，家族控制的企业推动了经济的发展。即使在当今社会，家族企业仍然代表着一种具有普遍意义的重要的经济组织形式。无论在发达国家还是发展中国家，家族企业都大量顽强地生存和发展着，甚至是很多国家企业组织的主导模式，家族企业的发展已成为一个世界性的现象。

克林·盖尔西克等（1998）研究指出，按最保守估计，家族所有或经营的企业占全世界企业的65%~80%，世界500强中有40%由家族所有或经营。[1] Astrachan 和 Shanker（2003）的研究表明美国家族企业有2420万个，创造了美国64%的GDP、62%的就业和89%的企业税收，而且其业绩也比其他企业要好。[2] 在欧洲，家族企业支配着中小规模的企业，并在一些国家里占较大企业的大多数，超过70%的企业为家族所有或家族控制。[3] 家族企业占登记注册公司的比例，英国是75%，西班牙是80%，瑞士是85%，瑞典大于90%，意大利大于95%。[4] 在拉美国家，80%~98%的私营企业是家族企业，

由家族建立和控制的大型企业在绝大多数产业部门中都占主导地位。[5]而亚洲家族企业更具普遍性,特别是在韩国、新加坡、马来西亚、印度尼西亚、泰国、菲律宾以及我国的台湾和香港地区等东亚与东南亚国家和地区,由于传统家庭价值观的核心地位,家族企业深深扎根于所在国家和地区的经济之中,不仅在中小企业里是普遍的,而且在实力很强的企业集团中也占据主导地位,成为推动经济高速发展、创造"亚洲经济奇迹"的主要力量,其影响力更是无与伦比。东南亚的华人企业中有95%以上都是家族企业。[6]而地处南亚的印度,在29.7万个全国性的注册企业中,有29.4万个是家族企业,前五百强企业中有四分之三是由家族控制的。[7]表1.1列出了部分国家家族企业占企业总的比重。

表1.1 部分国家家族企业占企业总的比重

国家	比 重
美国	90%的企业由家族控制
英国	8000家大企业的76%是家族公司,产出占GDP的70%
德国	80%的企业是家族企业
意大利	工业公司中雇员超过50人的企业有56%是家族企业,员工20~500人的企业有80%是家族企业
荷兰	80%的企业是家族企业,雇员超过100人的企业中50%是家族企业
西班牙	销售额超过200万元的企业中71%是家族企业
澳大利亚	80%的非上市公司和25%的上市公司是家族企业
韩国	家族控制了公司总数的48.2%
印度	500家大企业中75%由家族控制,注册公司中99%是家族企业
拉美国家	非国有公司中80%~98%是家族企业

资料来源:洛桑国际管理学院:《全球竞争力报告:家族企业网络》(The Family Business Network, FBN),瑞士,2000年。

作为世界上最为普遍的企业组织形式,家族企业也并非很多人所想象的那样仅限于中小规模企业。现实中,大型家族企业比比皆是,许多大型公司都是家族企业或经历过家族企业阶段,甚至在许多世界级巨型公司中占据了相当比重。在美国的500强公司中,家族企业所占比例为37%。如果再增加500家规模仅次于500强公司的企业,把企业统计的范围扩大到1000家的话,那么家族企业的比例将会接近50%。[8]在英国最大的116家公司中,有29%是家族公司。在联邦德国最大的150家公司中48%为家族公司,如果按家族所有股份超过公司全部股份51%的方法计算家族公司,联邦德国最大的

72家公司中有49家家族公司。法国最大的100家公司中30家为家族公司。[9]
而亚洲的家族公司对于国家经济的影响超过了地球上的任何其他地区。韩国的三星、现代、LG、大宇等数个家族公司控制了国家经济规模的80%以上；日本的著名跨国公司中，不乏像丰田汽车、松下公司、武田制药、三得利公司等具有代表性的家族企业；中国台湾最大规模公司排行榜长期被王永庆家族的台塑集团、张荣发家族的长荣集团等家族公司所占据；中国香港李嘉诚家族的长江实业、郭得胜家族的新鸿基集团，世界船王包玉刚家族的环球航运集团更是家喻户晓；新加坡有郭芳枫家族的丰隆集团、黄庆昌家族的大华银行、李光前家族的南益集团、黄廷芳家族的远东集团；泰国有陈弼臣家族的盘谷银行集团、谢易初和谢少飞家族的正大集团；菲律宾有郑周敏家族的亚洲世界集团、陈永栽家族的陈氏集团；印度尼西亚有林绍良家族的沙林集团、黄奕聪家族的金光集团、李文正家族的力宝集团；马来西亚有郭鹤年家族的郭氏兄弟集团、林梧桐家族的云顶集团、钟廷森家族的金狮集团、李深静家族的凯业集团、郭令灿家族的丰隆集团、成志远家族的成功集团。表1.2列出了一些国家著名的大型家族企业，许多企业在其所在的行业甚至在所在

表1.2 一些国家著名的大型家族企业

国家	企 业
美国	安利、沃尔玛、福特、杜邦、玛丝、柯达、嘉吉、惠好、劳兹、贝克泰尔
法国	家乐福、米其林、古驰、欧莱雅、喜蕾姆贝尔格、标致、路易威登
德国	宝马、罗伯特·博世、坦格尔曼、南阿尔迪
英国	吉尼斯、森思百瑞、马克斯&斯班塞、格罗夫纳
意大利	菲亚特、贝蕾特、欧利贝提、贝纳通
瑞士	诺华、霍尔森
瑞典	宜家、H&M、黛塔帕克、利乐
西班牙	SCH、Inditex
丹麦	丹佛斯、乐高、嘉士伯
荷兰	SHV、喜力
日本	丰田、松下、三菱、三井、武田制药、伊藤洋华堂、三得利
韩国	三星、现代、LG、大宇、SK（SKGroup）
印度尼西亚	沙林、金光、力宝
马来西亚	金狮、丰隆、成功、云顶、凯业、郭氏兄弟集团
中国香港	新鸿基、太古、长实、环球航运
中国台湾	台塑、长荣、霖园、新光
泰国	盘谷银行、正大
菲律宾	亚洲世界、陈氏集团

家族企业融资行为机理与特性

国家的国民经济中都占有举足轻重的地位。

2003年第1期（冬季版）的美国《家族企业》（Family Business）杂志，首次公布了全球最大的200家家族企业的排行榜。这200家企业共来自27个国家，其中美国占了99席，法国占了17席、德国占了16席，沃尔玛、福特、三星、现代、家乐福、菲亚特、长江实业、默多克新闻集团等著名企业均榜上有名，前10强如表1.3所示。排行榜中包括上市公司、私营公司、集团公司、控股公司等多种组成形式。这些大名鼎鼎的家族企业经营足迹遍布全球市场，其中一些"百年老店"至今仍能保持企业制度的家族特征，并在市场竞争中长盛不衰。

表1.3 全球家族企业前10强

排名	公司	家族	国家	年销售额（亿美元）
1	沃尔玛	Walton 家族	美国	2178
2	福特汽车	Ford 家族	美国	1624
3	三星集团	李氏家族	韩国	987
4	LG 集团	Koo 家族	韩国	810
5	家乐福	Defforey 家族	法国	616
6	伊菲金融机构	Agnelli 家族	意大利	592
7	菲亚特	Agnelli 家族	意大利	547
8	卡吉尔公司	Cargil/Mac Millan 家族	法国	508
9	标致雪铁龙	Peugeot 家族	法国	458
10	考茨工业	Koch 家族	美国	400

即使在商品经济和社会化大生产发展的产物——证券市场之中，家族控制的上市公司也占据了很大的优势。众多研究显示，欧洲、北美和东亚国家上市公司终极控制人为家族控制具有普遍性（Shleifer 和 Vishny，1997；La Porta 等，1998；Claessens 等，2000；Faccio 和 Lang，2002）。La Porta 等（1999）对27个欧洲国家810家上市公司的样本进行分析，指出除英国和荷兰外其余各国大多是由某一家族财团绝对或相对控股的家族控股型公司。[10] Claessens 等（2000）检验了东亚九国和地区的2980家上市公司的股权结构，[11]结果发现家族控制广泛存在于东亚公司中，并且2/3的公司其管理阶层同时为控制股东所掌握，其中家族控股加权比例最高的香港地区达到71.5%。Faccio 等（2002）对欧洲国家5232家上市公司的统计分析表明，[12]

欧洲上市公司家族控股的比例达到44%，其中奥地利、法国、德国、意大利等国家的上市公司终极控制人为家族的比例都超过了50%，最高的法国达到64.8%，见表1.4。富士综合研究所针对日本证券市场一类、二类股票市场的2515家公司的一项调查表明，[8]包括创办人或其家族成员掌管经营的广义上的家族企业，占2515家上市企业的42.7%。可见，无论是欧洲还是东亚各国和地区，上市公司家族控制集中度普遍较高，显示出家族企业亦是上市公司中普遍的组织形式。

表1.4 东亚与欧洲部分国家或地区上市公司家族持股比例

东亚国家（或地区）	家族持股比例（%）	欧洲国家	家族持股比例（%）
泰国	51.9	法国	64.8
印度尼西亚	67.3	德国	64.6
日本	4.1	意大利	59.6
韩国	24.6	奥地利	52.9
马来西亚	42.6	比利时	51.5
菲律宾	46.4	瑞士	48.1
新加坡	44.8	爱尔兰	24.6
中国香港地区	71.5	挪威	38.6
中国台湾地区	45.5	西班牙	55.8

资料来源：Claessens等（2000）和Faccio等（2002）。

世界各国企业组织的发展历史与当今社会的现实状况表明，家族企业不仅是古老的，而且是现代的，不仅在家庭价值观浓厚的泛东亚儒家文化圈内的新兴工业化国家中是基础的和普遍的，而且在崇尚个人理性、经济成熟度高的西方市场经济国家中同样也是基础的和普遍的。从家族企业发展的文化背景和时间周期来看，虽然因各个国家的历史、文化差异而有所不同，但有一点可以肯定，家族企业不仅广泛地存在于不同意识形态、制度环境、文化背景的东西方各国，而且以其自身的优势适应了一个个国家的不同时代，其发展至今仍然生机勃勃。

二、家族企业在中国内地的复兴与发展

在中国数千年的社会发展历史中，家庭或家族制度始终作为最基本的社会结构而存在。汪丁丁（1995）指出，"从那个最深厚的文化层次中流传下

来，至今仍是中国人行为核心的，是'家'的概念"。[13]杨国枢（1998）认为，"家族不但成为中国人之社会生活、经济生活及文化生活的核心，甚至也成为政治生活的主导因素"。[14]中国历史悠久、数量众多的传统手工作坊，基本上都是以家庭或家族为中心展开生产经营活动的。而近代一批民族企业从一开始就普遍采用家庭或家族所有、主要家族成员直接参与经营的方式，如简氏兄弟创办的南洋烟草公司、孙氏家族的阜丰面粉公司、刘鸿生兄弟创办的上海水泥厂、杨藕芳兄弟创办的业勤纺织公司，以及荣氏兄弟创建的福新、茂新、申新公司等一批民族企业，大都属于家族企业的组织形态，企业的经营主要以家庭伦理道德为支撑。中国台湾学者李亦园（1988）发现，"中国式的家族企业，巧妙地将现代组织形态和中国人对延续家族所负之强烈使命感熔为一炉，化公司利益为家族利益，由此提供中国人在商场的强烈动机"。[15]

尽管由于受到重大政治、社会、历史的演变等因素的影响，中国家族企业曾受到过强烈的冲击，产生了某种程度的间断，但正如储小平（2003）所言：虽然家族企业由于政治的原因在中国大地一度消失，但是"家族主义"、"泛家族主义"却从来没有离开过中国，即使在计划体制最为鼎盛的时期也是如此，只不过是以一种变相或潜伏的形态存在。[16]杰纳曾深刻地指出，20世纪的中国历史固然伤痕累累，唯一比其他机制更强韧、更蓬勃的就是父系制度的中国家庭，因为家庭一向是中国人对抗外在险恶政治环境的避风港。[17]改革开放以来，随着中国社会转型过程中的政策松动和环境改善，计划经济体制规则渐渐失效，非公有制经济伴随市场经济规则的逐步建立而发展。在共同经济利益的感召下，家庭与家族规则自然就成为在夹缝中发展起来的私营企业创建和发展的支撑构件。依靠血缘关系所产生的强大凝聚力，起步于转轨时期农村家庭联产承包责任制的普遍推广和个体私营经济的迅速发展，家族企业在很短的时间内得以迅速复兴、成长与壮大，已经成为中国私营经济中最具普遍意义的企业类型。众多调查分析表明，在中国私营企业中，90%以上是家族企业，绝大多数实行家族式管理（张厚义，1999；甘德安，2002）。中国改革与发展报告专家组对非国有经济发展问题的研究指出，[18]我国90%以上的私营企业都是由个人（家族）所有或控制的家族企业，其中虽然有45%以上的企业已将有限责任或股份合作作为企业的法律组织形式，但这很大程度上只具有工商登记的意义，并没有对企业内部家族制产权结构及其治理机制产生实质性影响。而2005年面世的我国第一部《中国民营企业发展报告》蓝皮书所列举的调查数据也显示，[19] 300多万家私营企业90%以上是家族企业,家族企业已经构成我国民营企业的主体部分。①不仅私营企业普遍存在家族制管理,而且其他类型的企业,如乡镇企业、集体企业、合伙企业、股份合作制企业、民营承包企业等也大量存在家族制或泛家族制管理(储小平,2000)。家族式组织作为我国大多数私营企业、民营企业所采取的组织形态,是我国社会变革和现代化进程中影响巨大的一项制度变迁,已成为社会经济活动中一个不可忽视的经济现象。

伴随着私营经济的快速发展,我国家族企业进入了一个发展兴盛期。目前,以家族企业为主体的私营企业数量日趋庞大,占我国企业主体的比重不断增加,已经成为我国最大的企业群体。据国家工商总局统计,截至2007年底,我国个体私营经济领域实有经济主体户数32928418户,私营企业突破500万达到5513120户,个体工商户27415298户,私营企业户数已经占全国企业总数的61.24%。从1989年到2007年,我国私营企业户数由90581户迅速增加到5513120户,18年增长了59.9倍,年均增长25.6%;私营企业从业人员72531108人,个体工商业从业人员54961731人,分别较改革开放之初增长了44倍和24倍;私营企业投资者人数已达1396万多人,高层管理人员约1000万人[23](见表1.5、图1.1)。私营企业主和高管人员作为改革开放后出现的新的社会阶层,形成了一个庞大的、崭新的存在于中国经济版图上的新群体。

表1.5 我国私营企业历年发展情况

年份	企业户数（户）	从业人员（人）			注册资金（万元）
		合计	投资者人数	雇工人数	
1989	90581	1640051	214224	1425827	844776
1990	98141	1702193	224131	1478062	951552
1991	107843	1838950	241394	1597556	1231689
1992	139633	2318442	303095	2015347	2211615
1993	237919	3726293	513780	3212513	6805159
1994	432240	6483712	889296	5594416	14478404

---

① 也正是基于这种原因,本书对家族企业所涉及的一些问题的分析研究,也借助了部分私营企业或民营企业的统计数据,国内许多专家学者的研究也采用了类似的手段。如王宣喻等(2004)指出,尽管家族企业研究成为学界关注的热点,但是,绝大多数的文献都没有严格区分"家族企业"和"私营企业"的定义,在很多场合下,这两个概念是等同使用的。储小平等(2004)也认为,由于绝大多数私营企业是家族式企业,所以对家族企业融资与私营企业融资之间并不做严格区分。

续表

年份	企业户数（户）	从业人员（人）			注册资金（万元）
		合计	投资者人数	雇工人数	
1995	654531	9559700	1339600	8220110	26217068
1996	819252	11711333	1704519	10006814	37523735
1997	960726	13492639	2041832	11450807	51401193
1998	1200978	17090843	2638253	14452590	71980571
1999	1508857	20215478	3223818	16991660	102872692
2000	1761769	24064955	3953480	20111475	133076867
2001	2028548	27138644	4608348	22530296	182122354
2002	2435282	34093018	6228163	27864855	347562232
2003	3005524	42991366	7728322	35263044	353048863
2004	3650670	50172513	9486288	40686225	479359632
2005	4300916	58240656	11099344	47141312	613311253
2006	4980774	65862963	12716513	53146450	760285276
2007	5513120	72531108	13965217	58565891	938731380

资料来源：黄孟复：《中国民营经济发展报告（2007~2008）》，北京：社会科学文献出版社，2008年版，第76页。

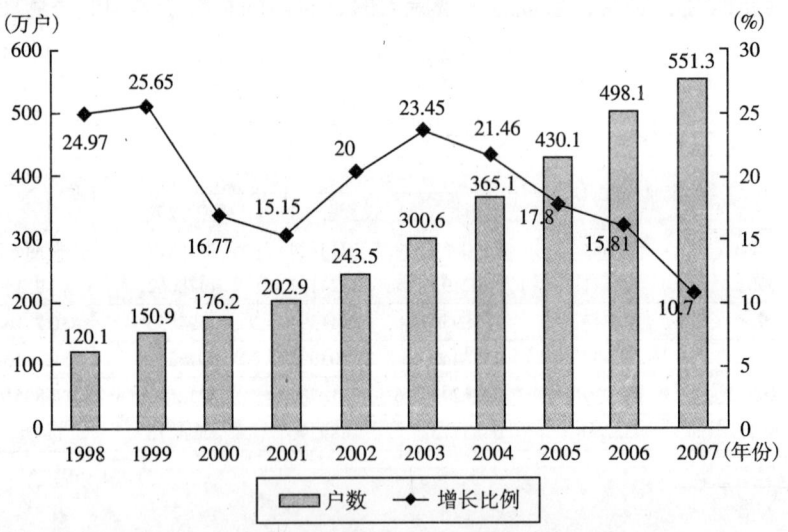

图1.1 近10年我国私营企业户数增长数量及增长比例

资料来源：黄孟复：《中国民营经济发展报告（2007~2008）》，北京：社会科学文献出版社，2008年版，第77页。

私营企业既是我国数量最为庞大的企业群体，也是生产经营资本的重要主体。国家工商总局的统计数据显示，[23] 2007年全国非公有制经济领域资金总额（包括私营企业的注册资金和个体工商业的资金数额）突破10万亿元，达到1012239232万元。1989~2007年，我国私营企业注册资金由1989年的84.5亿元迅速增加到2007年的93873.1亿元，18年增长了1110倍，年均增长47.6%；个体工商业资金数额73507852万元，增长了1604倍。私营企业注册资本仅2006年就已占到全国资本总数的22.9%。从规模看，2007年私营企业户均注册资本金达到170.27万元，注册资本超过100万元的私营企业有133.63万户，占私营企业总户数的比重为24.24%；其中注册资本在100万~500万元的有94.44万户，注册资本在500万~1000万元的有21.14万户，注册资本在1000万~1亿元的有17.48万户，注册资本超过1亿元以上的私营企业达到5734户，私营企业集团6412户（见图1.2）。这些上规模的私营企业或企业集团，推动了私营经济上规模、上档次、上水平，增强了私营企业的实力和市场竞争力。

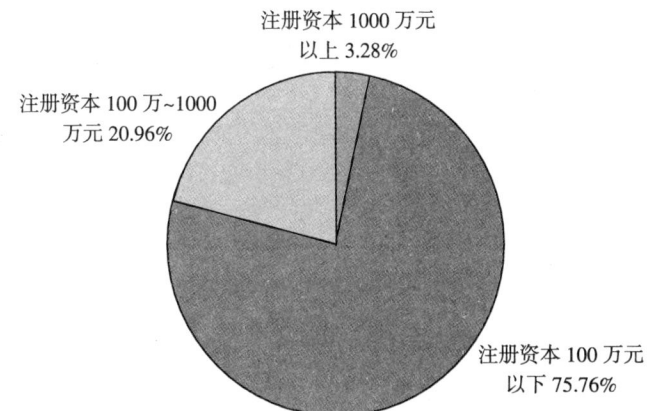

图1.2　2007年私营企业注册资本分布比例

资料来源：黄孟复：《中国民营经济发展报告（2007~2008）》，北京：社会科学文献出版社，2008年版，第79页。

从企业组织形式看，在有限责任公司、股份有限公司、合伙企业、独资企业这四种目前主要的私营企业组织形式中，有限责任公司已经成为其首选的组织形式，股份公司数量稳步增长。截至2007年底，全国551.3万户私营企业中，有436.3万户选择了有限责任公司的组织形式，占比达79.14%，注册资本达8.74万亿元，占私营企业注册资本总额的93.05%。而股份有限公司达到2186家，注册资本金达到1084.53亿元，虽然绝对数量较少，但近几年增长速度却相当惊人。如果依据上市公司最终控制人性质来划分，则家族上市公司的数量2007年已发展到400余家，约占国内全部上市公司数量的1/4。四川新希望（刘永好）、北京用友软件（王文京）和深圳太太药业（朱保国）等上市公司中，家族控制的财产或股份的总市值都超过50亿元。私营企业中公司制企业比重的逐步增长，一定意义上表明了我国市场经济体制的不断完善及私营企业的发展演进。

作为中国经济转轨过程中最具生命活力的经济机体，以家族企业为主体的私营经济已经成为国民经济的重要组成部分和最为活跃的经济增长点之一，成为支撑社会发展和推动国民经济增长的重要力量。在私营经济起步较早、发展较快的浙江省，非公经济占全省社会经济总量的比例在2006年底就已高达90%以上。就全国而言，目前民营经济已经占我国GDP的65%左右，其中个体私营经济占40%左右；中国经济发展增量部分的70%~80%来源于民营经济。[24]民营经济就业人数已占到全国城镇全部就业的70%以上和新增就业的90%以上，成为社会就业的主渠道。截至2008年6月，全国登记注册的个体私营企业从业人员超过1.33亿人，如果考虑私营企业普遍低报员工人数、大量个体户并未登记注册等情况，个体私营经济实际从业人员可能已经接近2亿人。其中，私营企业始终保持着较强的就业吸纳能力，1991~2007年就业人数增长38.4倍，年均增长25.8%，2007年底已达7253.1万人（见图1.3）。在缓解社会就业压力、优化经济结构与资源配置、维护供需平衡、稳定社会等方面，愈来愈显示出极为重要的作用。

种种迹象表明，1978年以来，大陆的家族制度不是限制，而是大大地加速了改革并为改革做出了贡献（李新春，1998）。中国家族企业在中断数十年之后重新崛起和快速复兴，实现了一个又一个的跨越，业已步入了持续、稳定、健康发展的新阶段。企业数量不断增多，规模逐步扩大，核心竞争力明显增强，涌现出一批知名的企业集团或上市公司，表1.6为部分中国内地知名的家族企业。从农业、纺织、化工到钢铁、机械、电子，再到生物医药、信息技术等新兴产业领域，为数众多的家族企业所涉及的行业非常广泛，在业内占有重要的地位和广泛的影响力，对国民经济增长和社会发展的贡献日趋提升。可以预料，改革开放之后迅速崛起并且表现出强大活力的家族企业，不仅在当前国民经济中发挥着重要作用，即使从长远发展来看，也将是中国市场经济发展中不可忽视的重要企业群体。[25]

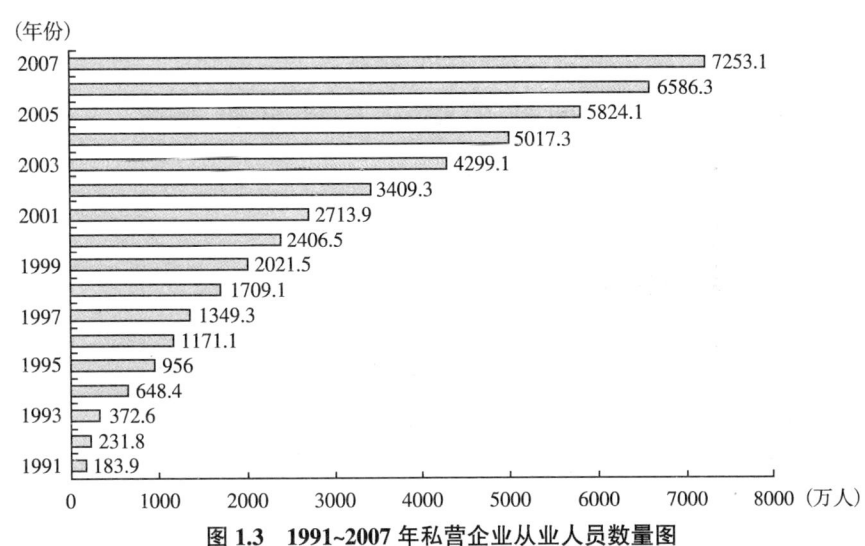

图1.3 1991~2007年私营企业从业人员数量图

资料来源：黄孟复：《中国民营经济发展报告（2007~2008）》，北京：社会科学文献出版社，2008年版，第42页。

表1.6 中国内地部分知名的家族企业

企业	家族	企业	家族	企业	家族
娃哈哈集团	宗庆后	红豆集团	周耀庭	广东榕泰	杨启昭
万向集团	鲁冠球	美的集团	何享健	希望集团	刘永好
海普瑞	李锂	报喜鸟集团	吴志泽	健康元药业	朱保国
方太集团	茅理翔	正泰集团	南存辉	格兰仕	梁庆德
东方集团	张宏伟	力帆集团	尹明善	盼盼集团	韩召善
福耀集团	曹德旺	沙钢集团	沈文荣	森马股份	邱光和
雨润集团	祝义材	玖龙纸业	张茵	万达集团	王健林
碧桂园	杨惠妍	宗申集团	左宗申	比亚迪	王传福
龙湖地产	吴亚军	拓日新能源	陈五奎	三金药业	邹节明
忠旺集团	刘忠田	天通集团	潘广通	波司登	高德康
三全食品	陈泽民	世茂集团	许荣茂	传化集团	徐传化

第二节 问题的提出与研究的意义

一、问题的提出

作为一种古老而特殊的企业组织形式,中外家族企业极其顽强的生存特质和旺盛的生命力,表明了其从产生到发展的历史必然性与合理性,理应引起人们的重视和研究。然而,与家族企业在世界范围内普遍存在和蓬勃发展不相对称的是,理论界对家族企业的关注程度并未与其在社会经济生活中所发挥的功能作用相适应。自英、美的"经理革命"开始,主流经济学和管理学理论习惯于认定以"两权分离"为特征的经理控制型企业为现代企业的标准模式,而将家族企业视为一种与社会化大生产趋势相背离的、低效率的、日渐衰微且最终将被取代的古典或前现代的企业形态,长期以来没有给予应有的关注,缺乏细致的分析和研究。正如 Poza 等(2004)所言:[87]"在媒体、学者、商学院和政府眼中,它们往往只看到家族企业中裙带关系问题的存在,却没看到这些企业日复一日所做出的显著贡献。"因此,家族企业的研究往往不被人们看成是一个具有现代意义的课题,几乎被人们忽略了(储小平,2000)。著名管理学家彼得·德鲁克(1999)指出,包括美国的和所有其他发达国家的大部分企业都是由家族控制和管理的,同时又提出了一个奇怪的现象:有关管理的书籍和课程却几乎完全是针对公共的和专业管理的企业——它们难得提到家族经营的企业。[26]在我国家族企业复兴初期,由于学者对于这种企业组织形式缺乏足够的认识与研究,并在某种"意识形态歧视"及"企业制度偏见"的影响下,简单、片面地认为家族企业是低效率和没有前途的,家族企业作为一种企业模式必然要被所谓的现代企业制度所代替,由此不少学者认为家族企业是一种不值得研究的、过时的、必将被淘汰的企业组织形式。

实际上,盲目将家族企业宣判为低效率、落后、没有前途且生命周期短的企业组织形式,这种观点是站不住脚的。英国学者雷丁(S.B.Redding)通过对华人经济的考察发现,虽然海外华人所处的环境并不相同,但他们却都一样地保持并发展了一种特殊的企业组织——家族企业，这种组织形式很有效，是产生东亚经济奇迹的重要原因之一。[27] 加利福尼亚大学家族经营中心2000年的系列调查报告表明，家族企业比非家族企业有业绩良好、经营效率高、负债少的优点。在20世纪80年代美国经济不景气以及90年代欧洲经济不景气的情况下，家族企业最大限度地发挥了拉动经济的"火车头"作用，不仅创造了最多的工作机会，而且上缴了最多的税金。20世纪90年代创造了意大利"经济复兴奇迹"的不是法人资本主义，而是家族资本主义。据美国《商业周刊》的统计显示：标准普尔500家公司的1/3是家族企业，这些家族企业的股东的年平均回报率为15.6%，相比之下，非家族公司的股东年平均回报率只有11.2%；家族公司每年的平均资产回报率为5.4%，非家族企业为4.1%。引人注目的是，在年收入增长率和利润增长率方面，家族公司也大大超过了非家族公司，[28] 这个结果刷新了大众对家族企业的看法。2003年11月10日出版的美国《新闻周刊》特刊以10年为期，分析欧洲六大国家（英国、法国、德国、瑞士、意大利和西班牙）的主要股价指标，也发现家族企业的股价表现强于非家族企业。Leach在20世纪80年代调查了325家英国大企业，发现家族企业较非家族企业收益率高、股票红利高、销售额增幅高、净资产积累快。法国从1989年12月到1996年5月期间，250家上市公司的股票价格平均只上升了8.8%，而在这250家上市公司中有76家家族企业的股票价格的涨幅竟然高达73.3%。富士综合研究所的统计表明，日本家族企业从整体上来看，经营业绩相当出色，其利益增幅超过了职业经理人企业，股票时价总额的增幅也具有优势，这些公司对消费者来说具有很高的存在价值，因为它们拥有其他公司无法模仿的经营模式或能够向消费者提供比其他公司更好的产品和服务。[8]

家族企业在世界范围内生机勃勃且与非家族企业长期共存的客观事实，提醒我们有必要修正对家族企业先验的制度歧视态度，对其在现代市场经济中的组织功能进行更为细致的考察与分析。一些学者对理论界长期忽视对家族企业研究的状况提出了批评。Aronoff和Ward在发表于《家族企业评论》1995年第8期的论文《家族企业：过时的事物，还是未来的模式》中就尖锐地提出："家族企业是过时的事物，还是未来的模式？"以期唤起人们对家族企业问题的关注。陈凌（2001）指出，学术界以前忽视家族企业研究的深层次原因在于学术界严重的理论脱离实践倾向，以及简单的研究思路和静态的贴标签式的研究方法。[29] 李新春（1998）敏锐地看到，中国经济学者对家族制度研究的漠视是令人惊异的,"在缺乏对家族制度深入了解的情况下,对中国经济特别是企业组织的发展将是难以准确把握的"。[30] Neubauer 和 Lank (1998) 指出,在 20 世纪 80 年代以前,这一领域的研究一直没有受到重视,没有像其他经济组织那样得到更深入的研究,还有许多空白点,[31] 这种对家族企业研究的漠视是一种不幸。由于没有考虑将家族企业融入主流企业理论和管理理论,导致学术的失误。对这一重要的企业组织形式的忽视,意味着没有把一些相关理论的发展应用于世界现存的最大的企业组织形式,使这些理论的价值和活力受到了限制。20 世纪 70 年代以后,国际理论界开始修正对家族企业制度的歧视,家族企业现象得到了来自经济学、管理学、社会学及历史学界前所未有的关注,为家族企业研究打开了一个广阔的空间。2000 年以后,家族企业的不断兴盛也为我国这一领域的学术研究提供了肥沃的土壤,催生了中国的家族企业研究,成为学术界和实业界人士的关注热点之一。陈凌、应丽芬 (2003) 提出,[32] 家族企业的意义并不仅仅局限于此,它的出现使人们必须重新审视中国传统社会经济制度的现代意义。

实践和理论研究都表明,在家族企业的成长发展过程中,融资问题是其所面临的诸多问题中的关键性难题和主要困扰之一,重要性不容回避。企业的创立、生存和发展,必须以投入、保持和再投入一定的资金为前提,而资金是企业经济活动的第一推动力和持续推动力,是企业的血液,只有资金得到融通和积累,企业才有利润形成,才有财富的积累与再投资(熊彼特,1934),最终实现企业的扩张。因此,不论在发达国家还是发展中国家,融资都是企业创立和发展的重要一环,也是理论界和实践界长期关注的热点问题。然而,与现有主流融资理论所不同的是,家族的嵌入内生出对家族企业的目标、战略和行为的重要影响,其融资行为与那些没有家族背景的企业有着很大的差异。同时,作为我国经济转轨中萌生、成长与发展起来的企业群体,家族企业融资活动始终伴随着我国金融制度和资本市场的演变,受到外部融资环境变迁的影响与制约。内生结构与外部环境的复杂性、多变性及其特有的发展习性,形成家族企业不同于其他经济组织的融资行为特性。这导致了家族企业融资问题还有相当多的疑问和争论有待于进一步解释,相关理论探讨和实证研究也需要得到更深入的分析。因此,基于家族企业中家族与企业复杂交织的内生异质性特征,结合现实外部融资环境的复杂变迁过程,不断探索新的研究视角,以形成对家族企业融资活动及其行为规律的全面认识和深入研究,不仅是家族企业突破路径依赖,形成新的融资机制,构建合理融资行为体系的重要基础,也是提升家族企业持续发展能力,促进整个非国有经济健康发展的现实要求。

二、研究的意义

面对家族企业在世界范围内的普遍存在和蓬勃发展,特别是以家族企业为主体的私营经济对中国国民经济增长和社会发展影响力的不断增强及贡献的日趋提升,对家族企业融资问题的研究不仅具有理论价值而且具有重要的实践意义。

1. 理论意义

对家族企业融资问题的研究,不仅能够加深对家族企业组织制度形式、融资行为与外部环境之间互动变迁关系的认识,进一步深化家族企业理论研究,完善企业制度理论和企业管理理论,而且有助于丰富企业融资理论的内容,拓展企业融资理论体系。从现有的企业融资理论研究来看,企业融资作为财务学与金融学研究的重要内容早已受到企业界和理论界的重视,已形成一套比较成熟的理论体系,但基本是以一般企业为研究对象,而从家族企业的角度具体地分析企业融资活动的理论研究极为匮乏。作为商品生产中最早出现并一直延续至今的一种企业形式,家族企业在当代企业群体中数量庞大且内部结构关系复杂,具有独特的融资行为动机和行为模式。显然,现有主流的融资理论并不能完全解释家族企业的融资行为。当前理论界对家族企业及其融资问题的相关研究明显滞后,与家族企业作为一种具有普遍意义的经济组织的客观存在及其在整个国民经济中的地位极不相符,使得理论研究对实践的指导作用大打折扣。因此,应当正视家族企业在世界范围内与非家族企业长期共存的客观事实,将家族企业融入主流企业理论和管理理论,改变现有融资理论中一般企业一枝独秀的局面,确立家族企业融资活动在企业融资理论体系中的适当地位。通过家族企业融资问题的研究,寻求对家族企业融资活动科学而有价值的理论诠释,这不仅有利于优化家族企业融资行为,提升家族企业融资效率,而且对于丰富和完善企业融资理论体系,拓展企业融资理论的适用范围,具有重要的理论价值。

2. 实践意义

伴随着以家族企业为主体的私营经济对我国国民经济增长与社会发展影响力的日益凸显,现实中融资"瓶颈"的普遍存在却严重制约着家族企业生命活力及成长空间,将直接影响中国经济与社会的发展前景。家族企业融资活动并不是孤立进行的,除了其内生习性特征的影响之外,与金融体制改革、资本市场培育以及多元化融资渠道构建密切相关。而在转轨期宏观融资环境背景下,我国金融机构和金融工具在向不同所有制企业渗透过程中存在着巨大差异,所有制经济结构投入和产出极不对称,与私营经济快速发展相悖的融资制度体系处于一种低效率的均衡之中,资金运动对社会资源配置的导向作用以及融资市场的价值功能受到抑制,融资难成为完全依靠市场力量发展起来的家族企业面临的首要问题。如何结合家族企业内生关系结构效用提升与宏观层面投融资体制改革,打破家族企业的融资"瓶颈",形成多元、通畅的融资渠道,一方面是来自于家族企业自身生存与发展的微观现实诉求,另一方面是来自于市场经济体制不断完善的宏观要求。通过对家族企业融资问题的研究,微观上有助于把握家族企业融资行为规范化与可操作化的契合点,为家族企业确定合理的融资结构与长远的融资战略,推进家族资本与外部资本的有效融合,打造持续发展的资本动力引擎,提升市场竞争中适应结构性危机的能力,提供有实际应用价值的方法与思路。宏观上,对于重新审视宏观金融资源及社会资本配置合理性和有效性问题,进一步推进融资制度市场化改革,统筹社会金融资源配置与不同所有制经济增长结构的均衡安排,降低面向非公有制经济的金融制度演进的时滞效应,加快经济结构调整和社会进步,促进私营经济乃至国民经济又好又快发展,具有积极而现实的意义。

第三节 国内外研究现状

一、国外研究现状

国外家族企业研究始于 20 世纪中期。20 世纪 80 年代之前,由于认识问题,很少有人愿意把家族企业作为研究对象,只有少数几位学者如 Christensen (1953)、Donnelly (1964) 和 Levinson (1971) 等,对家族企业进行了调查研究。[35-37]"家族企业"一词只是偶尔地出现在文献中,相关研究几乎陷入停滞状态。也就是说,这一研究领域被严重忽视了(Lansberg、

Perrow 和 Rogolsky，1988)。这些早期研究通常是规范研究而非实证研究，研究主题大多集中于一些基础性问题上，诸如企业何以成为家族企业，其继任或传递权杖的动力机制，家族成员内部冲突以及如何为家族企业出谋划策等。直到 80 年代后，这种状况才略有改变，90 年代才成为一个独立的学术研究领域。[39] 1988 年，第一个致力于研究家族企业的专业性期刊《Family Business Review》出版发行。近 10 多年来，家族企业因其在各国经济舞台中的强势表现，逐渐得到理论界的广泛关注并成为研究热点之一。在关注并研究最早的美国，大学、家族企业咨询业、金融服务业以及大型家族企业是家族企业研究的主要推动力。20 世纪七八十年代，随着家族企业咨询业将其实践经验带入理论研究，为家族企业研究打造了一个更广阔的理论体系；80 年代中期，大学、产业界、大型家族企业纷纷创建了家族企业研究中心；到 90 年代初期，全美已有 100 多所大学制定并实施针对家族企业的教育计划；1996 年以后，家族企业成为西方国家甚至世界范围内的研究热点。到 21 世纪初，这一领域已涌现出规范研究与实证研究并存的大量文献，对家族企业内部微观层面的研究取得了较丰富的成果。但是，从家族企业复杂性及其与其他企业形式的异同来看，目前的研究还仅仅是表面化的（Handler，1989），研究主题仍然是片断性的（Zahra 和 Sharma，2004）。

与家族企业其他相关研究相比，国外理论界对家族企业融资问题的研究成果是零散而有限的，研究焦点主要集中在资本来源、融资影响因素、资本结构特征、家族企业 IPO 以及特定国家或地区的家族企业融资等问题上。

1. 关于资本来源

家族企业创立和发展过程中的资本来源，一直是学者们所关注的问题。DeVisscher 等（1995）和 Ward（1987）研究指出：[41-42] 就整体而言，家族资本是家族企业早期最基本的资本来源，内源融资是其首要选择。Steier（2003）通过理论和实证检验发现，[43] 家族企业明显偏好内源融资，家族所提供的资金是企业主创办企业最主要的资金来源。Romano 等（2000）在分析家族企业融资问题时也发现，[44] 家族企业的融资渠道主要是具有私人权益性质的基金和债务市场而不是公开市场。尤其在中小型家族企业里，由所有者自有资金、家族内部资金、个人贷款、亲友借款、企业留利等所形成的内部资金在融资来源中占有重要份额。

内源融资尽管对家族企业十分重要，但也有其明显的局限性与阶段性。Coleman 和 Carsky（1999）认为，[45] 在家族企业发展的不同时期，内源融资的地位和作用是不同的。它在家族企业初创和规模较小的时候确实是主要的资金来源，但是随着企业的成长和成熟，对资金需求不断增长，内源融资的作用和比例将逐渐减小，包括外部债务和权益资本在内的外部资本将变得越来越重要，家族企业的进一步成长和扩张必然要依赖外源融资。Sirman 和 Hitt（2003）指出，[46]家族企业在资本来源的选择上既有优势又有劣势。优势体现为，在利用公开债务市场融资时，由于家族企业通常具有长期经营导向，不会像非家族企业一样过多关注短期经营效果，债券持有人感觉家族企业的长期经营定位和集中的资产组合会减少自己与家族企业的利益冲突，这种感觉将导致家族企业债务融资成本低于非家族企业；劣势在于，由于担心控制权的丧失，家族企业可能会限制对外部金融资本的利用，而且其规模普遍偏小，不具有债券融资优势，很难利用传统的权益和债务市场进行资金融通。Khan（1999）对亚洲家族企业分析后发现，[47]创业初期家族企业绝对性地依赖内部资金，当企业成长一段时间后，银行和外部权益资金变得更为重要，即便如此，银行资金和权益市场始终不会完全控制家族企业。

考虑到控制权归属问题，相当一部分家族企业厌恶外部资本的输入，这种态度将影响企业的成长和持续经营。Poutziouris（2001）将英国的家族企业分成四种类型：传统型（约占61%）、开放增长型（约占21%）、挣扎生存型（占15%）以及退出型（不到3%）。其中只有开放增长型家族企业不太遵循家族企业的传统，它们往往能够融入外部资本甚至公开上市，以支持企业的扩张和多元化发展。而占多数的传统型中小家族企业更看重独立性和家族控制，除非市场变化或家族发展迫使它们重新制订公司章程，否则它们一般不会进行外源融资，以确保家族控制的完整性和代际传承的平稳性。[48]

2. 关于融资影响因素

影响家族企业融资决策的因素是多方面的。Barton 和 Mattews（1989）指出，[49]财务、个人和社会因素都会影响家族企业的融资行为，这些因素包括：所有者关于资本结构的前期经验、控制权偏好、内源资金的利用、企业年龄、债务权益比率、短期长期债务比率等。Romano 等（2000）通过建立家族企业资本结构模型来分析影响家族企业融资的因素，[44]发现企业规模、行业特征、企业年龄、CEO年龄、家族控制程度、企业计划、所有者的企业目标以及成长计划将影响家族企业的融资决策。其中，企业规模尤其表现出与企业债务或权益融资选择的强相关关系。而 Berger 和 Udell（1998）认为，[50]随着企业成长周期的变化而变化的信息约束条件、企业规模以及资金需求是影响企业融资行为和融资结构的基本因素。Donaldson 和 Lorsch（1983）提出，[51]家族企业的融资行为受家族和企业两个维度上相关因素的影响，家族维度的影响因素包括家族价值、家族期望、家族利益、家族对企业的控制权偏好；企业维度的影响因素包括企业年限、企业规模、企业计划、企业风险、行业特征等。这些因素之间存在动态的相互作用，在研究融资行为时应考虑家族企业的多面性。Norton（1991）认为，[52]将市场环境、管理偏好、管理理念视为影响融资结构决策的重要因素是必要的。

Mishra 和 McConaughy（1999）发现，[53]家族企业的负债水平通常对与控制风险有关的各因素反应灵敏。由于财务风险常与控制权的强制性转移相联系，考虑到发生财务危机进而失去控制权的可能性，家族企业对债务的预期成本普遍偏高，从而导致它们回避负债融资。而且，考虑到短期债务有着较为严格的借款条件，家族企业也很少能够利用短期债务筹资。与 Mishra 和 McConaughy 的观点有所出入，Xiao（2000）研究了所有者风险容忍度对家族企业融资的影响，发现家族企业所有者愿意承担的风险水平高于非家族企业所有者，家族企业的资产组合可以反映这一点，并认为那些为家族企业服务的财务学家应该据此向企业所有者提供一套与之相匹配的融资渠道和风险融资工具。[54]

McConaughy（1999）对影响家族企业的债权融资成本和股权融资成本的因素进行了进一步的分析，认为"家庭效应"对家族企业资金成本的影响是双重性的，并不总是积极的，家族企业的资金成本既可能高于非家族企业，也可能低于非家族企业。[55]

3. 关于融资结构特征

家族企业是家族与企业的集合，具有不同于一般企业的异质性特征。而家族的两大主要特征可能对融资结构决策产生影响：①家族企业的控股股东由于财务约束往往没有很好地将投资多样化，而非家族企业的股东通常拥有多样化的投资，[56]当数目巨大的财产处于危险中，家族股东更难于规避风险。②家族对公司的长期生存更感兴趣，因为他们想把企业传给下一代。家族控制代表了一个特殊的大股东阶层，此阶层潜在拥有一个独特的激励结构和权力，未多样化的家族持股和把公司传给后代的愿望都暗示了家族股东即便想维持控制，但更可能有更强的动机来减少公司风险。Anderson 等（2003）指出，[57]由于债务能作为减小风险和集中控制的一种手段，家族的独特性将影响资本结构决定。

融资结构内生性地决定着企业的控制权分布和风险变动。Romano 等(2000) 提出以下三种猜想：[44]①企业主倾向于保持家族控制权与家族贷款融资决策呈正相关关系。②企业主倾向于保持家族控制权与保留公司盈余决策呈正相关关系。③企业主倾向于保持家族控制与股权融资决策呈负相关关系。但实证研究仅能得出：家族控制与债务融资呈强正相关关系，而与股权融资呈明显的负相关关系。

Dunn 和 Hugues（1995）、Romano（2000）、Gallo 和 Vilaseca（1996）、Poutziouris（2001）的研究都表明，家族企业的所有者——管理者们在进行融资决策时并没有设定最优的权益——债务比率，而是遵循一种首先依靠内部资金，其次进行短期资金融通，再到中期银行贷款，最后才考虑外部权益资本的逻辑，其融资行为更符合新优序融资理论。出于规避风险、保持控制权以及降低融资成本的考虑，家族企业具有明显的内源融资偏好，而信息的不对称也加大了家族企业外部融资的难度。Mahérault（2004）进一步指出，[60]大多数对规模效应的经验研究的结论都与新优序融资理论相一致，也符合中小家族企业资本缺乏的现实。

过多的负债意味着破产风险的增加，家族企业一般都规避较高的负债比例。根据 Aithur 等对美国家族企业 1997 年财务报告的调查，34.3%的企业没有除应付账款外的债务融资，34.2%的企业有少量债务（债务权益比例在1%~25%）。Mishra 和 McConaughy（1999）对家族企业规避负债的假设进行了检验，将创立者家族控制的家族上市公司与非家族上市公司进行比较，发现家族上市公司的负债水平与非固定资产、成长机会等因素的负相关程度比非家族上市公司更高，说明家族上市公司比非家族上市公司更少负债。[53] Gallo 等（1996）对西班牙近千家家族企业融资的研究显示，[59]尽管家族企业普遍具有良好的盈利前景，但他们的权益负债率明显低于合理水平，尤其具有较大市场份额的行业龙头家族企业，该比例较一般企业更低。

4. 关于上市融资

证券市场的直接融资，是企业获得资金的重要渠道。对家族企业而言，包括 IPO 上市（Initial Public Offering，首次公开发行股票）乃至上市以后的再融资，都是其通过股票市场筹集所需资金以及解决控制权代际传递问题的一个很重要的手段。虽然家族企业公开上市融资受到很多主观和客观因素的制约，在全部融资方式中所占的比重也较为有限，但是家族上市公司的突出表现还是极大地激起了研究者的兴趣。

许多研究表明，即使是在一个机制比较完善的市场经济环境中，家族企业自身对于资本市场的态度也是比较复杂的，这可能是由于出让企业控制权过多会导致家族失去对企业的控制权。通过公开上市，家族企业可以从资本市场获得更充裕的资金支持，但也必须因此而让渡一定的控制权，并且承受相应的财务运营监督，这是家族企业上市融资决策的权衡因素。事实上，即使在欧美国家也有一些家族企业特别是中小家族企业并不愿意到交易所挂牌成为公众公司。Arkebauer（1991）将家族企业选择公开上市的主要原因归结为有利于解决重大资本投资问题。Harvey 和 Evans（1995）认为，[61] 上市有助于企业获得更广来源的财务资本，以弥补资金缺口，降低较高的权益负债率，或者支撑新的成长机会。与私下融资相比，通过公开市场筹集的资本通常是大额的和廉价的，长远来看，通过股票市场融资也可以达到增强企业的借贷能力和提高其在争取低成本贷款中的讨价还价能力的目的（Krips Newman，1985）。Mahérault（2000）指出，[62] 由于非上市家族企业股权的流动性较差，风险资本公司往往向它们索要股票市场投资收益两倍的投资回报，以作为"流动性贴水"。因此，一些成长性较好的家族企业就会突破传统的线性股权稀释逻辑而公开上市，并且是否上市的选择是由这些所有者——管理者们能够接受的增长速度决定的。

Mahérault（2004）通过对法国在 1997 年至 1999 年上市的 131 家中小企业运用聚类分析，发现虽然一些企业并不遵循线性股权稀释路径，但是有一类企业——中小家族企业的行为总体上却与这一经典理论较相符。他认为一个原因是"部门效应"，因为大部分中小家族企业处在传统经济部门，一般不需要上市融资；另一个原因是家族企业的所有者——管理者不愿过多地稀释控制权，而且他们认为和风险资本家谈判比承受市场压力要容易得多。[60]

Mazzola 和 Marchisio（2002）对意大利 1995 年至 1998 年上市的家族企业调查发现，[63] 上市可以使家族企业达到两个目的，确保控制的前提下维持资产负债率，同时支撑结构增长，尤其是上市前属于私有产权的家族企业，其资产负债率会一直下降。除了融资目的，上市还有利于提高家族企业透明度、提升社会声望，增加社会资本，有助于增强其获取外部资源和发展机会的能力，比如与其他企业建立合作关系或并购联合等。与同期上市的非家族企业进行对比的结果表明，通过上市，家族企业能够以增长为导向被迫引进专家和建立制度，进行国际化经营和专业化管理。因此，上市的家族企业比未上市的无论在成长性还是盈利性上都表现得更为优秀。

5. 关于法律环境与企业规模差异的影响

不同国家或地区法律体系的差异，对家族企业融资活动具有显著的影响。相对其他因素，法律对投资者的保护更为关键，法律的完善程度从根本上决定了家族企业的存在及其相应的形态，对导致企业控制权分散的股权融资决策产生影响（Burkart 等，2003；Morck 和 Yeung，2004）。薄弱的法律保护限制了资本市场和机构投资者的发展，企业很难获得外部资本，主要依靠家族网络关系筹集资本（Mayer，1990）。Shleifer 和 Vishny（1997）发现法律对投资者保护不力会进一步强化家族控股。[66] 而 Morck 和 Yeung（2004）针对发展中国家特定的经济和金融环境指出，发展中国家薄弱的法制、腐败的政府，加上落后的教育系统和金融体系是导致家族企业和家族金字塔控制方式广泛存在的主要原因。[65]

Bhattacharya（2001）通过构建不同融资状况下资本市场发展对家族企业组织演进关系的动态博弈模型，强调了资本市场对家族企业演化的重要性。在家族企业无外源性融资的情况下，决定家族企业职业化的唯一因素是家族企业的出售价，在资本市场相对不发达的经济中，企业家族化管理的规模大、持续时间长且有较低的投资率，而职业化管理的企业规模更大。在家族企业有外源性融资的情况下，影响家族企业职业化的因素包括资本的借贷利率差异和家族企业的出售价，在资本市场越不发达的经济中，家族化管理的企业规模更大，持续时间也更长。[67]

Wiwattanakantang（1999）发现泰国的家族控制企业有较高的杠杆作用水准，[68] 然而 Mishra 和 McConaughy（1999）却发现美国的家族企业有较低的杠杆水准。[53] 使用 LaPorta 等（1998，1999）的产权或法律事务论据，[10,69] Claessens 和 Fan（2002）认为这些差异是因为投资者从他们的财产权环境所接受的保护质量的结果。[72] 换句话说，由于泰国不完善的产权保护环境，该国的家族企业有更强的愿望来控制他们的组织，因而使用更多的债务作为一种集中投票权的手段。另一方面，由于美国的投资者受到好的保护，这与他们完善的产权保护环境相联系，这些家族使用债务作为减小未多样化的投资风险的一种手段的愿望也因而在这些公司更占上风。

Morck 和 Yeung（2004）依据对家族在公司控制中所扮演角色的描述把澳大利亚（包括加拿大）划分为一个中间状态国家，即澳大利亚不同于美国和泰国，因为它是一个由股权分散的公司和家族控制组成的大的结合体，并提供了关于家族控制对杠杆作用影响的不一致的结果。[65] Lamba 和 Stapledon

(2001)通过对澳大利亚公司所有权结构的决定因素的研究认为，La Porta 等（1998、1999）的法律事务假设没有充分解释澳大利亚的公司结构所有权。尽管在澳大利亚有完善的投资者保护，但大宗持股在上市公司中相当常见。这说明了如果法律事务假设不适用于澳大利亚的公司，那家族维持控制的愿望将超过降低公司风险的愿望，因而家族企业将有较高的杠杆作用水准。[73]

企业规模的差异也是影响家族企业融资活动的重要因素。一般研究认为，家族企业特别是中小家族企业所面临的融资环境，比一般企业、大型企业更为严峻。Berger 和 Udell（1998）认为，[50]由于存在严重的信息不对称、代理成本以及经营风险等问题，中小企业贷款供需并不平衡，存在着所谓的"融资缺口"。Stiglitz 和 Weiss（1981）认为，[70]由于金融市场上普遍存在信息不对称问题，银行等金融机构无法从众多的贷款申请者中甄别出哪些借款者有还款能力，哪些借款者无还款能力，逆向选择和道德风险使得贷款质量严重恶化，是造成中小企业融资供给约束的最主要原因。麦金农（Mekinnon，1973）和肖（Shaw，1973）等研究了发展中国家的金融抑制以及中小企业所受到的金融约束，[103]在金融约束下，银行部门拥有较强的激励和动力支持实体经济，但由于竞争不足，中小企业的融资需求仍难以满足。欧洲复兴与开发银行（EBRD）的调查表明，匈牙利、波兰等东欧经济转轨国家的原国有银行体系在完成私有化后，对中小私营企业的贷款不见增加，外资银行依然如此。Johnson 等（2002）通过对东欧各国的研究发现，[74]在转型经济中，当投资规模变得越来越大时，外部融资对私营企业发展的作用越来越大。Pissarides（1999）认为，只是在 EBRD 援助的中小金融机构得到初步发展后，中小私营企业融资困境才开始得到缓解。Besley 和 Levenson（1996）提出非正规金融组织在快速增长的转型经济中具有非常高的灵活性，满足了那些被正规金融机构拒之门外的中小家族企业的融资需求，有助于跨期平滑其生产经营和生活中的风险与不确定性，促进私营经济的增长。[71]

二、国内研究现状

国内学术界对家族企业的研究始于中国台湾。20 世纪 70 年代以来，中国台湾学者林建山、王光国、陈明璋、陈其南等先后对家族企业性质内涵、类别区分及运作机制做过探讨研究。中国内地则从 90 年代中期以后才开始关注家族企业的研究，部分原因是人们内心中存在的"意识形态歧视"（陈凌，

1998),部分是因为绝大多数家族企业以一种变相的或潜伏的形态存在(储小平,2000)。70年代末至80年代初,面对中国大陆平地涌起家庭经营的浪潮,周其仁比较充分地认识到"家庭经营再发现"的学术与实践意义。[75] 2000年以后,随着家族企业在整个国民经济中的地位的增强及其经济活力的凸显,特别是天通股份等家族企业的直接上市,使得国内许多学者加入到对家族企业研究的行列。与国外学术界的研究相比,国内学术界对家族企业研究关注的是更基础性的问题,并且还大量涉猎我国经济转轨与家族企业发展的关系问题。在融资方面,目前国内的研究总体上还较为薄弱,对家族企业融资问题的研究比重及涉猎深度相对较为有限,相当一部分学者的研究并非专门针对家族企业而是围绕民营企业或私营企业展开分析。① 归纳起来,主要是围绕融资渠道、融资结构、上市融资以及融资环境等方面展开研究。

1. 关于融资渠道

融资渠道狭窄是学者们对家族企业融资活动的普遍认识。在家族企业融资渠道中,企业内部积累和亲戚朋友借款是最主要的资金来源,银行贷款和吸收其他权益资本则由于体制性障碍(栗战书,2003;罗友松,2003)、家族企业的信用问题(汪丁丁,2003)、结构规模差异问题(刘平青,2003)以及资本市场的层级式欠缺(储小平、王宣喻,2004),融资金额非常有限,有条件通过上市融资的更是少之又少,间接融资难和直接融资"门槛"过高,社会网络融资能力有限,导致家族企业的融资困境。

储小平、王宣喻(2004)将家族企业融资渠道分为内源型融资、正式金融制度型融资、亲情熟识网融资。在企业创办和发展初期,家庭和家族资本集聚的效率高,随着企业不断发展壮大产生了融合家族以外资本的需求,在正式制度融资渠道欠缺、不畅或门槛较高的情形下,亲情熟识网融资渠道能使家族企业获得一定的社会金融资本支持,但其融合的效率显著低于家族内部资本集聚的效率。企业的进一步发展将使企业融资突破家族和亲情熟识网融资的局限性,向亲情熟识网以外的金融资本的方向发展,直至突破人格化交易网络的局限性,通过非人格化的资本市场向公众融资。[79]

李强(2005)认为,中小家族企业融资区别于其他类型企业的特殊之处是在选择融资方式时,企业主会寻求企业和家族整体利益最大化而非单纯

---

① 尽管如此,基于本书前述的家族企业在我国民营企业和私营企业中的主体地位,相关研究成果对家族企业融资问题研究仍具有很强的重合度与借鉴意义。

企业价值最大化，在外部融资带来的快速增长和保留控制权两者之间进行权衡。[78]

王宣喻、储小平（2002）将资本市场划分成不同层级，越是高层级的资本市场，要求家族企业披露的有关经营方面的信息就越充分，而在体制转轨状态下，企业信息的披露蕴藏着很大的风险，因此家族企业更多地依赖低层级资本市场融资。[92]

2. 关于融资结构

对企业主及其家族而言，不同融资方式事关家族企业控制权的分配与转移，家族与企业的结合决定了家族企业融资结构的特殊性取向。张静波、蒋绍忠（2002）提出我国家族企业的融资结构形态单一，并得出影响家族企业融资结构的五个主要因素：制度环境、筹资成本、企业控制、企业主的价值观、企业的发展阶段，强调制度环境是影响我国家族企业融资结构的关键因素。[83]

刘平青、陈文科（2003）利用民营企业的统计和调研数据对我国家族企业的资金来源进行分析，结果表明转轨期中国家族企业的融资行为与融资结构有三个特点：①家族企业的融资次序与现代企业大体相同，即主要依赖于内源融资，再就是从银行或非银行机构负债融资，只有极少数家族企业能公开发行股票通过证券市场融资。②无论与现代企业还是与"准现代企业"相比，家族企业负债率明显偏低，未能充分发挥债务杠杆的作用。③股权融资极为有限，企业股权集中为某一家族所拥有。这种融资结构与资本结构理论存在着"偏差"，偏差体现在家族企业股权融资和债权融资比例过小而过分依赖于内源融资，即具有内源融资偏好，其实质是家族企业融资能力和转轨时期非公有制企业融资环境双重选择的结果。[81]

胡鲜葵（2003）认为家族企业融资有其自身的特征，往往偏好于内源融资；如果需要从外部融资时，大部分企业只是进行少量负债，而不愿意采用股权融资方式。这一融资特征是由家族企业的治理结构决定的。在家族企业治理结构朝着现代企业制度的方向发展的循序渐进和自然的变迁过程中，融资起着不可忽视的作用，融资环境的改善能加速这一进程。[82]

王连娟、姚中良、田旭（2001）认为，[85]我国家族企业融资结构以内部融资为主，商业信用为辅，很少向银行借款，企业的资产负债率较低，财务风险较低。主要特征有：第一，企业创业的资金都来自于家族内部，创业者拥有全部所有权及创业者夫妻、兄弟、父子共同拥有所有权，家族在企业所有权结构中占绝对优势。第二，家族企业的投资主体虽有多个，但家族外的投资者在企业所有权结构中的比例微乎其微，企业资本的社会化程度很低，从而形成比较典型的家族主导型内部治理结构模式。应焕红对温州乐清26家家族企业2002年的一项调查结果也表明：[80]其中6家企业的业主是100%拥有企业产权，占调查总体的23.08%，在其余的20家企业中，业主本人拥有50%~80%不等的产权，但均掌握控制权。

3. 关于公开上市

通过公开上市发行股票的方式筹集权益资金，是家族企业发展到一定阶段和一定规模的关键时期的重要融资路径，不仅能使家族企业获得巨额低成本和低风险的长期发展资金，也为企业今后通过资本市场再融资创造了条件。上市后明晰的产权和证券市场灵活的股权交易，还能有效避免家族企业在财产变更和继承过程中可能发生的巨大震荡，为家族企业的永续经营创造良好的外部条件。但企业控制权让渡、经营信息公开披露等上市成本是家族企业上市融资不得不付出的代价。

汪炜、彭勇（2005）通过对浙江民营企业上市现象的研究，提出转型成本和融资替代是浙江民企在上市决策中重点考虑的、独特的成本因素。一方面，内源式发展的民营企业存在传统的治理难题和既得利益，上市意味着需一次性支付长期沉淀的治理成本、补偿历史欠账、丧失政策优惠和占用公共资源等既得利益，因此浙江民企上市面临的转型成本相当高昂；另一方面，浙江民营企业拥有较为活跃的民间金融环境，民间金融组织和金融活动所提供的相对便利、低成本、多元化的融资渠道，与正规金融和资本市场之间形成融资替代，在一定程度上缓解了企业的融资困境，也进一步削弱了浙江民营企业的上市热情。[88]

在家族企业公开上市进入资本市场过程中，上市家族企业中控制性股东与分散的社会股东的关系逐步成为学者以至公众舆论关注的焦点。这个过程矛盾重重，一方面家族企业有融合社会金融资本的强烈要求，另一方面一部分控制性家族股东又表现出强烈的机会主义行为，损害社会投资者的权益，影响到对社会金融资本的融合。一些学者认为，我国家族企业的上市行为更多地与控制性家族的财富膨胀联系在一起。闻岳春（2001）分析了4家家族控股公司的上市过程，发现这些家族企业利用原始资产存量的资产评估、溢价发行和挂牌交易的三级放大，顺利实现了高市盈率、高溢价的首次公开发行股票和上市后价格的高开，上市前后整个家族的资产发生了几十倍甚至近百倍的增值。[89]郎咸平（2001）的研究表明，[90]家族企业通过上市公司聚敛财富是一种十分普遍的现象，加上亚洲地区司法制度薄弱、企业会计制度不够透明，使得家族企业通过上市公司的金字塔结构损害小股东的利益。

王国刚（2002）则认为，[91]向社会公众发行股票，是家族企业打破封闭式产权结构，从而在股权资产上融入社会的一个重要途径。家族企业通过上市而形成的"一股独大"和"一夜暴富"现象，其利弊兼有，不可一概否定。苏启林、朱文（2003）以2002年上海、深圳证券市场上公开交易的128家家族类上市公司为基础进行实证研究，发现中国资本市场上家族类上市公司中既存在所有权层面的控制权与现金流权分离所形成第一重代理关系，也存在家族企业主与家族/非家族雇员在管理层面形成的第二重代理关系，前者对家族类上市公司价值具有负面影响，而后者则具有双面的影响。[141]

4. 关于融资环境与非正规金融

作为在经济转轨实践中成长起来的内部结构与外部环境相结合的企业组织，我国家族企业萌生、成长和发展的轨迹，实际上始终伴随着宏观金融体制和资本市场的渐进性演变过程，受到经济转轨中融资环境的影响与制约。

较多学者分析了包括家族企业在内的我国民营企业融资困境的成因。王宣喻、储小平（2002）认为，[92]当前的体制转轨、制度安排的环境不完善等，都是影响家族企业融资的重要因素。林毅夫（2001）指出，[93]民营企业融资难的根本原因是中小企业的经营透明度比较低，财务制度不健全。中国改革基金会资助的《民营企业融资渠道拓展研究》课题组的张承惠等认为：民营经济是在公有经济遭遇就业与财政双重压力下被接纳其发展的，但在民营经济飞速发展的同时，以公有经济为主导的融资体制并未做好相应的准备，这种制度转变的迟滞和不配套，是造成民营经济融资难的根本原因。郑秀芝（2004）则认为，[94]现阶段家族企业融资上出现的困境是恶劣的社会金融环境和家族企业自身缺陷两方面的因素共同造成的。

针对严峻的融资环境约束，张杰（2000）认为，[95]解除民营企业金融困境的根本出路在于营造内生性金融制度成长的外部环境，放松对民营经济内生性金融制度创新行为的限制，想方设法让民营经济首先从其内部获取必要的金融支持。栗天虹等（2001）从金融压抑出发，站在金融深化的角度，提出应给民营企业以国民待遇，增强金融机构对民营经济的渗透和支持能力，按市场化原则配置资金。中国社会科学院经济研究所的杨天宇认为，政府对证券市场的隐性担保契约，对我国证券市场的建立和发展起了重要作用。但由于这种契约没有解决经济转轨中的"预算软约束"问题,引发了国有企业、民营企业对直接融资成本的不同评价,从而导致了阻碍民营企业上市融资的"逆向选择"。只有通过制度创新,解除政府对证券市场的隐性担保,才能为民营企业上市融资打通渠道。樊刚(1999)认为国有商业银行与民营企业"所有制不兼容"是问题的关键,发展非公有制银行势在必行。

一些学者注意到现实环境中非正规金融的广泛存在及其对非国有企业的融资支持。林毅夫等(2003)构建了一个具有不同信息结构的非正规金融部门和正规金融部门的金融市场模型,通过分析发现信息不对称造成的逆向选择和道德风险问题导致了民间金融的广泛存在。[96]崔荫(2007)指出社会上存在着相当规模的民间金融活动,资金供需两旺是民间融资存在的内因,正规金融渠道融资不顺畅是导致民间融资存在的外因。[97]史晋川、严谷军(2001)发现,[98]由于浙江民营金融机构的存在和发展,民营企业原被梗塞的外源融资渠道得到疏通,其面广、期短、量小、分散的资金需求得到了一定程度的满足,从而摆脱了创业时启动资金匮乏、扩张时内源融资难以满足需要的制约,逐步改变了内源融资占绝对主导地位的融资结构。张建华、卓凯(2004)认为,改善中小企业融资与金融体制的改革,要利用非正规金融的优势和正面效应。[99]李富友、刘奕(2005)提出,[100]应发展民间金融,构建以"民资、民用、民管"为原则的内生性融资机制,并总结出中国理论界目前对于民间金融的三种观点:一是限制民间金融的发展,或者寻求民间金融的替代品,发挥金融机构的主要融资渠道作用,收购和兼并民间金融组织(张胜林等,2002);二是规范民间金融的发展,使之最终转化为正规金融(何田,2002);三是支持民间金融的发展。

三、国内外研究现状简要评析

综观国内外对家族企业融资问题的研究,可以发现二者在许多方面存在差异。

从研究内容来看,虽然国外对家族企业融资问题进行专题研究的文献并不是很多,但在家族企业其他层面的研究中,或多或少对其融资行为有所涉及,已广泛触及家族企业融资问题的诸多方面,且具有一定深度。相比之下,尽管家族企业融资中的现实问题日益引起国内学者的关注,但相关研究才刚刚起步,不仅研究视野狭窄,宽度不够,而且多数研究仅限于对融资现象的简单描述统计,深度也极为有限。总体上缺乏对家族企业融资行为所表现出来的独特逻辑及其"内因"的深入挖掘和考察,对其实际融资活动缺乏解释力。

在方法上,国外比较重视实证结论对现实情况的揭示,主要应用多种统计、数理方法分析各相关因素之间的内在联系,逻辑性强。国内的相关研究则以规范研究为主,较少进行实证分析,实地调研缺乏,研究方法比较单一。这可能与我国家族企业的复兴历史不长、信息封闭性较强、数据的获取较为困难有很大的关系。

在研究条件方面,国外研究有着广泛的社会基础,包括发达的私人经济、专门的协会组织(Family Firm Institute)和独立的理论阵地(Family Business Review),不仅方便了各种数据的收集和整理,还有利于各种观点的集中和交流。而国内家族企业的发展长期窒息,理论研究的经济基础比较薄弱,缺乏统一的协会组织和专门的报纸杂志,造成数据收集困难,限制了实证研究的进行,而且研究观点及成果分散,尚未形成完整的理论体系。

就研究的环境背景而言,国外现有的研究大多囿于成熟的市场经济环境,对不同国家和地区的经济、文化等背景因素的考虑比较欠缺。即便研究发展中国家家族企业融资问题,也往往由于难以了解其特殊国情而不得要领,其理论框架的可移植性和研究结论的普适性还有待检验证实。相比之下,转型期中国家族企业所面临的市场体系和法治体系不尽完善,金融体系和资本市场也欠发达,社会信用体系非常薄弱,这些都决定了融资理论的适用前提条件不同。更重要的是,不同文化和制度条件下人的行为方式也具有一定的独特性,因此简单套用不能有效解释中国转型期家族企业的融资行为。西方国家的研究方法与成果在这里失去了普适性,既有值得借鉴的方面,也有需要摒弃的方面。

总体上,经过数十年的发展,家族企业理论研究取得了长足的进步,有关融资问题的研究也有增长之势,其中不乏相当有价值的真知灼见,这在很大程度上改善了人们对家族企业融资行为这个复杂问题的认识。然而,由于对家族企业融资深层次研究的涉猎程度较为有限,描述性的分析较多,模型化、定量化的研究较少,而且相当一部分文献还停留在粗线条的表面现象描述上,没有做深层次的拓展,相关研究成果还比较零散,彼此之间的继承性不强,缺乏系统的理论分析框架。研究者使用的方法论和各自关心的侧重点不同,所著文章的分析和论证也就各具特色。但从学术的角度来看,真正具有理论价值的文献并不多（王宣喻、储小平，2002）。结果在消除了我们认知上的一些空白的同时，又将我们带入了"成果的丛林"，制约了该领域理论研究的进一步提升。笔者认为，造成家族企业融资问题研究薄弱的原因可以归结为两个方面：首先，长期以来，经济学界和管理学界或是出于对家族式组织存在"企业制度偏见"和"意识形态歧视"的心理障碍，对于家族企业的相关研究不够重视；其次，由于数据取得的难易程度差异很大，所以大多数学者热衷于对容易取得数据的一般企业的研究，而家族企业由于数据的取得比较困难，所以研究也相应比较少。即使如此，国内外已有文献的研究方法与成果，从不同侧面、不同假定条件下提出自己的观点，都有一定的合理性和现实性，为本书的进一步探索提供了一定的素材和思路，有助于拓宽本书的研究视野，改进研究方法，提升研究高度。

第四节 研究的基本思路与内容结构

一、研究的基本思路

家族与企业的复杂交织，引致家族企业融资行为不同于一般企业的复杂性和特殊性。在开放的环境下，家族企业融资安排及其行为特性既取决于企业内生关系结构的影响，也受制于外部融资环境的约束效应，体现了从微观的企业经营管理层面到宏观的融资制度体系层面的共同作用，是企业融资策略在融资环境约束下理性选择的结果。同时，家族企业融资行为又是一个与空间和时间有关的活动，具有伴随家族企业生命周期发展变迁的动态性特征。

沿着这个基本思路，本书从整体的、有机的、能动的思维逻辑出发，将影响家族企业融资活动的内生结构要素、外部融资环境作用要素及其动态变迁纳入一个统一的研究框架，吸收和借鉴国内外相关研究有益的方法和成果，立足中国实际，系统地考察和分析家族企业融资活动的关联要素、环境约束及其生命周期多维波动下行为特性的动态演化，并结合调查问卷的数据进行实证研究，验证和支撑理论分析的可靠性。通过对家族企业融资行为多方位、深层次的系统研究，阐释家族企业融资活动的行为机理及其复杂性、特殊性和动态性，剖析其随生命周期演进而动态变迁的运作机制，揭示家族企业融资活动的过程、实质和行为规律。

二、本书的内容结构

本书的内容结构基本上沿着上述研究思路与技术路线展开，其结构安排如下：

第一章：绪论。回顾国内外家族企业的发展背景，进而引出研究的问题及研究的意义，以此建立本书研究的基本出发点。概括总结国内外家族企业融资问题研究现状，阐述研究的基本思路和内容结构。

第二章：家族企业融资理论基础。梳理和分析诸多国内外文献，对家族企业的内涵和性质进行规范性界定，划分各类不同的企业融资方式，概括回顾家族企业融资的理论基础，对相关理论的研究视角与方法加以评析和总结，形成对家族企业融资活动高度抽象的概括和审视。

第三章：家族企业融资行为取向的内生影响因素。基于家族系统与企业系统的复杂交织，分析家族嵌入所导致的家族企业内生的异质性特征，深入考察和分析其独特的内生基因与关系结构。从家族企业融资目标、灰色资金流动、控制权偏好、企业主权威等方面，研究家族企业复杂而特殊的融资行为取向及融资结构特征，构建家族企业融资结构决策模型。

第四章：家族企业融资行为的外部环境约束。从经济增长与资金供给的悖论出发分析家族企业融资环境的总体特征，提出所有制歧视与规模歧视都是家族企业外部融资环境中的客观存在。结合数据统计与模型分析的研究方法，分析家族企业在银行信贷市场、非正规金融市场、债券市场、股票市场中的融资活动，研究现实融资环境约束下家族企业的融资行为选择。

第五章：家族企业融资行为的动态变迁。将家族企业融资活动与企业生命周期有机联系，动态地考察家族企业生命周期不同阶段的融资行为变迁。从家族企业生命周期各阶段的融资需求、融资能力、融资方式和信息约束等不同层面，通过家族企业融资行为动态模型的构建与分析，研究家族企业初创期、成长期、成熟期和转化（衰退）期各阶段融资行为动态变迁的规律。

第六章：家族企业融资行为实证研究。设计面向家族企业主的调查问卷，采用问卷调查与实地调研的形式，完成前期样本的选取和数据的收集。通过对问卷样本的整理、汇总及有效性甄别，运用相关数模统计工具，对家族企业融资调查问卷样本数据进行统计检验分析,进一步通过实证研究来验证和支撑理论分析的可靠性和有效性。

第七章:结论、启示与展望。归纳总结全书的主要研究结论,并据此得出深入的启示,最后进一步展望家族企业融资研究。

第二章　家族企业融资理论基础

第一节　家族企业的内涵与界定

任何理论的研究都从概念的规范化开始，正如黑格尔所言，概念在其展开的过程中就表现为理论。所以在家族企业融资理论分析的开端，有必要综合国内外文献，对家族企业的内涵与性质进行规范性的探讨与界定。

一、家庭与家族的内涵

要准确把握家族企业的实质，首先必须厘清家庭及家族的含义。关于家庭，联合国社会发展和人道事务中心认为："家庭的概念不太容易确切地下定义。它没有标准而且从一种文化到另一种文化的含义不清。然而，通常使用三种混合和重叠的关系来表明构成家庭的各个人，这些是血缘、婚姻和共同居住。三种因素的任何一种因素，在影响和确定家庭关系的程度上，不同的文化都有所不同。"[105] 在人类学、社会学里，家庭是指夫妻以及他们的尚未成年的子女，是由"夫"、"妻"、"子女"这样一个三角关系构成，① 这种家庭结构也称为原子家庭（nuclear family）。《现代汉语词典》将"家"或"家庭"定义为以婚姻和血统关系为基础的社会单位，包括父母、子女和其他共同生活的亲属在内。[106] 可见，血缘关系和婚姻关系是判定家庭的基本标准。一般

---

① 美国著名社会学家古德（W.Goode，1986）认为，像这种三角关系的家庭定义只是社会上相对多数的人比较认可的说法，还有很多其他情况，比如，一个寡妇和她的孩子组成的户籍单位，不愿生育也不愿领养孩子的夫妇等，这些社会单位都可以被看作家庭。参见 [美] W.古德：《家庭》，北京：社会科学文献出版社，1986年版，第11~14页。

来说，家庭是以特定的婚姻形态和血缘关系为纽带结合而成的社会基本单位，即具有共同财产、共同经济、同居共食，在一起生活的人所组成的群体，通常由夫妻、父母子女、兄弟姐妹和其他近亲组成。它首先是一个婚姻单位，其次是一个经济生活单位。

关于家族，《现代汉语词典》的定义是指以血统关系为基础而形成的社会组织，包括同一血统的几辈人。[106]费孝通先生认为，家族是根据单亲（父亲）亲属原则组成的社会群体，他们是家庭的扩大（家庭是其基本组成单位），是一个"社群的社群"。[108]杨知勇（2000）认为，"家族，不像一般社会团体那样，其成员只不过是因某个时期、某种方面的共同利益、共同愿望、共同感受或相同的信仰而形成的群体。……家族成员，是同一祖先的后代，身上流着同一祖先的血，血浓于水；家族成员资格是自动的，永久的；一代一代的人死去了，但家族永存。"[109]传统意义上家族的界定和表述，基本上是以男系血缘作为最基本的标准，即一个家族包含了若干个具有血缘关系但经济上和生活上各自独立的家庭，所指的只是同一个父系祖宗的后代的家庭所构成的家庭组合，至于母族、妻族则不在家族范围内。但是，现代意义上的家族也往往包括了母族和妻族以及女婿的亲戚，姻亲家庭也可能被列入构成家族的家庭组合之中。

东西方社会对家族的认识存在一定的差异。西方文献中的"family"一词派生于拉丁文"famulus"，原意指"生活在同一屋檐下的主人、妻子、儿女及仆人"，《朗文当代英语辞典》的解释是"一组相互有关系的人群中的由父亲、母亲和他们的孩子组成的核心家庭（nuclear family）"，[110]后来词义扩展为"由同一祖先的所有后代组成的血亲共同体"，即词典中的"家族"之意。一定程度上，西方国家传统社会的家庭与中国的家族概念极其相似。按照贝克尔（1987）的解释，传统家庭是指同血缘的亲属集团，家庭成员包括诸如伯父、伯母、叔父、婶母、侄子、侄女、表兄、表妹、舅舅、舅母、甥男、甥女或其他成员。[111]然而，现代西方社会对家族的观念较为淡漠，基本上流行的是家庭社会，夫妻关系是基础，家庭随夫妻解散而消亡，小家庭是主要模式，大家庭（家族）不容易形成。古德（1986）认为：[112]"对多数美国人来说，'亲属'一词似乎有点古雅或带有乡土气息。'亲属关系网'也使他们感到陌生……因为没有任何人负有这样明确的职责；关于人们应当如何对待亲属的问题，也没有什么明确的规定。"不过，他还是承认，亲属关系网仍然存在于工业化的现代社会里，根本的原因在于"血缘的连接"。相比之下，以中国为代表的东方传统社会是家族社会,父子关系是基础,具有很大的连续性,在父子关系的主干上又产生了夫妻关系、婆媳关系、兄弟关系、外戚关系,由此形成了庞大的家族体系。较之西方家族,东方家族最主要的特征有两点:一是泛化了的家族关系,除了父子的血缘关系,还包括了姻亲、同乡等在内;二是传统东方家族生活方式。[113] 仅从称呼来看,英文"family"既可译为家庭,也可译为家族,看不到"家庭"与"家族"的区别;英文对于父亲同辈的男性亲属都叫"uncle",而中国的称呼则有叔叔、舅舅、姑父、姨夫等,且传统家族中每个称呼所代表的权利和义务都是不同的。可以说,中国的家族关系更为复杂,其泛家族意识的存在与根深蒂固也就不足为怪了。尽管东西方关于家庭以及作为家庭的聚集的家族存在一定的认识差异,但不可否认的是其共性特征十分突出,如亲情规则、内外有别、家长权威等。但把家族观念、家族制度和家族行为规则泛化到其他团体或组织却是中西方截然不同之处(储小平,2000)。

综上所述,家庭是最天然、最重要的社会组织,是人类社会生活最基本的细胞,而家族是家庭的扩张和延伸,家庭的繁衍扩展形成家族。我们不妨把家庭和家族的关系理解为,围绕着主干家庭(stem family)向外扩展,依据血缘、婚姻,甚至地缘关系,形成"一圈一圈"的家庭网络,这个网络就是家族,家庭是家族中最小的、也是最基本的单位。家庭与家族,主要表现为个体和群体的关系,家庭是个体,家族则是群体,是家庭的扩大与组合。在本文的研究中,"家庭"就是指建立在一夫一妻制合法婚姻关系基础上的,以父系血缘关系为自然纽带的社会基本单位,一般包括父母、夫妻、子女等,即"核心家庭"。"家族"是以婚姻和血缘关系为基础形成的社会组织,它是由无数个具有较近的"亲族关系"(包括"血亲关系"、"嫡亲关系"和"姻亲关系"等)的核心家庭组成的共同体。基于研究范畴与论述方便的考虑,本书简化了"家庭"与"家族"在人员结构等方面的差异,把"家族"作为"家庭"在人员和关系上的简单放大,"家族"就是"家庭"的同规则扩展。①

---

① 就此而言,"家族企业"就是"家庭企业"的同规则扩展,家庭企业可视为家族企业的一个极端状态。

家族企业融资行为机理与特性

二、家族企业的界定

家庭、家族和家族企业的关系,从组织角度看,可以追溯到自然经济时期的家庭生产,这时的家庭可以说是家族企业的原始形态,而家族企业化从某个角度看只是家庭经济功能进一步社会化的表现。[114]家族作为一个特定的社会组织系统有其基本资源,比如劳动力、资本、土地、技术等。当这些资源被有组织地投入于某种产品或服务的专业化生产和社会化销售活动时,它就成为一种具有生产组织功能的特定企业制度形态,即严格意义上的"家族企业"。

家族企业作为一种古老的企业组织形式广泛存在于世界各地,其包括的范围很广,种类极多,涉及的因素很复杂。由于社会、历史、文化、经济等多种复杂因素的影响,理论界对家族企业的理解是多种多样的,其定义一直存在争论,至今还没有一个准确的、被广泛接受的关于家族企业的定义。[115-116]据 Neubauer（1998）统计,[31]仅西方学者中家族企业的定义就多达 17 种。而 Sharma（1996）发现,[117]家族企业的研究文献至少存在 34 种不同的定义。因此,正如 Handler（1989）所言:[40]给家族企业下定义,是家族企业研究者面临的首要的和最直接的挑战。

1. 国外学者的观点

Barnes 和 Hershon（1976）认为,家族企业是企业的所有权由一个人或一个家庭的成员所控制,而且家庭成员或其后代在管理的企业。[167]

企业史学家钱德勒（Alfred D. Chandler Jr, 1987）从股权和控制权的角度给出家族企业的定义:"企业创始者及其最亲密的合伙人（和家族）一直掌有大部分股权。他们与经理人员维持紧密的私人关系,且保留高层管理的主要决策权,特别是在有关财务政策、资源分配和高阶层人员的选拔方面。这种现代工商企业可称之为企业家式或家族式企业。"[120]他强调家族企业的两个特点,一是家族对股权的控制,家族掌握大部分股权;二是保留高层管理和主要决策权。

美国家族企业研究权威克林·盖尔西克（Kelin E. Gersick, 1998）侧重从所有权的角度来定义家族企业,认为"不论企业是以家庭命名还是有好几位亲属在企业的高层领导机构里,都不能由此确定某一企业是家族企业。能确定家族企业的,是家庭拥有企业所有权"。[1]该定义认为区分家族企业与非家族企业的分水岭,是所有权是否掌握在创办企业的家庭成员手上。

哈佛大学的唐纳利（Robert G. Donnely, 1964）认为,[36]家族企业是由数名家族成员或多代继承者构成的,同一个家族至少有两代参与公司的经营管理,并且这两代衔接的结果,使公司政策和家族的利益与目标有相互影响的关系,且满足以下七个条件中的某一个或数个条件,即可构成家族企业:①家族成员凭借与公司的关系,决定个人一生的事业。②家族成员在公司的职务影响他在家族中的地位。③家族成员以超乎财务的理由,认为其有责任持有公司的股票。④即使家族成员正式参与公司的管理,但他的行为却在反射这家公司的信誉。⑤公司与家族的整体价值合二为一。⑥现任或前任董事长或总经理的妻子或儿子位居董事。⑦家族关系为决定继承经营管理权的关系。唐纳利对家族企业的定义隐含了家族企业的两个核心特质：企业资产为家族所有,经营控制权为家族所掌握,并注意到了"家族关系"对继承经营管理权的决定作用。

杰斯汀·隆内克（Justin Longnecker, 2002）等认为：[121]家族企业是以同一个家庭中的两个或更多个家庭成员在企业的生活和经营过程中以对企业的所有和参与为特征的。这种参与的性质和程度变化很大。在一些家庭企业中,一些家庭成员只做兼职工作。大多数家庭企业都比较小,即使这种企业变成大型集团公司,其家庭因素的重要作用仍将延续,像沃尔玛、李维·斯特劳斯、福特汽车公司、马略特公司这样的大公司在某种程度上仍可被认为是家庭企业。

丹尼斯·杰夫（Dennis T. Jaffe, 1995）认为,[122]家族企业是由一位或数位家族成员所拥有和控制的企业,家族企业的精髓主要包含了"血缘"、"工作"和"所有权"这三种共同体。其定义外延较广,强调家族成员对企业所有权和经营权的拥有和控制,把拥有全部所有权到部分拥有（这部分足以有效地控制或影响经营权）的这一段所有权的连续分布均包括在内。

针对许多学者选择不同的角度对家族企业所做出的定义,Westhead和Cowling（1998）在《家族企业研究方法的反思》一文中,就不同的家族企业定义对研究的影响做了重要的实证研究。[123]他们区分的7种不同家族企业定义分别是：①企业总经理、董事长或董事会主席认为企业是家族企业。②企业50%以上的普通可投票股权由一个具有血缘或姻亲关系的家族成员拥有。③企业50%以上的普通可投票股权由一个具有血缘或姻亲关系的家族成员拥有,并且企业总经理、董事长或董事会主席认为企业是家族企业。④企

50%以上的普通可投票股权由一个具有血缘或姻亲关系的家族成员拥有,并且企业总经理、董事长或董事会主席认为企业是家族企业,同时至少有一个以上的家族成员在企业中担任重要的管理职务。⑤企业50%以上的普通可投票股权由一个具有血缘或姻亲关系的家族成员拥有并且企业总经理、董事长或董事会主席认为企业是家族企业,同时企业管理团队中51%以上的职位由拥有企业股权的家族占据。⑥企业50%以上的普通可投票股权由一个具有血缘或姻亲关系的家族成员拥有,企业总经理、董事长或董事会主席认为企业是家族企业,至少有一个以上的家族成员在企业中担任重要的管理职务并且企业的股权由两代或两代以上的家族成员掌握。⑦企业50%以上的普通可投票股权由一个具有血缘或姻亲关系的家族成员拥有,企业总经理、董事长或董事会主席认为企业是家族企业,企业管理团队中51%以上的职位由拥有企业股权的家族占据,并且企业的股权由两代或两代以上的家族成员掌握。Westhead和Cowling指出,学术界关于家族企业的定义存在着很大的差异,有的研究采用了较为宽泛的定义(Cromie等,1995),有的研究采用了更加狭窄的定义(Hamlyn,1994),而有的研究中定义就根本不清楚(Birly,1994)。显然,不同的家族企业的定义会导致研究样本的显著差异,从而进一步导致研究结论的混乱。Westhead和Cowling按选取角度和标准的不同,将家族企业定义具体归纳划分为家族参与度与CEO认知、家族所有权、家族管理控制权、代际权杖交接和多重条件限制五大类。表2.1在这种分类的基础上,结合Jess Chua等(1999)的研究,[124]归纳出国外家族企业的一些主要定义。

表2.1 国外主要的家族企业定义

作者	家族企业定义
1. 家族参与度与CEO认知	
Hamlyn(1994)	公司的总经理在企业中拥有家庭关系,则该企业就可以称为家族企业
Carsud(1994)	无论某个团体是否了解实际情况,企业的决策权都由这一在感情上具有密切关系的团体控制
Bernard(1975)	事实上由某一家族控制的企业
Davis(1983)	政策和方向受到一个及一个以上家族单位明显影响的企业,这种影响可以通过所有权或者家族成员参与管理来实现
2. 家族所有权	
Babicky(1987)	始于一个或几个有点子的个人创立的小企业,通过勤奋工作来发展企业,通常资本有限,发展过程中保持企业的大部分股权

续表

作者	家族企业定义
Barns 和 Hershon（1976）	个人或者家庭拥有控股权的企业
Docnkels 和 Frohlich（1991）	家族成员拥有企业 60%以上的股权
Donckels 和 Frohlich（1991）	一个家庭（或家族）的成员拥有企业 60%以上的财产所有权
3. 家族管理权	
Daily 和 Dollinger（1992、1993）	有两个或两个以上的同姓担任企业总经理或占据企业核心管理职位，并且他们与企业所有者关系密切
Alcorn（1982）	关心利润获取的家族运营的企业，无论是独资、合伙还是公众公司
4. 代际权杖交接	
Ward（1987）	企业的管理控制权必须在同一家族代代相传
Churchill 和 Hatten（1997）	家族企业（Family Business）不是所有者管理者合一（Owner-managed）的企业，家族企业的重要特征是有家庭关系卷入企业的管理并且权杖的交接是在家庭成员间以非市场导向的方式进行。家族企业代际权杖的交接不仅包括产权，也包括企业运作和战略方向的管理控制权
Robert G. Donnely（1964）	家族企业是指同一家族至少有两代参与这家公司的经营管理，并且这种两代衔接的结果，使公司的政策与家族的利益和目标有相互影响
5. 多重限制条件	
Drucker（1974）	家族企业是家族控制和管理的企业
Chandler（1977）	家族企业是"企业创始者及其最亲密的合伙人一直掌有大部分股权。他们与经理人员维持亲密的私人关系，且保留高层管理的主要决策权，特别是在有关财务政策、资源分配和高层人员的选拔方面"
Channon（1971）	家族企业的主要标准是：由家族成员担任企业的 CEO，并且至少由两代家族成员在企业中工作并控制着企业，而且家族还必须至少拥有企业 50%的可投票股权
Church（1969）	家族企业所有资产必须为私人拥有且所有重要管理职位都必须为家族成员占据
Gasson 等（1988）	家族企业必须具备三大条件：一是委托人之间具有亲密的关系或姻亲关系；二是企业所有权和控制权往往重合；三是企业控制权是在同一家族中代代相传
Hayward（1992）、Smymios 和 Romano（1994）、Cromie（1995）	家族主体对企业现在或将来的运作具有重要影响，可能是家族单独拥有企业 50%以上的可投票股权，或者是单个家族有效地控制着企业，抑或是企业高层管理的主要成员均来自于同一家族
Reynolds（1995）	家族企业主要有三种类型：第一种是单一所有者拥有；第二种是 50%以上的所有权由家族控制而且 50%以上的家族成员都在公司担任管理职务；第三种是 50%以上的所有权由家族控制但在公司担任管理职务的家族成员少于 50%

续表

作者	家族企业定义
Lansberg、Perrow、Rogolsky (1998)	家族成员通过所有权而拥有企业合法控制权的企业
Leach 等（1990）	超过 50%有投票权股票由一个家族拥有，和/或家族集团有效控制企业，和/或企业高层管理人员有相当部分来自于同一个家族
Lyman（1991）	所有权完全被家族成员控制，至少一个所有者在企业工作，另有一个家族成员要么在企业内工作，要么在没有被正式雇用的情况下也有出力的合格基础
Rosenblantt、deMik、Anderson、和 Johnson（1985）	大部分所有权或控制权都集中在一个家族，家族内有两个以上的成员（有时）直接参与企业管理
Welsch（1993）	所有权集中，所有者或所有者的亲戚参与管理过程的企业
Stern（1986）	由一个或两个家族所有和运营的企业

Astrachan 和 Shanker（2003）将家族企业界定为三种程度不同的定义，即狭义、一般和广义三个层次的定义。[125] 如图 2.1 所示，内层是狭义定义，中间是一般定义，最外层是广义定义。① 狭义定义认为家族企业指家族几代人直接参与企业管理，且一个以上的家族成员负有重要的管理责任；一般定义是指家族企业的创业者倾向于将企业传继给后代，创业者或继承者管理企业，而其他家族成员不参与企业日常管理，而只是拥有公司股份或仅在董事会工作；广义定义最为宽泛，只要求家族参与企业管理，但仅限于掌控企业的战

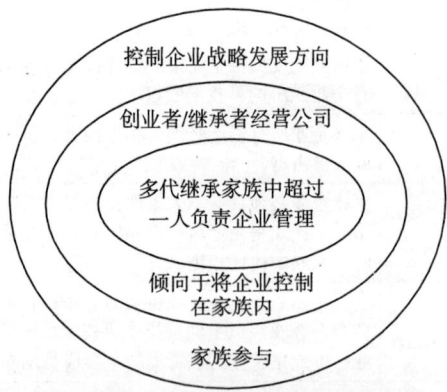

图 2.1 家族企业的牛眼模型分层定义

---

① Astrachan 和 Shanker 的定义模型因其形状像"牛眼"，也被称为牛眼模型（Bull's-eye model）。

略发展方向。

2. 国内学者的观点

与西方国家相比，中国是一个"家文化"传统最为悠久和深厚的国家，中国文化就是"家的文化"（李亦园，1998）。华人社会的"家"文化之所以重要，是因为它不只是给家庭或家庭成员提供一套规则，而且把它泛化到社会经济生活的方方面面。任何家族以外的社群、机构，包括企业或国家都可视为"家"的扩大（储小平，2004）。正是由于"家"文化传统以及经济、政治等社会背景的不同，使得国内外学者对家族企业的定义既有相似之处，也存在一定的差异。

中国台湾大学的黄光国教授从发展阶段与组织形式的角度，阐述了对家族企业各种形态的理解（如图2.2所示）：第一类形态是只用亲属的纯粹意义上的家族企业，以饮食、杂货、文具、日用品的小商店，以及制造食物或简单日用器具的小工厂居多，人员几乎来自于同一家族，只有在忙不过来的时候，才会雇用少数几个帮手；第二类形态是采用人治管理方式的家族企业，由创业者掌管大权，次要管理职位则由其家族成员担当；第三类形态是从人治过渡到法治的家族企业，经营权与所有权合一，规章制度成为其重要特点；第四类形态是经营权与所有权分离的现代意义上的家族企业。自己拥有所有权，但经营权交由非家族成员支配。[127] 一般而言，这些组织的所有权大多掌握在一个或少数几个家族成员手里，组织的经营则是以企业所有者的亲戚或家族成员的骨干为主。这种以一个或几个有血缘关系的家族成员作为组织核心，直接控制其所有权或经营权的企业组织，即可称为家族企业。

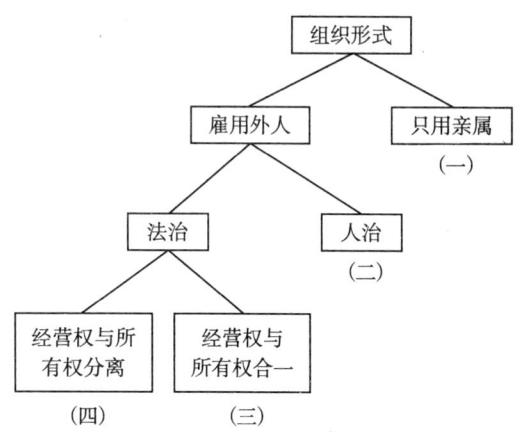

图2.2　家族企业的发展阶段与组织形式

家族企业融资行为机理与特性

中国台湾学者叶银华（1999）提出以临界控制持股比率来划分家族企业，认为家族企业必须具备以下三个条件：①家族的持股比例大于临界持股比率。②家族成员或具有二等亲① 以内的亲属担任公司董事长或总经理。③公司家族成员或具有三等亲以内的亲属担任公司董事席位超过公司全部董事席位的一半以上。[128] 这一定义给家族企业一个质（控股权）的规定外还有一个量的界限，同时把家族企业看成是一个动态变化的过程，从股权、经营控制权的角度把家族企业看成一个连续分布的状况，从家族全部拥有两权到拥有多数控制权再到临界控制权都是家族企业。

储小平、李怀祖（2003）认为，家族企业是家族资产占控股地位、家族规则与企业规则的结合体。它的所有权和控制权表现为一种连续的状态，包括所有权与控制权不可分离的紧密持有形式，到企业上市后，家庭成员对资产和经营管理保持临界控制权的企业。[129]

甘德安（2002）从系统论的角度出发，认为家族企业系统是"一个以传统文化为核心、注重人际关系网络、两权没有完全分离、企业生命周期与创业者和家族周期息息相关、决策常以集中的方式由财产所有人做出、企业的重要职位通常由家族成员担任的一个开放的非稳定的系统。而且，治理结构是区分一个企业是否是家族企业的一个基本尺度，即只要家族成员在企业中的股权占整个股权的50%以上，家族主要成员只要愿意，他都能在企业工作或管理，就可认为是家族企业。"[21] 这一定义对家族成员所占股权比例的规定似乎过于严苛。因此，甘德安也说道："对于家族完全拥有公司控股权的公司，称为家族公司当然无可厚非，但是，家族公司的另一种情况是，家族并不是最大的出资人，也并未对公司实行控股，但由于其是公司的创办人，故而实际上仍然能对公司实行家族式的控制和经营。"[21]

潘必胜（1998）主张从企业所有权和经营权的结合上来定义家族企业，认为"当一个家族或数个具有紧密联盟关系的家族拥有全部或部分所有权、并直接或间接掌握企业的经营权时，这个企业就是家族企业"。[130] 他还按照家族关系渗入企业的程度及其关系类型将家族企业分为三种：①所有权与经营权全部为一个家族所掌握。②掌握着不完全的所有权，却仍能掌握主要经

---

① 一般而言，"一等亲"包括父母、夫、子，"二等亲"包括祖父母、母、伯叔父姑、兄弟姐妹等，"三等亲"包括曾祖父母、伯叔之妇、夫之侄等。参见郭跃进：《家族企业经营管理》，北京：经济管理出版社，2003年版，第5~6页。

营权。③掌握部分所有权而基本不掌握经营权。

曹德骏(2002)认为,家族企业是企业的所有权或所有权的控制权归属一个或数个家庭或家族所有,而且具有能将所有权或所有权的控制权合法传与后代的企业组织。[118]他认为众多的家族企业的定义忽略了一个重要特征,即家族企业的所有权与经营权都可以向家庭的后代传承,这是家族企业区别于其他企业类型的最独特之处。

姚贤涛、王联娟(2002)认为,家族企业是以血缘关系为纽带、以追求家族利益为首要目标、以实际控制权为基本手段、以亲情第一位为首要原则、以企业为组织形式的经济组织。[131]

孙治本(1995)对台湾家族企业素有研究,他认为家族企业的定义牵涉所有权和经营权之间的关系,而又以经营权为核心。他把家族企业定义为:当一个家族或数个具有紧密联盟关系的家族直接或间接掌握一个企业的经营权时,这个企业就是家族企业。[132]所谓直接掌握经营权是指家族成员亲自担任企业的主管,该家族或家族联盟可能拥有亦可能未必拥有企业过半数的股份。间接掌握则指企业主管由外来专业经理人担任,作为企业主要所有者的家族或家族联盟,是通过外来专业经理人间接掌控企业的经营。

晓亮(2002)认为,家族企业应以三个条件来界定:①办企业的主体是自然人家族或家族主要成员,并且由他或他们主持企业工作或企业运转。②企业的继承人必然是或必须是家族成员。③在经营上有一定的家训或办企业的原则,并且代代相传。[133]

根据卢现祥(2000)的观点,企业是否称家族企业,是看其家族对企业的影响力,那种以一个或几个有血缘关系的家族成员作为组织核心,直接控制其所有权或经营权的企业组织,则可称为家族企业。[134]

于立、马丽波、孙亚锋(2003)认为,家族企业是以婚姻和血缘关系为纽带而形成的经济组织,企业资本的来源和积累或企业的经营建立在家族的背景之上。[135]

付文阁(2004)认为,将家族所有和家族控制视为家族企业的两个基本特征是比较合理的。可以说,家族企业是指一个家族或数个具有紧密联盟关系的家族拥有全部或部分所有权,并直接或间接参与企业的经营控制,而且有能力将这些所有权和控制权合法传与后代的企业组织。"家族所有"体现的是所有权归属于某个家族,"家族控制"体现的是经营管理权归属于某个家族。企业的所有权与控制权重合是世界各地家族企业的一个共同特征。[28]

朱卫平（2004）认为家族企业是指企业家个人拥有或与其家族（家庭）共同拥有占支配地位的所有权，并能合法地将其所有权在家族（家庭）内部传承的企业形态。家族企业可以划分为个体企业、家庭企业、家族企业（狭义）、泛家族企业和准家族企业几种基本类型，具有企业和家庭（家族）系统部分重叠、投资来源高度集中于企业家个人和家庭、控制权高度集中于家族企业家、用人选择标准按亲疏和信任度排序以及企业所有权的合法继承性等特征。[136]

钟朋荣（2001）提出家族式企业有两种类型，即家族式所有制与家族式管理。前者包括企业老板个人独资所有和老板及其家族成员参股的股份合作制企业，即在企业所有者中没有外人；后者是指企业的主要管理岗位由家族成员把持，企业更多的不是表现为制度管理，而是家长式管理，对管理者主要不是靠激励机制和约束机制推动，而是靠亲情关系推动，"一个人说了算"是家族式企业管理的重要表现形式。[137]据此他将家族企业归纳为三种主要模式，即家族产权和家族式管理合二为一、非家族产权与家族管理融为一体以及家族产权与非家族式管理两权分离。

李善民、王陈佳（2004）认为，家族企业是指有两位或两位以上家族成员在企业中担任关键管理岗位职务，且与企业最大股权持有者之间有血亲或姻亲关系；企业最大股权持有者必须对企业能够绝对控股或相对控股；企业实际控制权掌握在控股股东及其家族成员手中的企业。[138]该定义强调了家族企业动态性，并把家族化程度的高低作为划分家族企业类型的依据，确定了家庭式企业、纯家族企业、准家族企业、混合式家族企业等几种家族企业形态。

郭跃进（2002）认为，如果要在理论上表达得更为完善一些，可将家族企业分为广义的家族企业和狭义的家族企业。广义的家族企业指的是由某一家族成员所拥有的企业，强调的是家族对企业的所有权；狭义的家族企业则指仅为家族成员所有，并且为家族所控制的企业。[139]

3. 本书的界定

综观国内外学者对家族企业的定义，可谓仁者见仁，智者见智，主要包含了所有权、控制权、家族成员参与、家族与企业之间的相互联系以及代际传承等方面的要素。[140] Handler（1989）通过对先前研究中所使用的家族企业定义的回顾统计，指出家族企业定义中使用频率最高的是：家族成员拥有企业或管理企业的程度；家族参与的程度；代际传承的可能性，以及人们考虑的多种条件。[40]从主线看,尽管各种定义从不同角度有所侧重,但最普遍的划分标准还是集中于权利控制方面,强调家族拥有企业的所有权和控制权,通过对所有权和控制权此消彼长的变化研究家族企业的存在和发展。

笔者认为,家族企业与其他企业的共性为都是一种经济组织,它不同于其他企业的特征主要表现在两个方面,即在所有权和控制权方面都表现出浓厚的家族控制特色,将家族所有和家族控制看作是家族企业的两个基本特征是比较合理的。据此,本书将家族企业定义为:一个家族或数个具有紧密联盟关系的家族拥有企业的全部或部分所有权,并直接或间接掌握企业的控制权,且有能力将这些所有权和控制权在家族内部合法传承的企业组织。

首先,这一定义以所有权与控制权为关键变量,分别以家族拥有企业"全部或部分所有权"、"直接或间接控制权"来概括各种家族企业形态。拥有企业所有权是家族企业内在隐含的必要条件,对控制权掌握程度的不同是区分家族企业不同发展阶段的主要依据。定义强调家族企业所有权与控制权的结合,但并不排除所有权与经营权的分离,即家族可以把经营权委托给职业经理来行使而保留剩余控制权。经营权是控制权的一部分,可以称为特定控制权,指企业契约中可以明确规定的日常的生产、销售、雇用等权利,剩余控制权往往包括战略性的重大决策,如任命和解雇经理,决定经理报酬,决定重大投资,合并和拍卖以及合同中没有明确规定的权利等。家族企业可以是所有权与经营权结合的,也可以是所有权与经营权分离的,关键是家族是否掌握有企业所有权和剩余控制权。

对所有权与控制权的认定并非绝对,而是程度上的区别。家族企业是企业所有权与控制权呈连续分布的状态,而非某一种具体的形态,从家族100%所有和100%控制到家族临界控股和临界持有控制权,最终控制家族达到临界值以上就可以称之为家族企业。现实中,对这个临界值的具体数量并没有一个为学者们普遍认可的说法。在La Porta(1998)、Claessens(2000)、Faccio(2002)、Berghe(2002)等人的研究中,分别将临界控制持股比例确定为10%、20%、30%、40%和50%。[141]而Donckels和Frohlich(1991)则认为要大于60%。[142]笔者认为,不同国家或地区家族企业所有权的集中程度以及法律制度都存在差异,用一个明确的量化标准尤其是较高的控股权要求来统一界定家族企业,可能不完全合适。如西方发达国家的一些大企业中,家族只要拥有近10%的企业股份就可控股,从所有权角度来考察,这样的企业是可以被界定为家族企业的。因此,可以用一个相对值作为标准对家族企业进行界定。对企业所有权的掌握,从家族成员完全控股到只占很小比例的股份但只要拥有相对优势;对企业控制权的把握,从完全由家庭成员掌握的家庭企业组织到只掌握高层的具有企业战略意义的部分控制权,都属于家族企业的范畴。用图 2.3 表示:横、纵轴分别代表家族对企业的所有权和经营控制权由高到低渐变。

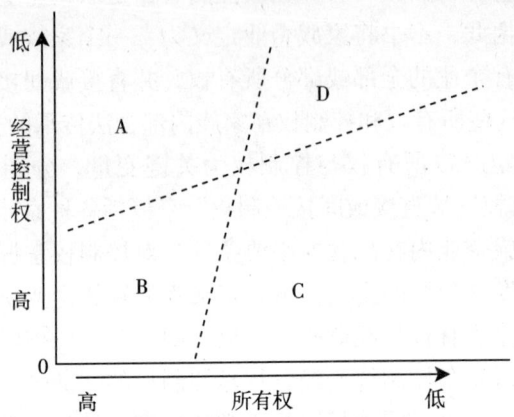

图 2.3　家族企业所有权与控制权的连续分布状态

显然,钱德勒的定义落在区域 B 中。位于 0 点的家族企业为潘必胜所述的第一种情况,也是所有权和控制权为家族成员全部拥有的最极端的家族企业原始初态阶段;潘必胜所描述的另外两种情况基本上覆盖了图 2.3 中的 A、B 两个区域,其定义更加宽泛。叶银华提出依据临界控制持股比率认定家族企业,目的在于确定区域 AB 与区域 CD 间虚线的确切位置。如以家族的控制持股比率与其他非家族成员的控制持股比率相比较,在其他条件相同的情况下,若该家族所持股份处于绝对优势,即可认定为是家族企业。一旦突破这一范畴,家族企业也就蜕变为公众公司,即进入图 2.3 中的 C 区域或 D 区域。在一个家族企业成立的初期,一般家族持有企业股份超过 50%甚至达到 100%,经过若干年的发展,企业融资渠道拓宽,管理层泛化,便会形成像杜邦、福特、菲亚特这种家族持股仅占 2%~3%的企业,而家族低于 5%的持股比例相对其他分散的股东仍然存在股权控制优势,所以属于家族企业范畴。

其次,这一定义强调了家族将企业所有权或控制权在家族内部合法传承的权利。从法理上讲,所有权是财产的归属权,首先是拥有这一权利的主体,对于其拥有物或对象具有排他性的最高占有权,同时也暗含了主体对他的权利的自由随意的处置权。这种处置权，就包括了将财产传递给下一代，甚至下一代的某个具体个人的权利。根据这个道理，家族企业是家族拥有的企业，属于家庭的财产，而家庭的财产是可以合法地由下一代来继承的，且这种传承可以用非市场导向的方式进行。其他形式的企业，都不可能把企业的所有权或所有权的控制权合法地传递给下一代。值得注意的是，我们强调企业所有权的合法的可传递性，但不关心家族企业是否在事实上进行了传承。传承与否系于企业主的选择，系于家族的具体情况，也系于企业本身的经营状况。有的家族企业的生命可能在创业的第一代人手中便消亡了，有的家族企业则成功地传向了下一代。在欧洲一些国家，一些家族企业甚至繁衍了几百年，而且还将继续传向后代。而在中国内地，由于历史的原因，家族企业复兴起步才不过20多年，大部分的家族企业尚处于第一代创业期，其企业的权杖还没有从老一辈创业者手中传继给下一代，也有一部分企业开始迈入一、二代新老交替的阶段。但无论企业主及其家族怎样处理他们的企业，合法的传递性总是存在的。

第二节　企业融资方式与融资行为

一、企业融资方式及其划分

关于融资（Financing），《新帕格雷夫经济学大辞典》解释为"为支付超过现金的购货款而采取的货币交易手段或为取得资产而集资所采取的货币手段"。[143]国内对融资的界定大致有两种：一是资金融通，包括资金供给者融出资金和资金需求者融入资金；二是储蓄向投资转化，即从储蓄与投资关系出发考察资金在经济主体部门借助于金融工具而流动完成储蓄向它转化的过程。① 广义上，融资是指资金在供给者与需求者之间的流动，这种流动是双向

---

① 此处的储蓄是指国民收入中未用于当前消费的部分，而不是指狭义的居民储蓄存款；同样，投资也不是指金融证券投资，而是指"一年之内一个国家的建筑物、设备及库存等资本存货的增加部分……投资代表着能够增加未来生产能力的耐用资本品存货的增多"。参见保罗·A. 萨缪尔森、威廉·D. 诺德豪斯：《经济学》（第十四版），北京：首都经济贸易大学出版社，1996年版，第778页。

家族企业融资行为机理与特性

互动的过程,既包括资金的融入,也包括资金的融出。从狭义上讲,融资主要是指资金的融入,即具体经济单位从自身经济活动现状及资金运用情况出发,通过一定的渠道,采用一定的方式,有效地筹措和集中资金,以保证经济活动对资金的需要。本文的融资主要是基于狭义的角度,即资金的融入。

融资方式(Financial Method)即资金融通或由储蓄转化为投资的形式、手段和方法。[144]换言之,即资金盈余部门(资金供给部门)向资金亏绌部门(资金需求部门)转化的途径和渠道。企业融资方式可以按不同标准划分为以下三种形式:

1. 内源融资与外源融资

按照融资过程中资金来源的不同方向,可把企业融资方式分为内源融资(External Finance)和外源融资(Internal Finance)。最早进行这种划分的是美国经济学家约翰·格利和爱德华·肖(1967)。根据其划分原则,内源融资是企业创办过程中原始资本积累和运行过程中剩余价值的资本化,由初始投资形成的股本、折旧基金以及留存收益构成;外源融资是企业通过一定方式向企业之外的其他经济主体筹集资金,包括发行股票和企业债券、向银行借款等。[145]

关于内源融资和外源融资的区分,目前学术界有不同的看法。如方晓霞(1999)认为,"内源融资是企业不断将自己的储蓄(留存盈利和折旧)转化为投资的过程。外源融资是企业吸收其他经济主体的储蓄,使之转化为自己投资的过程"。[146]她把企业融资主要集中在长期资金来源方面,并把股本归为外源融资。陈享光(1998)也持这种观点,认为内源融资的"资金来源于企业自身的储蓄包括企业保留利润和折旧",而外源融资的资金"来源于其他主体的储蓄"。[147]而吴少新(1998)则将债务融资看做外源融资,将股权融资看做内源融资:"企业的内源融资是由股本、折旧基金以及股本权益的资本化部分构成","外源融资是企业以一定代价对外举债的债务,包括发行企业债券和向银行借款两个方面。其中,发行企业债券属于外源直接融资,向银行借贷属于外源间接融资"。[148]万解秋(2001)也认为,股权融资属于内源融资,因为其属于权益性资本,而债务融资属于外源融资,因为它是一种债务资本,是企业财务运作的结果,与企业的权益没有直接关系"。[149]显然,上述不同观点的主要分歧在于对股本性质的认识不同。笔者认为,对内源融资和外源融资的区分一定要从储蓄转化投资这一融资的经济实质去把握。凡是现存于企业的自有资金的使用都属于内源融资,凡是到企业之外去获取资金都属于外源融资，而不管资金将来的属性如何。因为投资者在投资入股之前其手中的资金是属于其自己的资金，此时企业与投资者是两个不同的经济主体。因此，本书所指的外源融资，既包括外部债务融资也包括外部股权融资。

2. 直接融资与间接融资

按照融资过程中资金运动的不同渠道，可以把企业融资方式分为直接融资和间接融资。这种划分的核心是，储蓄向投资转化是否经过金融中介机构（如银行）。直接融资是企业自己或通过证券公司向金融投资者（即储蓄者）出售股票和债券而获取资金的融资方式，它借助于一定的金融工具（股票、债券）直接沟通最终出资者和最终融资者的资金联系，资金供给者与资金需求者直接见面融通，不需要通过银行等金融中介。① 而间接融资，则是通过银行等中介机构把分散的储蓄集中起来，然后供应给筹资者，筹资者通过中介机构间接获取储蓄者资金的形式。

直接融资与间接融资的这种划分，只是一种理论上的抽象，在现实中要复杂得多。随着现代金融创新的发展，这两者的区别越来越模糊，出现了直接融资间接化、间接融资直接化的趋势。事实上，现代直接融资过程也是通过金融中介进行的，这些金融中介包括证券商、经纪人、投资银行、交易所等。但两种融资方式体现的信用本质不同，金融中介所起的作用也不同。直接融资与间接融资的根本区别是其信用本质不同。直接融资体现的是证券信用关系，而间接融资体现的则是银行信用关系。[150] 就直接融资中的金融中介（如证券公司和交易所）来讲，它们的作用是一种简单中介服务，一旦融资过程结束，这种中介的职责也就结束了。企业与金融中介之间没有长期的债权债务或股权股东关系。相反，银行在间接融资中所起的作用则是一种复杂中介作用。银行与企业和最终贷款者之间形成了一个复杂的债权债务链，银行既是企业的债权人，但同时又是最终贷款者（即居民或其他经济组织）的债务人。即使融资过程结束了，这种关系也并不会立即消失，要等到这两个债务链都化解以后，这种关系才会最终消失。

---

① 严格地说，家族企业经常采用的民间集资，非股份制企业创办时投资者的股本投入（尽管它没有借助于股票的形式），个人与企业、企业与企业之间的直接借贷，以及商业信用融资，都属于直接融资的范畴，因为在这些融资方式中资金供给者与资金需求者都是直接见面融通，双方清楚对方是谁。

3. 股权融资与债务融资

按照融资过程中形成的不同资金产权关系，可以把企业融资方式分为股权融资和债务融资。股权融资是企业向其股东（或投资者）筹集资金，是企业创办或增资扩股时采取的融资方式。股权融资获得的资金就是企业的股本，代表着对企业的所有权，故称所有权资金，是企业权益资金或权益资本的主要构成部分。①而债务融资则是利用发行债券、银行借贷等方式向企业的债权人筹集资金，所获得的资金称为负债资金或负债资本，它代表着对企业的债权。

与上述定义相对应，股权融资和债权融资还有着更为广义的理解。广义的股权融资就是企业的整个所有者权益部分，包括实收资本（即股本）、各种形式的积累和未分配利润。与此相对应，广义的债权融资就是企业的整个负债部分，包括企业向银行贷款、发行债券、企业间的商业信用以及企业应交未交的款项等。

以上对企业融资方式的分类都是从某一方面进行的，具有相对性，对于不同的研究具有不同的意义。事实上，随着经济社会的发展，企业融资方式呈现多样性与复合性的趋势，不同的划分标准相互之间并不矛盾、排斥，有的还可以交叉与重叠，如图2.4所示。

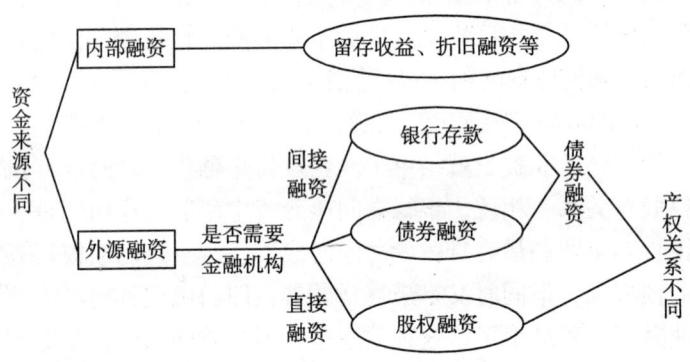

图2.4 不同融资方式之间的关系

---

① 从财务会计的角度看，权益资金或权益资本是企业资产减负债后的剩余，体现企业所有者对企业资产的索取权，包括原始投资（股本）和企业经营过程中形成的资产增值（即留存收益）。这里的"所有权资金"不等于全部所有者权益，只是它的构成部分。

二、融资行为与融资结构

企业融资方式的选择并非孤立的活动过程，它与融资行为（Financial Activity）、融资模式（Financial Model）、融资结构（Financial Structure）的形成都具有密切联系。

在行为科学看来，行为是"受思想支配的表现在外面的活动，是人类在日常生活中所表现出来的一切动作的全称"。[151]而融资行为则是当事人通过各种方式到金融市场上筹措或贷放资金的行为。企业融资行为是指企业从自身生产经营现状以及资金运用情况出发，依据企业长远发展策略，通过一定的融资渠道和融资方式利用内部积累，或从外部筹措所需资金的一种经济活动。从本质上说，融资行为包含对融资方式的选择，它可以是一种或多种融资方式的组合。

融资结构是指企业在取得资金来源时，通过不同渠道筹措的资金的有机搭配以及各种资金所占的比例。具体地说，是指企业所有的资金来源项目之间的比例关系。企业的融资结果不仅揭示了企业资产的产权归属和债务保证程度，而且反映了企业融资风险的大小，即流动性大的负债所占比重越大，其偿债风险越大，反之则偿债风险越小。值得强调的是，资本结构（Capital Structure）作为衡量企业财务状况的重要指标，也反映了负债与股本之间的组合和相互关系。所谓资本结构，就是指企业全部资金来源中各种资本的构成及其比例关系。①从融资过程看，资本结构也可视为通常所说的融资结构。在本书的研究中，笔者将融资结构和资本结构视为同一财务范畴。在研究家族企业融资时，企业的短期资金来源和长期资金来源处于同等重要的位置。因为我国家族企业在多数情况下解决流动资金困难是当务之急，并且融资期限的选择一直是影响企业融资行为的重要因素，割裂长期资金和短期资金的划

---

① 实际上，学术界对资本结构的定义和度量方法并不相同，有长期资本组合说与负债权益组合说两种观点。前者把资本仅定义为长期资金来源，认为资本结构是企业的长期资金项目的来源、组合及其相互关系，即权益资本和长期负债的组合和相互关系（沈艺峰、方晓霞，1999；威廉·L.麦金森，2002）；后者则把资本看成是全部资金的来源，不仅包括长期资本，也包括短期资本（包括短期债务），认为资本结构表现为企业全部资金来源的构成及其比例关系，即企业资产负债表右方所列示的所有负债项目之间的相互关系（张维迎，1998；伍中信，1999；傅元略，1999）。两种界定方法体现了资本结构研究重点的不同。

分就无多大必要。因此本书对资本结构与融资结构不做区分,具体反映了企业所有资金筹集来源之间的比重关系。

企业融资结构的形成受到各种内外因素的影响。从总体上看,企业组织形式、企业目标、企业体制决定了企业资本来源的基本构成。而不同的金融体制、企业资本制度、资本市场的发达程度和企业融资条件的差异也决定了企业融资方式的选择范围。在企业内部融资条件和外部融资环境约束下,企业根据不同融资契约的成本与收益分析、融资关系的形成机会进行融资决策,形成了不同特点的融资结构。

笔者认为,企业融资行为及其偏好,是企业在面临的可能融资渠道中对各种融资方式的偏好与选择顺序;而融资结构特征,则是行为主体根据自己的偏好在可能的融资渠道中采取行动而达到在静态意义上的最终数量结果,这种结果体现出客观上的可能融资渠道与主观上融资行为偏好的双重影响特征,是这两种因素共同作用的结果。融资结构特征反映企业融资渠道的依赖性与资金来源的配置状态,融资行为偏好则反映企业采用融资方式的顺序属性。从本质上说,融资结构是由企业采用各种融资方式而形成的,是融资行为的结果。企业融资是一个动态的过程,不同的融资行为必然导致不同的结果,形成不同的融资结构。合理的融资行为必然形成优化的融资结构,融资行为的扭曲必然导致融资结构的失衡。

第三节 企业融资结构理论

西方财务学界对融资结构问题的系统研究始于 20 世纪 50 年代。他们遵循结构—行为—绩效的研究范式,推断融资结构如何影响企业治理行为进而影响企业价值,亦即主要讨论不同融资行为下各种资金来源占多大比重,才能使总资本成本最低,企业价值最大。

一、早期的融资结构理论

最早的融资结构研究起源于 20 世纪 50 年代,杜兰特·戴维(Durand David)1952 年在其论文《企业负债及权益资金的成本:趋势和计量问题》中提出净收入理论、净营业收入理论和传统理论，[152] 并认为这三种融资结构理论的主要区别在于对投资者如何确定企业负债和股本价值的假设条件和方法不同。

1. 净收入理论

净收入理论认为，企业获取资本的来源和数量不受限制，由于债务融资成本较低，因而企业利用债务融资总是有利的。债务资本的比例越大，企业的净收益或税后利润就越多，从而企业的价值就越高。这种观点虽然考虑到了负债融资的财务杠杆作用，但忽略了财务风险，因为随着企业负债率的提高，财务风险亦随之加大，企业的综合资本成本率就会上升，企业的价值则会下降。

2. 净营业收入理论

净营业收入理论认为，企业的加权平均资本成本是固定不变的，不会随着企业财务杠杆的变化而变化。加大债务资本的比重，企业的财务风险将会上升，则企业股权资本的成本率随之上升；反之，如果减小债务资本的比重，企业的财务风险降低，企业股权资本的成本率也会降低。因此，企业债务资本的比例对企业的综合资本成本没有影响，企业不存在最佳资本结构，企业价值高低取决于企业的净营业收入。

3. 传统理论

传统理论是对净收入理论和净营业收益理论的一个折中。它认为增加债务资本对提高企业价值是有利的，但债务资本的规模必须适度。在一定范围内，加大负债的比重有助于降低企业的综合资本成本，提高企业的价值，但是如果负债率过高，企业的综合资本成本率就会上升，并使企业的价值下降。企业存在一个可以通过财务杠杆作用获得的最佳资本结构，这时，负债的边际成本率和权益资本的边际成本率相同，企业的市场价值最大。

二、现代融资结构理论

现代融资结构理论研究以 MM 定理为开端，反映了融资结构、融资行为对企业绩效的影响。MM 理论的产生，推动了财务理论研究的发展，为现代融资结构理论奠定了基础。

1. 无税的 MM 理论

1958 年，美国经济学家莫迪格莱尼和米勒（Modigliani 和 Miiller）发表了论文《资本成本、公司价值与投资理论》,创立了著名的MM理论。[153]该理论的假设条件包括:①企业处于无税收的经济环境。②企业的股息政策与企业价值无关。③企业发行新债不会对企业已有债务的市场价值造成影响。④企业无破产成本。⑤资本市场高度完善。在这些假设条件之下,低成本的举债利益正好被股本成本的上升所抵消,所以更多负债不会增加企业的价值。或者说,企业无论选择何种融资方式均不会影响企业的市场价值。

2. 考虑企业所得税的MM理论

由于MM理论许多严格的假设与现实差距太大,在现实中难以满足。莫迪格莱尼和米勒于1963年发表了另一篇论文《公司所得税与资本成本:一项修正》,对MM理论作了修正,放松了其假设,加入了企业所得税的影响。[154]结论变为:由于税法允许利息可作为费用以抵减所得税,故负债经营可以给企业带来税收屏蔽效应。负债杠杆对企业价值和融资成本确有影响:当负债增加时,企业价值增加,融资成本降低,投资者的可分配经营收入增加;当负债率达到100%时,企业价值最大,融资成本最小。

3. 米勒模型

1977年,米勒再把个人所得税考虑进去,建立了包含企业所得税和个人所得税的模型,来研究负债对企业价值的影响。[155]就单个企业而言,负债融资在法人所得税方面的避税效应,被个人所得税的存在所导致的负债融资成本上升完全抵消,负债融资和股权融资没有什么差别。就市场整体而言,存在最优的企业负债融资总量,但是单个企业的最优负债水平是无法确定的。米勒模型从另一个角度解释了企业没有无限扩大负债率的原因,称为MM定理的回归。

4. 权衡理论

MM理论只考虑了债务融资的显性成本即直接的财务成本及避税效应,却忽略了负债的隐性成本即破产成本和代理成本。为了克服MM定理与现实的矛盾,Robincheck和Myers(1966)、Kraus和Lizenberg(1973)等将负债的破产成本引入MM理论的分析体系之中。[311-312] 20世纪70年代权衡理论应运而生,探讨存在财务风险、破产成本以及代理成本的情况下,企业市场价值与融资结构的关系。该理论认为,由于税收的屏蔽作用,财务杠杆的提高有助于增加企业市场价值,但随着企业债务上升,其破产风险也在增加,由此增加预期破产成本使企业价值下降。负债企业市场价值等于无负债企业市场价值加上避税效应的现值,再减去财务危机成本。企业的最优负债水平应由负债的避税效应和负债的预期破产成本这两种效应来均衡决定。权衡理论引入了均衡概念，指出负债融资具有收益和风险的两重性，推进了融资结构理论的发展，使之更具有现实性。

三、融资结构理论的新发展

随着对融资问题研究的进一步深入，20世纪70年代以后，许多新的经济学方法及企业理论被引入融资结构研究领域，其研究重点转向"企业不同的融资方式选择是如何影响企业的收益流量"、"不同的条件下企业如何选择最优的融资方式"、"与有效的公司治理机制相适应的企业融资证券该如何设计"等问题（潘敏，2002），从不同侧面揭示了企业融资决策中最本质的关系——企业经营者和投资者的目标、行为及其相互作用，为企业融资活动提供了理论指南。

1. 激励理论

激励理论研究企业融资结构与经营者行为之间的关系。该理论认为，融资结构会影响经营者的工作努力水平和其行为选择，进而影响企业未来现金收入和企业市场价值。在债务融资和股权融资中，债务融资具有更强的财务预算约束作用和激励作用。因为债务的存在类似一项担保机制，由于存在无法偿还债务的财务危机风险甚至破产风险，这时经营者为了避免企业破产会努力工作，寻找更加合理的投资项目，做好投资决策。若企业采用股权融资，则经营者不会受到强制约束，企业破产风险也会降低，这时的经营者更加倾向于偷懒，从而使市场对企业的评价也相应降低，企业的融资成本提高。这一理论中较为典型的是 Jensen 和 Michael（1976）的代理成本模型（Agency-Costs Model）。[157] 根据这一模型，股权和债务都有代理成本，不同的融资契约与不同的代理成本相关。均衡的企业所有权结构是由股权代理成本和债权代理成本之间的平衡关系来决定的，企业融资结构的选择是为了使代理成本最小化。

2. 不对称信息理论

不对称信息理论研究在信息不对称的情况下企业的融资结构和融资的顺序问题。信息完全是 MM 理论的一个重要的假设。根据这一假设，企业经营者和投资者对企业未来的收益状况都拥有完全的信息，根据完全信息做出决策，充分有效的资本市场正是依据这个假设来评价企业市场价值的。然而，在现实经济活动中,企业的经营者比投资者更多地了解企业内部的经营活动及企业的未来风险和投资收益,因此企业的经营者和投资者面临着不对称的信息环境。Ross（1977）首先将不对称信息理论引入企业融资结构理论研究中,分析了企业如何通过债务比例来传递信号。[158]他认为当企业通过一定的融资方式对外融资时,由于企业的内部经营者在企业价值和企业投资项目预期收益和风险等方面拥有正确而足够的信息,而外部投资者缺乏这方面的正确信息,即存在信息不对称。在此情形下投资者只能通过经营者输出的信息来决定是否投资和评价企业的市场价值（即按什么价格投资）,由此影响企业筹资的难易程度、筹资的成本和证券的价格。企业债务比例就是一种把内部信息传给市场的信号工具,而且负债比例上升是一个积极的信号。由于破产概率与企业质量呈负相关而与负债水平呈正相关,所以外部投资者把较高的负债比视为一个高质量的信号,即企业市场价值和债务比例呈正相关。

3. 新优序融资理论

Myers（1984）提出的新优序融资理论,① 以不对称信息理论为基础,并考虑到交易成本的存在,认为权益融资会传递企业经营的负面信息,而且外部融资要支付各种成本。其主要内容可以概括为:[159]①红利政策是"黏性"的,所以因发放红利被削减的部分无法用于为资本支出提供融资,且因此现金需要量的变动不会被短期红利变动所化解。②相对于外部融资而言,企业偏好内部融资,但是需要为净现值为正的真实投资融资,企业也会寻求外部融资。③如果确实需要外部融资,企业会首先发行风险最低的债券,即选择债务融资,其后才会考虑股权融资。④当企业寻求更多的外部融资时,会按照顺序偏好的次序进行,从低风险债券到高风险债券,可能还包括可换股债券和其他准股票（Quasi-Eduity）证券,最后才是股票。Myers认为各种融资方式的信息约束条件和向投资者传递的信号是不同的,由此产生的融资成本及其对企业市场价值的影响也存在差异,企业的融资决策是根据成本最小化的原则依次选择不同的融资方式。其核心思想主要有两点:一是企业偏好内源融资,首先是选择无交易成本的内部融资;二是如果需要外源融资,则偏好债务融资,对于信息约束要求最严格的并有可能导致企业市场价值被低

---

① 国内也常将新优序融资理论称为啄食顺序理论。之所以称为新优序融资理论,是因为Myers吸收了Donaldson于1961年提出的关于企业融资顺序的主要观点,但前者有坚实的理论支撑,而后者主要是基于经验观察。

估、交易成本最高的股权融资是企业的最后选择，即债务融资优先于股权融资。

4. 控制权理论

控制权理论从企业控制权的角度探讨了融资结构问题，主要包括Harris—Raviv模型和Aghion—Bolton模型等。其出发点是：企业融资方式、融资结构选择对企业各利益相关主体的行为、利益产生影响，作为金融契约的企业融资证券包含了企业剩余索取权和剩余控制权的配置。从本质上讲，企业融资方式、融资结构的选择在决定企业收入流分配的同时，也决定了企业控制权的分配。企业经营者出于对控制权的偏好，会通过融资结构来影响控制权的分配，进而影响企业的市场价值。Harris和Raviv（1998）分别用静态和动态两个模型说明了管理者在通常情况下是不会从股东的最大利益出发的，因此必须要被监督和戒律。[160]债务使股东具有法律上的权利强制管理者提供有关企业的各方面信息，所以最优的负债数量取决于在信息和惩戒管理者机会的价值与发生调查成本的概率之间的平衡。Aghion和Bolton（1992）引进企业家财富约束，考察了融资结构对剩余控制权配置的重要影响。[161]他们认为，在合约不完全的情况下，选择一个适当的企业融资方式或融资结构与选择一个有效的企业控制权配置机制是高度相关的。企业发行拥有投票权的普通股融资时投资者掌握剩余控制权；发行没有投票权的优先股融资时企业家掌握剩余控制权；发行债券融资时，企业家在按期偿还债务的前提下拥有剩余控制权，否则剩余控制权就转移到投资者手中，即企业破产。

四、融资结构理论与家族企业融资研究述评

西方融资结构理论研究是伴随着对企业融资问题认识的不断深化而发展的。从20世纪50年代早期的融资结构研究开始，融资结构理论以MM理论为中心逐步形成，并演变为权衡理论。70年代后期，由于不确定性经济学、信息经济学、委托代理理论、契约理论等新经济理论的引入，使融资结构理论研究发生了质的飞跃，形成激励理论、新优序融资理论、不对称信息理论和控制权理论等一些新的主流学派。这些理论承认经营管理层融资行为背后的自利动机，研究以市场力量或契约制度或两者的合力来制约其自利行为，共同构成了企业融资的理论基石。各种融资结构理论对研究我国家族企业的融资问题，具有重要的理论参考价值和现实意义。然而，这些理论或者具有

严格的适用条件,或者具有特殊的研究重心(马春爱、杨贺,2007)。如果将这些西方成熟市场经济条件下针对一般企业的理论成果直接移植到我国家族企业融资问题的研究上,可能会产生理论适用偏差。

1. 研究环境差异

当前主流的融资结构理论主要是立足于西方发达市场经济并主要服务于市场经济条件下的私有企业,揭示了企业融资结构的某些共性成分,使得企业能够遵循一定的规律对融资结构进行调整,对西方国家不同时代的企业融资行为产生了明显的影响,起到了理论的指导作用。需要强调的是,这些理论的推导,一定程度上依赖于其隐含的前提假设——市场有效性。也就是说,只有市场是有效的,企业融资结构与企业价值或股东财富才具有更强的相关性。然而,西方国家在社会制度、经济基础、市场化程度、法制环境等各方面与我国的现实情况存在较大的差异,导致企业融资行为的选择空间包括在多种金融机构、多种融资方式和融资工具之间所进行的选择,都具有一定程度的不同。

2. 研究视角差异

当前主流的融资结构理论主要是从企业的视角上形成结论的:MM 理论和米勒模型是考虑税收对企业融资结构的影响;均衡理论在 MM 理论基础上,增加研究财务危机成本和代理成本对融资结构的影响;不对称信息理论关注的则是融资结构如何向市场传递有关企业经营的信息,并对企业价值产生影响;而激励理论与控制权理论分别强调了信息不对称的情况下,融资结构的选择会影响经营者的行为选择和企业控制权的分配,进而影响企业的价值。但比较之下,家族企业融资行为研究离不开家族目标、企业主个性特征等特殊而重要的内生性作用要素,这种研究视角是基于家族企业内生的异质性特征而建立的。与主流融资理论所不同的研究视角,导致研究的关注点必然存在差异。

3. 研究对象差异

当前主流的融资结构理论是以一般意义上的现代企业为研究对象的,企业所有权与经营管理权的分离是其重要特征。"两权分离"产生了信息的不对称分布,加剧了企业的委托—代理问题。尤其在公司制的企业环境中,所有者、管理者存在着多样的委托—代理关系,这些都是当前主流融资结构理论的重要产生基础。家族企业则与一般意义上的现代企业存在较大差异,许多家族企业更类似于古典企业:业主制或单一所有制是企业的主要实现形式,企业主及其家族既是企业的所有者也是主要管理者,所有权和管理权高度复合。对大部分家族企业而言,困扰现代企业的委托—代理问题并非其主要问题,或者存在方式已经有了根本性区别。在此情况下,主流融资结构理论对家族企业融资研究的适用性,就有必要重新加以审视与考量。

综上所述,单纯依靠当前的主流融资结构理论来展开家族企业融资行为研究是不够的。只有结合中国的市场环境、金融环境以及传统的家文化特征,打破那种就财务论财务的思维定势,将经济学、管理学、金融学、社会学与企业财务理论交叉渗透,充分考虑家族企业特有的一些非财务和个人行为因素,如家族控制权偏好、家族财富的重要性等,才能有效解释现实中家族企业的融资行为与决策过程,形成更为有效的研究思路和结论。

第四节 金融成长周期理论

企业的形成和发展同其他经济组织一样具有生命体的部分形态,即企业的发展具有阶段性。从动态的角度看,现有的融资理论有着明显的缺陷,它属于解释在特定的制度约束条件下企业对增量资金的融资行为的理论,具有短期性,无法揭示企业不同发展阶段对应的融资特点,没有动态地考察融资行为选择对企业成长的影响。企业金融成长周期理论部分地弥补了这些缺陷。

20世纪70年代,韦斯顿和布里格姆(Weston 和 Brigham)根据企业不同成长阶段融资来源的变化,提出了企业金融生命周期(financial life cycle of the firm)的假说。[163]他们将企业的金融成长周期划分为六个阶段,各阶段的融资来源见表2.2。在创立期,融资来源主要是创业者的自有资金,资本化程度较低;在成长阶段Ⅰ,融资来源主要是自有资金、留存收益、商业信贷、银行短期贷款及透支、租赁,但存在存货过多、流动性风险问题;在成长阶段Ⅱ,除了有成长阶段Ⅰ的融资来源外,还有来自于金融机构的长期融资,但存在一定的金融缺口;在成长阶段Ⅲ,除了有成长阶段Ⅱ的融资来源外,还在证券市场上融资,但存在控制权分散问题;在成熟期,则包括了以上的全部融资来源,但投资回报趋于平衡;在衰退期,则是金融资源撤出,企业进行并购、股票回购及清盘等,投资回报开始下降。

表 2.2　企业金融生命周期与融资来源

阶段	融资来源	潜在问题
创立期	创业者自有资金	低资本化
成长阶段 I	自有资金+留存收益、商业信贷、银行短期贷款及透支、租赁	存货过多、流动性危机
成长阶段 II	以上来源+来自金融机构的长期投资	金融缺口
成长阶段 III	以上来源+证券发行市场	控制权分散
成熟期	以上全部来源	保守的投资回报
衰退期	金融资源以及并购、股票回购、清盘等形式撤出企业	下降的投资回报

资料来源：Weston 和 Brigham，1978。

早期的金融成长周期理论主要是根据企业的资本结构、销售额和利润等显性特征来说明企业在不同发展阶段的融资方式选择，而信息等隐性因素则考虑较少。其后，现代金融生命周期模型研究中，信息问题作为解释企业资金来源变化的一个重要因素而被纳入其基本变量之中。美国经济学家伯杰和尤德尔（Berger 和 Udell，1998）对韦斯顿和布里格姆的企业金融成长周期理论进行了修订，把信息约束、企业规模和资金需求量等作为影响企业融资结构的基本因素来构建企业的融资模型。[50]在企业创立初期，由于资产规模小、缺乏业务记录和财务审计，企业信息是封闭的，因而外源融资的获得性很低，企业不得不主要依赖内源融资；当企业进入成长阶段，追加扩张投资使企业的资金需求猛增，同时随着企业规模扩大，可用于抵押的资产增加，并有了初步的业务记录，信息透明度有所提高，企业开始更多地依赖金融中介的外源融资；在进入稳定增长的成熟阶段后，企业的业务记录和财务制度趋于完备，逐渐具备进入公开市场发行有价证券的条件。随着来自公开市场可持续融资渠道的打通，来自金融中介债务融资的比重下降，股权融资的比重上升，一部分优秀的中小企业成长为大企业。其融资函数可表示为：

$$F = f(E, X, Y, Z)$$

其中，$X = x(t, s, q)$，$Y = y(t, s, q)$，$Z = z(t, s, q)$

式中，F 为企业融资规模，E 为资金需求量，X 为内源融资量，Y 为债务融资量，Z 为股权融资量，t 为时间，s 为企业信息透明度，q 为企业规模。

模型表明，在企业成长的不同阶段，随着信息、资产规模等约束条件的变化，企业的融资渠道和融资结构将随之发生变化。其基本规律是，越是处于早期成长阶段的企业，外部融资的约束越紧，渠道越窄；反之亦然。因此，企业要顺利发展，就需要有一个多样化的金融体系来对应其不同成长阶段的融资需求。在一定程度上，金融成长周期的基本规律同样适用于家族企业的融资行为变化，对从长期和动态的角度解释家族企业不同成长阶段的融资需求、融资约束及融资结构的变化规律，具有一定的启示作用。

第三章　家族企业融资行为取向的内生影响因素

作为家族与企业的复合体，家族企业同时具有经济性的组织关系与文化性的伦理关系特色。前者基于理性和功能性运作，而后者则诉诸辈分和情感；前者依据客观和普遍性法则，而后者则属于主观和特定性认知。这种内生的异质性结构，决定了家族嵌入对家族企业的目标、战略和行为的渗透和干预，家族意志对企业具有超强表达能力，导致家族企业融资行为取向与那些没有家族背景的企业存在很大的差异。显然，对家族企业融资行为具有针对性和说服力的理论阐释，建立在对家族企业独特的内生基因及其结构逻辑深入考察和分析的基础之上。

第一节　家族企业的内生异质性结构

一、家族企业系统——家族系统与企业系统的耦合

家族企业是建立在家族基础上的企业组织形式，家族文化和家族力量的存在是家族企业的独特之处，家族企业区别于其他企业的重要特点在于家族是企业发展的原动力（Cadbury，2000）。

考虑到家族企业中家族的参与，Levinson（1971）、Barnes 和 Hershon（1976）、Danco（1982）、Beekhand 和 Dyer（1983）、Lansberg（1983）都将家族企业视为由家族与企业这两个重叠的子系统相互作用、相互影响而成的有机结合（见图3.1），认为家族企业研究不能忽略家族的影响，应该将企业和家族作为一个整体考虑，而不能将其简单地分拆。家族企业中存在两个平行

的组织,即家族(非理性组织)和企业(理性组织),[171]考察家族企业,其实就是考察感情系统(家族)和任务系统(企业)两个复杂的社会系统之间的相互作用。[172-173]基于此,家族企业具有一系列独特的问题和冲突,无论是从理论上还是从实践上将家族与企业分开都是一个挑战,应该将组织理论与家族系统理论相结合,形成真正的家族企业理论。[174-175]

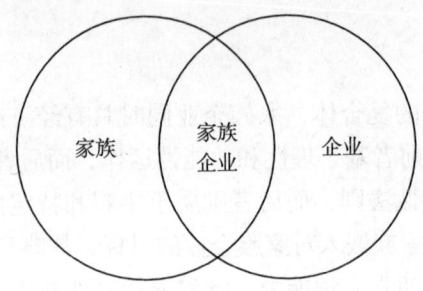

图 3.1　家族企业系统

在家族企业中,家族与企业两个子系统在角色定位、行为准则、价值理念、人事关系和生命周期等方面均存在着巨大差异,如表 3.1 所示。家族成员在家族企业所负的职责和所扮演的角色,往往也就是个人在家族所扮演角色的延伸。每个人在家族里所处的地位,往往对于他在家族企业里所扮演的角色有重大的影响。家族系统和企业系统并不是独立的两个组织,二者具有紧密的内在关联性。正是由于相同的个体必须履行双系统职责,才造成了家族企业矛盾与冲突的出现。

表 3.1　家族系统与企业系统的差异

家族系统	企业系统
培育/扶持子女成年	赚取利润
互相关怀	培育人才
无条件地接受	要求绩效和表现
根据家庭里的辈分确定权威	根据企业里的角色和职务确定权威
血缘关系是永久的	员工关系是暂时的
非正式的行为关系	正式的雇主关系
世代相传的人生周期	有限的工作或产品周期

资料来源:丹尼斯·杰夫:《家族企业》,台北:商周文化事业股份有限公司,1995 年版,第 81 页。

卡洛克和沃德（2002）在《家族企业战略计划》一书中关注家庭和企业两方面需求和预期的结合，以创建有机的企业单位。家族系统依靠血缘、亲情和感情来维系，企业系统则需要相应的规范和制度来约束，以情感为基础的家族系统和以绩效为基础的企业系统共同构成家族企业系统。[176]如图3.2所示，家族内部以情感为纽带，按照需求法则实行互酬的社会整合模式，其资产传承以"诸子析产分户"方式为主；而企业是一个完全的契约关系组织，在这个共同体内部以交换为纽带，按照公平法则实行按劳取酬的市场等价交换的社会整合模式，其权力传承以"总效用最大化"原则为主。在卡洛克和沃德看来，维护家族与企业的平衡发展是非常必要的。

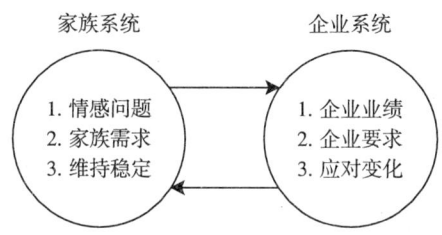

图3.2 家族与企业两种子系统的平衡发展

资料来源：卡洛克、沃德：《家族企业战略计划》，北京：中信出版社，2002年版，第6页。

克林·盖尔西克（1998）进一步将家族企业系统发展分解为三环模式（见图3.3），即把家族企业表示成企业、所有权和家庭（家族）三个独立而又相互交叉的子系统。[1]家族企业的任何个体，都能被放置在由这三个子系统相互交叉构成的七个区域中。与企业有多种联系的人，存在于两个或三个环的重叠区域，通过自己的身份背景与企业有多种联系而扮演着不同角色。由于要考虑家族因素的影响，家族企业一些参与主体可能扮演多重角色，不仅是家族成员，还可能充当企业所有者或其他角色。企业主的职业角色和私人角色是相互作用的，并且或多或少是不可分的，"很难想象，企业主在工作时就是单纯的管理者，而在空余时间是单纯的家族成员"（Hall、Melin和Nordqvist，2001）。三环模式客观地反映了任何一个家族企业中个人间的冲突、职责矛盾、权力界限等产生的原因，以及家族企业内部各系统间复杂的相互作用，为描述家族企业利益主体之间的关系以及不同角色下的个体之间利益和冲突

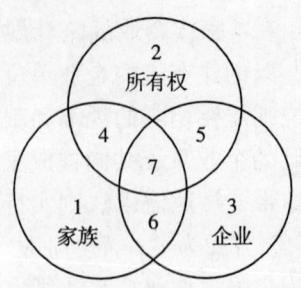

图 3.3　家族企业系统的三环模式

资料来源：克林·盖尔西克：《家族企业的繁衍》，北京：经济日报出版社，1998 年版，第 8 页。

提供了一种有效分析工具。①

本质上，家族企业是以情感为基础的家族系统和以绩效为基础的企业系统所构成的共同体，家族情感与企业理智复杂交织，企业内部各主体之间的作用关系变得更为复杂。家族系统意味着温情脉脉的氛围，无私的奉献，无条件的接受，对子女的抚育和培养以及家族成员之间的利他主义；而企业系统是工作的场所，强调目标、绩效、控制、程序、纪律、监督和惩罚，是市场竞争的主体。家族企业不得不履行家族系统和企业系统的双系统职责，始终交织着家族利益和企业利益的困惑和冲突。家族企业的有效运行，很大程度上取决于家族生活与企业活动的平衡、家族利益与企业利益的平衡。

二、家族嵌入下的异质性特征

家族企业是家族和企业两个子系统的二元归结，两个系统的互相嵌入，势必在运行机制上产生碰撞和摩擦，从而使原系统内部的均衡被打破，系统的各个组成部分转向并服从新的协作逻辑，衍生出家族企业区别于其他企业组织的异质性特征，包括企业目标的复杂多元化、企业运营的家族控制和参与、企业契约的复合性结构以及企业所有权的家族代际传承等。Aldrich（2003）提出了家族嵌入（family embeddedness）的观点，[178]在"嵌入"的视角下，家庭组织及其社会关系网络不可避免地嵌入家族企业之中，家族构成、家族成员的角色与成员之间的关系等都会对家族企业产生影响。

---

① 从根本上说，盖尔西克等人三环模式的基础仍然是家族与企业的双系统模式，是对双系统模式的一种扩展。

从契约理论的角度看，家族企业的经济性质可以归结为一个由家族与市场要素资本之间的"要素使用权合约"和家族内部成员之间的"永久性关系合约"所共同组成的复合企业契约结构，[179]是一种嵌入于家庭组织结构及其治理机制之上的特殊企业契约。现代企业理论将"企业"刻画为彼此身份独立的经济主体建立在要素市场讨价还价基础之上的要素使用权交易合约，而现代家庭组织理论则把"家庭"看作彼此具有亲族身份的主体之间建立在血亲关系基础之上的永久性关系契约。前者只把企业看作是一组要素市场缔结关系的集合，实际上就排斥了家庭关系性契约在企业化生产过程中的位置和作用；后者虽然注意到了家庭的生产组织功能，但也只是把对这一组织功能的考察范围限定在家庭内部的传统活动领域（如保险、教育、生育等）之内。之所以说家族企业是企业契约，是因为它具有现代企业理论所规范的所有区别于产品交易契约的企业特征，比如，它投入生产要素，并通过一个迂回的团队生产过程，产出能够在市场上出售获利（而不是由自己享用）的产品；要素所有者之间存在着明显的剩余权威的不对称性，雇主拥有对团队合作剩余的索取权和控制权。而之所以说它是一种复合的企业契约，是因为这一契约结构嵌入了家族内部人格化的关系契约，一定程度上取决于这一家族关系契约的执行状态，实际上包含着两类在缔结、执行、维护和变化方式上各不相同的契约组织形式。

家族企业的要素构成中既有通过外部市场所融入的社会性（财务和人力）资本，也有依靠家族成员之间永久性契约关系所融入的家族性（财务和人力）资本；家族企业治理机制既包含有要素市场合约的一些治理规则，同时又保留着家族内部关系性合约所特有的一些治理规则。在要素市场的竞争性和不完全性环境下，家族企业复合契约结构的生成具有其理论上的必然性。在家族企业成长的初始阶段，由于企业主缺乏足以证明自身能力的抵押品，以及资本市场上始终存在着的"柠檬"效应，①企业主一般无法以缔结要素使用权合约的方式融入外部足额的财务资本及足质的人力资本。此时，基于家族关

---

① "柠檬"在美国俚语中表示"次品"或"不中用的东西"。而"柠檬市场"也称次品市场，是指信息不对称的市场，即在市场中，产品的卖方对产品的质量拥有比买方更多的信息，在极端情况下，市场会止步萎缩和不存在，这就是信息经济学中的逆向选择。"柠檬市场"效应则是指在信息不对称的情况下，往往好的商品遭受淘汰，而劣等品会逐渐占领市场，从而取代好的商品，导致市场中都是劣等品。著名经济学家乔治·阿克尔罗夫以关于"柠檬市场"的论文摘取了诺贝尔经济学奖，并与其他两位经济学家一起奠定了"非对称信息学"的基础。

系网络的资本聚集对于企业化生产过程的"嵌入",就成为家族企业最为经济与现实的选择,这是世界范围内大多数中小型企业选择家族制组织的主要原因之一,也是家族企业区别于非家族企业的最本质的特征。

显然,在家族企业盛衰起伏的生命周期中,家族嵌入以及家族基因在家族企业中的重要影响,内生出家族企业区别于其他企业组织的异质性特征,影响企业目标与行为决策。反映在融资活动中,就是家族企业融资行为取向不仅要确保企业的发展,也必须考虑家族的利益。

第二节 融资目标的复杂性——家族利益与资本理性的交融

一、家族企业目标的复杂性

家族企业的融资行为首先取决于其行为动机,即融资的目标。而融资目标的确立必须服从家族企业的整体目标函数。奥地利著名行为科学家贝陪朗在《人的系统》中指出,行为由预期的目标所决定,决策(decision-making)是人们达到某一预定目标经过判断而对可能的选择方案做出选择的过程。任何决策都与其目标选择相关,目标是引发、维持、引导个体行为的内在导向。同样,判断与支持家族企业融资决策及行为选择的标准,首先是家族企业所追求的目标。

家族系统和企业系统在动力机制、生命周期、结构关系、价值理念等方面所存在的巨大差异,使得家族企业既具有经济组织的特征(如强调企业的所有权和控制权的归属),又具有非经济组织的特征(如强调特殊的人际关系及相应的观念和规范)。家族企业中的成员可能扮演三重角色:家族成员、所有者和企业,每个角色具有各自不同的成功标准,[180]见图3.4。家族的成功标准是家族成员之间团结、和谐、自尊;而企业是以赢利为目的的,其成功的标准是获得较高的生产率和利润率;企业所有权人优先考虑的事情则是基于投资的规则,而不是生产的规则,根据风险最小化而不是最大化的原则来追求投资利润和投资价值。

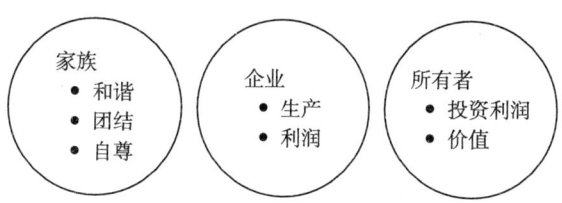

图 3.4　家族、企业及所有者各自的成功标准

马克思曾说过："人奋斗所争取的一切，都同他们的利益有关。"[181]家族企业组织内部不同角色之间价值标准和行为取向的矛盾冲突（见表 3.2），最终可以归结为其互有差异的利益取向，进而从根本上决定了他们将呈现的态度和采取的行动。企业作为一个经济单位，其目标无疑就是追求效益最大化或是利润最大化，投资者、企业家、员工等各方都要从企业中获取合理的报酬。但这一理想化的企业目标假设对家族企业而言有着一定背离，家族企业目标必然受到家族所有权和家族目标的干涉和影响。家族嵌入以及家族基因的作用，使得家族企业不仅以企业效益或利润的最大化为目标，更追求家族福利最大化目标，这包括：①追求金钱和财富，增加家族在物质生活方面的福利。②保证家族成员与非家族成员竞争时优先获得工作和晋升的机会与权利。③随着企业规模的扩大，家族成员获得权力欲望的满足和对社会地位的追求。④出现矛盾和冲突时，家族企业可以利用掌握的资源补偿家族成员的损失，平衡家族成员的利益，解决家族纷争，实现家族和睦。[182]可见，家族目标与企业目标有些方面是一致的，例如对财富的追求，有些方面却是相悖甚至对立的，尤其是在资源一定的情况下，个体难以同时实现这些不同类型的目标。如果在资源分配顺序上家族总是优先于企业，就可能影响到企业的成长。进一步来说，经济偏好可以用一般性商品（如货币）来表示，而非经济偏好（如家族和谐、自身形象）却很难找到合适的指标表示。如果重要决策的标准无法以货币化方法来评价，那么仅凭货币指标不能保证协调所有者之间关于增长机会和风险的态度，由此导致冲突的产生。[183]可见，家族企业的显著特点是企业的政策与家族的利益有相互影响的关系，家族与企业之间存在着潜在的目标冲突（Robert Donnely，1988；Dyer，1983）。家族企业更关心企业的生存、家庭的和谐以及家族成员工作机会，而不是企业收益率和市场份额（Trostel 和 Nichols，1982）。当企业目标服从于家族目标时，裙带主义会对企业造成负面影响（Levinson，1971），家族中的冲突会影响企业的运行方式，而且这种冲突的过程是循环和持续的（Morris 和 Williams，1997）。

表 3.2　家族企业内部关系结构与行为规则

比较项目\结构	家族	企业	所有权
目标	家族福利	企业效益	股东权益
成功标准	融洽	生产率、利润率	投资利润和价值
权利	平等	不平等	既平等又不平等
经济报酬	根据需要	根据生产	根据投资的多少
重要性所在	个人抱负	公司目标	利润率

资料来源：Edwin A. Hoover 和 Colette Lombard Hoover（1999）。

由于家族的嵌入和参与，家族企业的目标要比一般企业更为复杂，包含了家族利益的考虑，其目标的制定往往是依据对家族目标与企业目标重视程度的差异而有所不同，主要存在两种类型：一种是家族与企业之间存在着不同的、互不兼容的价值目标冲突，家族企业目标是在家族导向和企业导向的目标中进行二选一的结果；[184]另一种是家族系统与企业系统相互依赖，其中任何一个系统的行为或事件都会对另一个系统构成影响，家族企业目标是在家族和企业两者之间寻求平衡。[185-186] Lansberg 和 Kepner（1983）指出，[170]家族和企业存在的目标是不同的，家族的目标是照顾和支持成员的生存和发展，而企业存在的目标就是为了通过提供商品和服务以获取利润，但家族系统和企业系统的重叠提供了一种整合机制（integrating mechanism），家族企业可以将家族成员统一到一个共同的目标之中，从而降低企业与家族的目标冲突。

二、家族企业融资目标的复杂均衡

家族企业目标的多重性和复杂性，成为决定其融资目标与融资行为取向的基本内生条件。主流融资理论都假定企业在考虑融资安排时，其目标是追求利润最大化或是企业价值最大化，并相应地不断扩大自身规模，追求快速发展。此理想化的目标假设与家族企业的现实有着很大背离，这也是主流融资理论在研究家族企业融资问题时解释力不足的主要原因。家族企业融资目标很大程度上受到家族价值、家族期望、家族利益和家族偏好等家族目标因素的影响。

与那些没有家族背景的一般企业不同，追求快速发展所带来的货币收益的增加可能并非家族企业最终的目标,而仅仅是家族企业潜在目标集合中的一部分。在家族企业中,企业主及其家族是主要的投资者,作为资本所有者,他们当然希望企业的利润越高越好,但利润率越高就意味着风险越高。同时,除了货币收益之外,家族在企业中还享有较大的非货币收益,①而企业规模扩大和快速发展可能会带来相应的损失:一是追求高收益率和快速发展会增加企业的破产风险,从而给企业主和家族成员带来货币和非货币收益的损失;二是外源融资所带来的非货币收益的损失,包括将企业部分控制权让渡给外部投资者,家族控制权面临稀释甚至是丧失的危险。如果企业经营不佳,外部债权人会要求企业破产。而即使企业经营正常,由于外部投资者的监管,家族从企业中获取非货币收益的能力和行为将受到抑制,面临非货币收益的损失。因此,家族和企业主个人的目标追求不仅是货币收入最大化,而且还包括对非货币收入的考虑。Dunn(1995)指出,家族关系的侵入,导致家族企业的经营目标发生扩散。一方面,追求利润,体现企业作为经济组织的本质;另一方面,还要关注家族对企业的额外要求,如保持家族所有权和控制权、为家族成员提供就业机会、积累家族财富、维护家族声誉等。不仅要考虑企业的收益,还要考虑家族的收益。[58] Westhead(1997)认为,一般的经济理论总是假定企业家建立企业是经过对各种可替代方案加以考虑后做出的最优选择,但家族企业家有其自身特点,那就是为家族提供加入管理团队的工作机会以及确保独立的企业所有权。[187] Glueck(1980)对家族企业和企业家型企业进行比较发现,两者存在的显著差别就是家族企业在制定战略目标时,优先考虑家族的目标和需要,然后才会考虑企业的需要,家族目标优先于企业目标。Daily 和 Dollingei(1991)认为,在以家族目标为中心的家族企业中,企业主首先考虑的是家族的利益,有时甚至会牺牲企业的利益,企业主做出的战略决策可能会阻碍企业增长和发展。[188]

家族和企业的目标差异,使得家族企业融资目标及其行为取向的外在体现,就是资金的筹集不一定是以获取最大利润为目标,更多的是服从家族与企业之间利益平衡的需要,背离了资本"理性"。② 这种背离势必导致融资决策在家族利益与企业利益之间的摇摆不定,带来融资行为追求经济和非经济

---

① 例如,家族成员获得就业机会,通过实践中学习提高自身能力;家族可以通过与企业间的双向资金流动而获得收益;家族可以从企业的发展中获得声誉和社会地位的提高等。

② 资本"理性"表现为马克思所说的"资本只有一种生活本能,这就是增殖自身"。参见马克思:《资本论》(第1卷),北京:人民出版社,1975年版,第260页。

目标的二重性复杂特性。家族企业接受外部资金的开放程度与家族和企业的目标及预期有关，追求家族控制和企业增长双重目标（Romano 等，2000；Gallo，1998），亦即在保留控制权基础上的收益最大化或是一种安全平稳的发展方式（Sharma，1996），普遍接受较低的回报率或较长时期的投资回报期限，以维持生命周期式的发展，而不是追求利润最大化或个人收入最大化（Dunn，1995）。Wetzel（1994）指出，并不是家族企业家不考虑利润，而是他们不会考虑那种可以吸引风险投资家的高增长率。[192] 由于总是在增长和控制之间进行权衡和选择，家族企业所有者——管理者的融资活动往往是一种短期行为，这易使企业陷入资金短缺的困境，而且这种情况在经济衰退的时期更为常见（Poutziouris，2001）。

　　目标决定行为。家族嵌入内生出家族企业融资目标的特殊性，表现为作为经济单位的企业追求快速发展和利润最大化，而作为社会单位的家族追求家族成员生活的安全稳定以及货币和非货币收益最大化，两者都是家族企业效用的组成部分。不同融资目标对家族企业的增长和持续发展产生不同的影响。家族企业融资行为不仅要确保企业的发展，而且还需要考虑家族财富与权力的安危。在协调家族与企业之间的利益和冲突时，家族企业的内在融资决策不可避免存在矛盾或冲突，其融资目标会对企业价值及其潜在发展机会有所背离和忽视，当这些问题通过具体的融资行为外在化时，其融资目标及行为从企业角度而言可能是低效甚至无效的。家族企业主必须面对这种企业与家族之间的目标冲突，在两者之间找到一种平衡，既满足家族成员的需要，又使自己和企业从家族成员的贡献中获益（李强，2005）。两种目标权衡和效用调和的结果，亦即企业目标和家族目标之间的动态均衡，决定着家族企业的融资目标及融资行为取向。

第三节 融资活动的特殊性——企业与家族的灰色资金流动

一、家族资本与企业资本的交织

基于家族关系网络的家族资本聚集对于企业化生产过程的"嵌入",是家族企业有别于非家族企业的主要异质性特征。在家族企业内部,存在着家族和企业在财务上的交错和资源上的融合,企业财务和家族财务不可避免地存在关联性,包括家族成员借款或赠款给企业,从企业中获得借款,将个人财产用作企业贷款的抵押品等。一定程度上,这种家族与企业之间隐性存在的双向资金流动关系,主要是基于这些资本属于一个共同的、统一的"家"的预算,这是考察家族企业融资行为必须加以关注的重要因素。

主流融资理论忽略了企业创办最主要的资金来源——家族。Steier(2003)通过理论和实证检验发现,[43]家族所提供的资金可能是企业主创办企业最主要的资金来源。而家族也可能从企业中抽取资金,由此产生了家族与企业之间资金的联系。在企业创立过程中,只有一小部分的企业主依赖于外源融资,例如风险投资或公开资本市场筹资,而来自家族和亲友以及其他非正规渠道的资金是家族企业的主要资金来源(Coleman 和 Carsky,1997),此外家族还为企业主创办企业提供办公地点、汽车、电话的使用以及家族成员自愿劳动力(Honolulu 等,1993)。Yilmzer 和 Schrank(2006)认为,家庭和企业在财务上的交叉或者资源上的融合主要是家庭资源流向企业,而较少有企业资源流向家庭:表现形式有以家庭财产为企业贷款抵押,家庭直接借款给企业,家庭成员无偿为企业工作,把家庭房产、车辆、电话等免费供企业使用等。[193]

家族企业将家族资产作为融资抵押或者直接成为融资来源的现象普遍存在。Coleman 和 Carsky(1999)在分析 1993 年美国小企业融资调查数据后发现,在被调查的家族企业中,有 20%曾向企业所有者个人借款,有 38%承认曾经把个人信用卡用作企业目的,有 5%使用了住房等个人资产为企业贷款作抵押。[45] Olson 等（2003）对美国家族企业调查分析指出，[194] 1996年家族成员共把多达86亿美元纯粹的家庭资产使用在家族企业上，其中29亿美元是为企业贷款作担保，其余57亿美元直接借给企业，而且同一年共有2160万家庭成员免费为家族企业工作。而且，家族企业的规模越小，收入越低，使用家庭收入为企业提供流动性的可能性就越高。Haynes（1999）实证研究发现，[195] 那些没有子女的企业主家庭与企业间的资源关联性显著降低，家庭资源流向企业的现象易发生在独资企业中，特别是当企业主年龄较大、经验较丰富又没有子女的时候；而家庭占用企业资源的情况往往发生在合伙的家族企业和位于乡村的家族企业中。

针对这种家族资产与企业资本密切联系现象产生的原因，Haynes 和 Avery（1996）分析指出，[196] 对家族企业特别是中小家族企业的所有权导致了家族以及企业家个人承担了额外的融资责任。贷款者会要求企业主以自身财产作抵押或提供个人担保，商业银行等总是会考察企业主自身财务状况。考虑到个人与企业债务的相互关联，中小家族企业所有者的债务结构不同于其他人，企业严重依靠于企业主个人来获取企业所需资金，企业主个人承担的债务水平会更高。实际上，这种额外的融资负担是一种中小家族企业的"隐蔽"融资，因为承担偿还贷款的责任在企业和家庭之间并未得到清晰的区分。当采用传统的企业数据加以分析时，这部分"隐蔽"融资被忽略掉了，企业虽然名义上没有贷款，但却有承担还款的责任。Berger（1995）发现，[203] 大多数中小家族企业所获得的金融机构的贷款都是由一个或多个企业内部所有者以私人财产作抵押获得的，所有者以自身财产承担企业破产风险。此外，这些企业通常采用合伙制或独资形式，承担无限责任，无论是否采用抵押担保等形式，这些企业所有者都是以自身的财富作赌注从金融机构融资。因此，这些外源融资至少可以部分地看作是"内部人融资"（insider finance）。

国内家族企业也存在同样的现象。据温州银监局2005年的调查，在银根紧缩的情况下，不少家族企业迫于融资压力，为保证正常的生产经营，往往通过"个贷公用"的方式"曲线"获得企业所需资金，有6成左右的企业主通过申请个人消费贷款来满足企业融资需要。"个贷公用"的变通途径已经成为精明的温州企业主为家族企业"造血"的流行方式。可见，利用家族资源为企业融资提供便利或为企业提供流动性，是家族企业融资行为的普遍体现。

二、家族与企业资本互动的融资影响效应

企业资本与家族资本的交错耦合与双向互动,使得家族对家族企业具有双重效应——既有促进也有阻碍,其净效应是正还是负取决于家族成员经营家族与企业重合部分的方式和能力(Olson,2003),进而影响家族企业的融资制度安排。

一方面,如果将家族和企业作为一个整体看,家族资本与企业资本的双向流动会提高资金的使用效率,降低企业融资成本(Haynes等,1999)。尤其在创立初期,家族成员都愿意为家族企业提供所需的物质资产和财务资本,而家族资本通常不会限定归还期限,这也是家族企业的重要优势来源之一。如果企业有家族所需要的多余的资金,这时将企业资金转向家族会提高资金的使用效率。尽管从企业的角度看,由于没有利息收益,这种资金的转移会带来损失,但将家族和企业作为一个整体看,资源获得了更有效率的应用。家族企业可以将资金从企业转向家族或是从家族流向企业,而不需要付出交易费用。尤其是短期的数额较少的资金短缺发生时,这种资金的双向流动是很有效率的。对于规模较小的家族企业而言,企业主通过利用这种资源的关联性来提高企业和家族的利益,资源将流向家族或企业中资金使用效率较高的那一方。而对于那些规模较大、结构复杂的企业,则不能通过这种资源关联性(intermingling resources)获得中小家族企业那样高的整体效率。虽然人们经常认为小企业生产效率比大企业低,但是家族企业这一整体的效率会更高,因为其具有利用资源关联性的能力。

另一方面,占用家族资源进行经营活动从短期看对家族企业是有利的,但不利于其长期发展,[196]因为它降低了家族企业的自生能力、外部融资能力以及融资契约应有的约束效应。由于家族和企业之间的资金流动难以为外部人所观察和了解,并且家族从企业抽取资金会影响企业的正常经营秩序并损害外部投资者的利益,因此会增加企业外部融资的困难。Hart 和 Moore(1998)设计了一个模型,[310]探讨企业主转移未来现金流的可能性会增加企业债务融资的难度,该模型可以被用来解释家族企业融资中外部投资者与企业主之间的利益冲突。由于家族资金和企业资金难以完全区分,在企业资金充裕而家族资金短缺时,容易发生家族成员挪用甚至侵吞企业资金的情况。对企业主及其家族来说,由于企业发展和家族福利都是其效用最大化的组成,

所以其会将企业看作是可以给家族成员带来收益的源泉，承担着解决家族成员就业、为家族提供急需资金等责任，甚至将企业与家族混为一谈。当家族成员面临资金困难时，由于他们在家族企业的特殊地位或做出过特殊贡献，因此有可能也有动机挪用企业资金或将企业资金据为己有。Steier（2003）发现家族内部投资者比非家族投资者获取了更多的投资回报。[43] 很多情况下，企业主即使不履行其他债务合同，也会继续给家族内部投资者以投资回报（Rosenblatt，1991）。一些家族成员获得应有的投资回报后，还会继续获得额外的回报（Barnet-verzat 和 Wolff，2002），这显然不符合外部投资者的要求。在协调家族与企业之间的利益和冲突时，一些家族企业的内在融资决策不可避免存在缺陷，其融资行为可能会更多地考虑家族的利益，而对企业价值及其潜在发展机会有所背离和忽视，有些甚至是为了强化家族利益而玩弄的一些融资把戏。①

家族和企业在资金等财务资源上的流动与融合，直接或间接造成家族以及企业主个人财富与企业价值的紧密结合，影响家族企业的融资行为与决策。由于家族将很大一部分财富投入企业中，家族财富的集中使得家族所面临的企业财务风险也相应增大；另外，家族也通过与企业间的双向资金流动而获得了索取额外资本回报的机会或动力。在化解家族企业融资困境、降低融资成本、提高资金使用效率的同时，也导致了家族企业融资行为取向的特殊性，即在企业与家族资金投资两者之间更加看重家族收益和家族利益，重视融资行为决策的安全性和平稳性，强化企业主及其家族对企业的强力控制，尽可能索取更多的投资回报。但这在一定程度上又可能损害外部投资者的利益，增加了家族企业外源融资的难度。

---

① 这种现象在国内外一些家族上市公司的再融资过程中时有发生。

第四节 融资方式的治理性——控制权偏好的效用

一、家族对控制权的特殊偏好

控制权是家族企业不可或缺的要件之一。家族企业在从创立之日到不断成长发展壮大的过程中一直都存在着对企业的控制权问题。可以说,一部家族企业的发展史,就是一个家族对其企业控制权的演变史。企业控制权对于家族的意义之一在于掌握企业经营决策的权力,这在家族企业的创始人阶段[①]最为常见。因为世界上大多数家族企业都是由创始人或者创始人的家族与继承人所控制,创始人有更强烈的控制企业业务的欲望和经过"生存检验"的管理企业的能力。家族对企业控制权的偏好,可以从曾位列1985年《福布斯》"美国400名最富有的人物"第8位的王安公司得以证明。从600美元的家族企业发展为年销售额30多亿美元、职工达3万余人的家族上市公司,王安本人始终对家族丧失控制权保持高度警惕。他在其自传《教训》一书叙述了在处理公司发展与维护其家庭对公司控制权问题上面临的"囚徒"式困境:"我们公司自从招股以来,没有任何事情使我改变自己对保持我在公司里的表决控制权的重要性的看法……作为创始人,我希望保持足够的控制权,以便让我的孩子们有机会表明他们能否管好公司而不必担心要冒风险。但是,为了保持家庭对一家公开招股的公司的控制权究竟应该做到什么程度,这是一个微妙的问题。在其他条件都相同的情况下,我的孩子们由于同公司的所有权有重大关系,应当比一位专业经理有更强的动力。"[197]

家族保留控制权在世界各国家族企业中几乎是普遍存在的,主要有以下四个原因:

第一个原因,家族控制对家族财富的存在与支配极为重要。特别是对创业家族而言,对企业长期生存的兴趣是显而易见的,因为他们经常持有不分

---

① 即克林·盖尔西克(1998)所谓的"一位所有者控制股权的阶段"。

散的投资组合,并且寻求把企业传继给后代。① 创业家族把企业看成移赠给后代的财产,而不是在其生命期间消费的财富 (Carson,1999;Chami,1999)。更明确地说,家族的兴趣在于把企业作为一个继续经营的实体移赠给继承人,而不仅仅是财富的转让。血脉相承,家业不断兴旺,是以家族为单位的社会长期追求的目标。中国传统的家族文化是为绵延千古的家业而奋斗,家族所有权的持续性导致对控制权的强化 (李新春,1998)。家族企业资产的形式是家族财富的存在形式,家族难以回避巨大的控制权转移风险。如果控制不了经营决策权,就不能对缺乏流动性的家族财富任意支配,也就失去了完整的家族私产所有权。

第二个原因,家族控制具有很大的"欣慰潜力"(amenity potential)。② 企业不仅是一个"声誉"的载体,而且企业唯一的资产就是其名字 (Tadies,1999)。看到自己的孩子经营以家族姓氏命名的公司,创始人可能从中获得满足与快乐。而在有些产业中,如体育与传媒,家族可以通过公司的所有权参与甚至影响社会、政治和文化活动。这表明企业控制权保留在家族手中可以释放很大的欣慰潜力。如果欣慰潜力很大,家族将会尽可能地保持对企业的控制权。只有当家族迫切需要资本而又只能通过控制权的改变来筹集时,或者如果创始人死亡而后代要支付大量的遗产税时,控制权才会被出售。③

第三个原因,保留家族控制权的原因就是因为家族姓氏本身可能就是经济与政治市场上的名誉载体。家族企业的存亡对创始人及其家族具有重要意义,因为企业可以作为家族声誉得以延续的载体。家族可能代表了产品或服务的质量,或者表明了政治关系,为家族成员带来政治上的收益。例如,意大利的阿涅利家族(Agnellis)与政府关系密切,有时家族成员会成为议员或者参与内阁,并且获得政府对其家族企业菲亚特(Fiat)的公共投资。如果控制权交给外来者,这种"名誉收益"就会被稀释。

第四个原因,就是控制权能够给家族带来控制权私人收益。④ 企业的价值

---

① 据 Forties 最富有美国人的数据表明,家族平均把超过 69%的财富投入企业中。
② 德姆塞茨和莱恩 (Demsetz 和 Lehn,1985) 认为,决策者在决策过程中,存在因拥有"根据个人偏好,为其'非货币收益最大化'配置资源"的能力带来的效用,它不以企业利润为代价,这种效用被称为"欣慰潜力"。
③ Wells (1998) 通过 20 个国家的典型组合,发现遗产税税率较高的国家,家族控制企业股权分散的概率更高。
④ 控制权私人收益的概念最早由 Grossman 和 Hart (1988) 提出,认为控制权私人收益是控制性股东通过对控制权的行使而占有的全部价值之和,包括自我交易、对公司机会的利用、利用内幕交易所获得的全部收益、过度报酬和在职消费等。

分为两部分：一部分是股东所得到的股息流量的现值，即共享收益；另一部分是经营者所享有的私人利益，称之为控制权私人收益。[198] 与欣慰潜力所带来的非货币收益不同，此处家族企业的控制权收益更多地表现为货币性收益，是以外部投资者应该获得的利润为代价的。家族可以利用其在企业中独特的控制地位，通过过度补偿、关联交易等方式从企业获取财富。如果控制权发生转移或弱化，则相应的收益也会发生转移，产生控制权效用损失。

所以，家族企业总是希望控制权能处于家族的全面掌控之中并在家族内部加以传承。由中国社科院、全国工商联和中国民（私）营经济研究会等机构对我国私营企业数次大规模的抽样调查表明（表3.3），企业主个人始终拥有绝大部分企业资本，如果加上家族其他成员的资本，企业主及其家族则占据了企业的绝对控股地位，企业中共担风险、共享利益的股东大都限定在家族成员的狭小范围内，显现出极为明显的控制权偏好。

表3.3 私营企业资本构成情况

单位：%

投资来源	1994年	1995年	1996年	1999年	2003年
业主个人	90.80	90.10	82.70	74.50	63.00
其他私人投资			13.60	20.40	9.50
群众集资	1.90	1.80	0.60	0.70	0.70
乡镇、街道集体	0.70	1.60	0.30	0.30	0.10
各级政府部门	0.80	1.00	0.30	0.10	0.10
其他企业	1.30	1.30	0.90	2.10	4.10
海外	2.10	1.40	0.70	0.70	1.40
其他	2.40	2.80	1.40	0.20	12.70
未指明				1.00	8.40
合计	100.00	100.00	100.00	100.00	100.00

注：根据《中国私营企业发展报告》（1999、2003）以及《中国私营企业年鉴》（2000）数据整理。

即使有相对正式的"科层组织"存在，家族企业的所有者在处理由企业的控制权带来的矛盾上仍保持着绝对的特权（Goffer，1996）。这一点，在家族上市公司中就表现得很明显。许多家族企业上市后，尽管企业在形式上已具备较为完善的股份公司组织架构和制度安排，家族股权受到一定的稀释，但公司终极所有权实质上仍归一个或几个家族核心人物所有，家族股东普遍占据"一股独大"的地位，掌握着公司的控股权和主要控制权。表3.4为我

家族企业融资行为机理与特性

国部分家族上市公司家族股东控股情况,从中可以看出,家族股东的持股比例都在40%以上,最高的达到74.59%。虽然家族上市公司出现了外部股东,家族减少了对企业资产的占有份额,但并不意味着要改变控制企业的初衷。这种情况在国外家族上市公司中也较为普遍,尤其是在非英美国家,家族企业在上市后仍然保持较高的持股比例和控制权(La Port 等,1999;Faccio & Lang, 2002)。意大利和德国IPO企业的私人所有者上市时意图保持控制权,他们在IPO中只减持了小部分股份,保留了强的控制权(Pagano 等,1996、1998;Goergen, 1995)。Martin Holmén 和 Peter Hogfeldt(2004)在研究瑞典家族上市公司时发现,[201]家族企业在上市后仍然保持较高的家族持股比例和控制权,家族持有的股份数远远超出控制企业所需要的股份比例。

表3.4 部分上市家族公司家族股东控股情况

企业名称	康美药业	用友软件	健康元	广东榕泰	通威股份	凤竹纺织	益佰制药	宝龙汽车
上市时间	2001	2001	2001	2001	2004	2004	2004	2004
家族股东持股比例	马兴田	王文东	朱保国	杨启超	刘汉元	陈澄清	窦啟玲	杨龙江
	家族控股	控股	家族控股	家族控股	夫妻控股	家族控股	夫妻控股	夫妻控股
	66.4%	55.2%	74.59%	67.19%	59.87%	67.2%	40.69%	48.29%

注:以上数据根据各公司2004年年度报告计算。

二、控制权偏好对融资行为的影响

本质上,企业融资行为所形成的融资契约,不仅仅代表资本所有者对企业现金收益流量的要求权,还对企业剩余索取权和剩余控制权的配置产生重要影响。在家族企业融资过程中,为了换取外部投资者的资金,企业主及其家族除了将一部分剩余索取权转移给外部投资者之外,还必须将一部分控制权让渡出去。由于投资者的主要投资风险在于信息不对称条件下的企业主的道德风险和内部人行为,故投资者会寻求建立一系列制度安排,并掌握一些有效控制企业内部管理决策和人事任免等权利,从而保护自己的投资利益。投资者的控制权来自于其拥有的财务资本的所有权,是企业主及其家族作为融资代价让渡给外部投资者的权利。从权利制衡上考虑,不管企业主及其家族原先在企业内部的权利有多大,只要他出让了足以吸引外部投资者的控制权,那么他必将受到外部投资者控制权的约束,削弱了其对家族投资的有效控制，家族财富所面临的风险也相应增大。因此，家族企业的融资行为选择并不是单纯的融资成本问题，更是包含了外源融资所导致的企业主及其家族利益的损失，而这种利益损失是通过控制权的稀释和让渡而发生的。

就家族企业而言，企业成长与家族控制之间的矛盾会不断显现。一方面，企业成长意味着对更多资本的需求，钱德勒所谓的第一个现代企业——铁路企业的产生，就是因为铁路企业所需的巨大资本不是少数几个投资者可以提供的，这种资本供求矛盾推动着企业股权结构的分散化；另一方面，家族企业中基于家族关系网络的资本聚集衍生出产权的家族集聚，形成的是一个相对封闭的家族控制系统。家族的社会关系受时间、空间限制较大，影响和辐射范围毕竟有限，缺乏外部资本向企业集中的机制，在此基础上进行的资本积累难以支撑企业的成长发展需要，必然导致家族的社会关系的有限性与企业发展演进之间的矛盾。1975年，王安公司资金十分短缺，打算出售更多的公司股份以筹集资金，但公司控制权问题却让王安犹豫不决。由于以前出售股票及认购股权而产生的削弱作用，当时王安家族拥有的股票只占普通股的约53%，如果再出售股权，就会使王安家族在公司的控股权减少到绝对控股权（50%）以下。在两难选择之下，王安公司发行了乙类普通股，尽管其股利比普通股高，但它只有1/10的表决权，通过表决权差异化维持了家族对公司的控制权，解决了控制权与筹资之间的矛盾。① 显然，王安并不愿只做一个被动的所有者，控制权是他进行经营决策的必要条件，而所有权与控制权分离是他无法接受的结果。这也是家族企业普遍的选择，即家族因融资压力而被迫放弃部分控制权，通常是以保持对企业的临界控制为底线的，并且会坚持"能少不多"、"能内不外"的原则（朱卫平，2004）。

在企业主及其家族控制权偏好的行为逻辑下，家族企业融资行为首先倾向于内部自身积累，强调对家族亲缘内外辐射所形成的关系网络的充分利用，具有显著的内源融资倾向，其次才是外源性融资。即使是外源性融资，也必须考虑不同融资方式对家族控制权的影响。Cosh 和 Hughes（1994）从控制权角度提出了修正的中小企业融资次序理论，即先自有资金（私人储蓄、企业未分配利润），然后短期借贷（亲人、朋友、银行），再长期借贷，最后是外部权益资本的进入，外部对企业控制权的干涉也相应逐步达到最大。[202]

---

① 许多家族企业之所以青睐无决策权股票融资，因为这种方式兼具保持控制权和规避风险两种好处（Mishra 和 McConaughy，1999）。

Poutziouris (2001) 对英国家族企业的分析表明,只有开放增长型家族企业不太遵循家族企业的传统,它们往往能够融入外部资本甚至公开上市,以支持企业的扩张和多元化发展。而占多数的传统型家族企业更看重独立性和家族控制,除非市场变化或家族发展迫使它们重新制订公司章程,否则它们一般不会进行外源融资,以确保家族控制的完整性和代际传承的平稳性。[48]考虑到家族利益,企业主不一定会寻求能使企业市场价值最大化的所有权结构。表现在融资安排中,就是企业主并不一定会为了实现价值最大化或利润最大化而寻求大量的外源融资(Trond Randoy 和 Sanjay Goel,2003)。Neubauer 和 Lank(1998)说明了企业所有权、独立性以及家族控制权等因素会影响所有者的财务决策。[31]在通常情况下,企业主倾向于独立地运用资产(只要没有外部参与人)或将盈余利润作为筹资来源。凡是控制家族企业愿望强烈的企业主——管理者,都不愿或抵触使用股权融资形式(Hutchinson,1995),在寻求外部资金时并不需要使其融资结构最优化(Poutziouris,1998)。

家族企业增长最重要的动因是"预期资本回报"和"独立性的增长",当预期增长可能导致所有者控制权的丧失时,则以延缓增长、保持企业的独立性为重(Davidsson,1989)。因为融资困难会影响企业发展,但不会危及大多数企业的生存;而如果将企业和家族作为一个整体考虑,企业主保留控制权所获收益应该大于企业发展较慢带来的成本(Kepner,1983)。强烈坚持保留控制权的企业主较少采取高增长战略,更偏好于内源融资并采取保守的方式融资。这些企业即使从外部融资也主要限于短期资金周转,不愿从外部机构融资尤其是外部股权融资,因为它们愿意保持独立性和家族控制,而且高增长战略会威胁到这些渴望(aspiration)。[204-206]李新春(2003)强调,[207]控制权安排在很大程度上反映了家族企业的目标朝向。大量的家族企业并非追求利润最大化或企业规模最大化成长,而是以企业发展的"安全"作为第一目标,或者称为"安全第一"。①郭跃进、徐冰(2005)通过对湖北省 300 多个有效家族企业样本进行分析得出了类似的结论,[209]即风险防范使企业控制权的传承被企业主放在首要位置。

---

① "安全第一"的概念来自于詹姆斯·C.斯柯特,他在《农民的道义经济学》(中文本,译林出版社,2001 年)中通过对东南亚小农经济发展的研究指出,许多学者将农民看成是面向未来的熊彼特式的企业家,但忽略了他的生存环境。在恶劣的(对于最大损失的主观概率很高)生存环境下,农民倾向于保守的"安全第一"而不是利润最大化,这可以解释为什么一些先进的技术或制度方法难以在这些地区扩散。

家族嵌入造成了家族企业中企业与家族的双重依赖，企业依赖家族减少控制权配置的交易成本，家族依赖企业获得控制权收益。控制权激励力量的大小取决于控制权带来的这种福利预期和变现能力。如果家族企业具有成长性，那么家族企业在成长中必然面临控制权的转移，这种双重依赖关系将赋予家族企业控制权转移双重使命。从家族角度来说，控制权转移实际上是家族的财产、声望和社会地位的转移过程，目标是家族的永久的兴旺发达；从企业角度来说，控制权转移是企业资源、权利的再配置，目标是企业效率的提高和可持续发展。所以，在家族企业这样一种特殊的组织，嵌入家族关系网络的控制权配置对融资行为的影响将更加突出，企业主及其家族必须在维持企业控制权和追求企业规模增长之间进行权衡。控制权的配置作为家族企业融资决策的一个关键性因素，既代表着融资决策者（企业主及其家族）的利益和目标，也连接着不同的融资方式。其融资行为取向是在企业的控制权和企业成长的机会之间权衡，是企业控制权动态均衡配置的结果。企业主及其家族牺牲企业的规模收益以换取家族基业长青的融资行为，是一种理性和情感交融的选择。这种牺牲可以保证家族对企业的控制以及未来传承的可能，当然代价可能也是惨重的。因为企业的发展机会并非随处可得，一旦错过可能就不存在了，市场竞争的优胜劣汰机制可能会缩短家族企业生命周期。所以，家族如果过分强调对企业的控制，家族企业融资决策的内在缺陷就无法避免，企业成长性也必将受到限制。

第五节　融资决策的有效性——企业主权威的作用

一、家族企业中的企业主权威

家族企业一个显著特征就是存在着特殊的企业主权威。科斯（1937）开创性地指出，[210]企业与市场的区别在于运用权威（Authority）配置资源和协调生产，即不同要素所有者达成一组契约，赋予某些人指挥其他人的合法权力——通过形成一个组织，并允许某个权威来配置资源，就能节约某些市场运行成本。即使企业组织内部未能达成一致意见,权威也能使一项决策得以制定和执行。在科斯看来,企业首先是人们"自由交易产权"的一种方式,市场和企业是两种可以相互替代的资源交易和配置方式,前者借助于非人格化的市场价格体系,而后者通过权威关系来达成,企业代替市场实质上就是以命令服从关系代替平等交易关系。由于权威本质上是人们自由"交易产权"所达成的一组契约,因此交易方式的性质也就决定了权威的性质。随着契约经济学的发展,学者们认识到伴随着人类合作秩序的扩展,交易方式依次从人格、半人格化方式演进到非人格化方式,不同交易方式决定了人们所达成契约的性质也不同。最初的人格、半人格化交易发生在有限的地域和人群里,人们进行频繁的面对面交易,信息完全且传播速度很快,声誉机制能很好抑制机会主义行为。这种熟人社会里人们达成的是隐性非正式契约,它依靠约定俗成的习俗、惯例等自发力量实施,不需要第二方强制力量的介入。但是,当交易突破狭小范围,在大范围内和"原子式"的陌生人发生有限次数交易时,声誉机制就逐渐失效了,人格、半人格化交易无法抑制交易双方的机会主义行为,人们的交易转而依赖于非人格化方式,这种凭借司法机构作为第三方强制力量的交易方式,大大拓展了交易范围和内容,相应地,契约也从非正式隐性方式转变到事前做出明确说明,并且事后容易验证和执行的正式显性契约。

李新春(1998)指出,家族一旦成为生产单位,便将家族的权威与企业层级制的权威结合到一起。[30] 在家族企业中,由于家族嵌入所导致的非正式契约的强大,人格、半人格化交易占了主导地位,培育了企业主的"管理权威"。极具个人威望的企业主往往集家族企业的创业者、战略决策者和主要经营者于一身,其个人理念、行为方式、管理风格深刻地影响企业员工、企业的日常运营,以至企业的制度框架和组织体系,其所拥有的权力和威望是其他任何人都无法比拟的。家族企业的管理权威是企业主依靠个人的智慧、经营才干和魄力,在最初的创业以及后续经营活动中逐步确立的,是企业主和企业成员在长期共事中日渐生成的,实质是企业主和企业成员(包括家族和非家族成员)重复博弈所生成的一组隐性非正式契约。这组契约作为博弈的均衡解是"可自动实施的"(Self-enforcing),原因在于员工相信在企业主权威之下能够获得更大的收益,即对企业主的服从比不服从的收益更大,从而能够保证企业主获得并且以较低的成本行使权威。从形式上看,企业主管理权威内生于个人,是个人凭借自身特质和人力资本在长期重复博弈中获得的收益，也是一组"可自动实施的协议"，来自于员工对企业主自觉认同和服从的结果，因而稳定性更强。可见，家族企业的权威可以归纳为以管理权威为主导、治理权威为辅的权威体系，也可以称之为企业主权威，主要体现为人们出于内心的信任、尊重和忠诚，超出正式行政命令关系以外的良好私人关系，认同和潜移默化的个人影响力。家族企业对企业主命令的服从往往超越了所谓的"个体理性"，甚至成为某种思维定势。①

不可否认的是，企业主权威是和企业主及其家族的所有权密不可分的。家族伦理支撑下的权威和家族的所有权与领导、激励和监督紧密联系，为企业的科层管理和劳动体系这一以人为活动主体的企业管理系统提供了运行规则和根本性支撑，是它经过人格、半人格化后赋予各主体以权利、责任以及价值目标。家族企业内部"权威"的产生，一是源于家族伦理的人际关系，二是源于所有权关系所产生的服从与被服从的人际关系。这两者的叠加所造就的企业权威比一般意义的企业产权更具有强大的控制力和管理协调能力。因此，企业主权威是家族伦理与所有权共同支配下的资本的人格化和家族利益的人格化。②

企业主权威在家族传统文化浓厚的中国家族企业中尤为明显。基于传统文化的影响，中国的家庭结构普遍推崇父权制度和家长权威，家族内部存在较强的利他主义以及家族成员间的高度认同感和信任感，企业主作为家长的地位常常被固化和提升。父权制与层级制一旦结合到一起，企业主不仅成为最终的权力核心，而且其权力也被无限放大，既包含了家长权力也包含了科层权力。于是，企业主成了企业的灵魂，组织行动的发起人与关键核心，企业组织只有透过企业主方可在企业经营上提高生产力。郑伯埙（1995）认为，华人家族企业家在企业经营上，尤其是组织内部，具有不可摇撼的优势地位：①他必须承担成败。②他是信息的中枢。③他是资源的分配者。④也是最主要的，他是权威的象征。[211] 作为家长与企业管理者身份一体化的象征，企业主身兼两个重要角色，首要角色就是作为资本产权主体代表，拥有企业主要的所有权，次要角色是作为企业家人力资本最强的家族核心，拥有最高经营

---

① 这正如巴纳德（1938）在《经理人员的职能》一书中所指出的，上级对下级的权威越高，下级对上级提供的指令和信息越会做出不假思索的接受，这种不经思考的服从正是组织效率的重要保障，但也可能导致极端独裁倾向、约束机制失效、企业市场竞争力削弱等负面影响。

② 当然，我们仍然要承认所有权的优先性，因为经济毕竟和伦理不同，它是利益导向的，但是对于家族企业而言，经济和伦理因素又是同时存在的。

家族企业融资行为机理与特性

管理权,形成了家族企业所特有的企业主地位与权威。尽管随着家族企业的成长发展和规模扩张,以企业主为中心的结构逐步向分工协作结构演变,企业主绝对的核心地位和权威趋于分化。但不可否认的是,在家族企业发展的主要阶段,凭借主要的原始资本投入、创办企业的功勋以及家长式的权威,企业主通过其独一无二的号召力、感染力和威慑力对家族企业显现出长期的影响力。

本书对家族企业主的调查问卷显示,① 97.4%的企业主都兼任企业总裁或总经理。在对有关家族企业重大决策权配置的选项中,依据企业主个人决定、企业主个人及家族成员共同决定、企业主与管理层共同决定、管理层决定,按照重要性很小程度到很大程度设置5个层级并相应赋值(从1分到5分),结果如表3.5所示,表明约八成企业主极为看重自己在家族企业中的重大决策权力。

表 3.5 家族企业重大决策机制

	均值（标准差）	非常不重要到非常重要 （频数,频率%）					合计
		1	2	3	4	5	
重大决策由企业主决定	4.18 (1.123)	3 (1.6)	9 (4.6)	25 (13.0)	65 (33.6)	91 (47.2)	193

二、企业主融资决策的主导作用

家族企业契约中隐性非正式契约和正式契约的集合,以及人格化、半人格化的治理特征,造就了企业主独一无二的权威地位,使得企业不可避免地烙有企业主的个人印记,企业主权威及个人特质往往就成为维系企业管理稳定性、影响企业重大决策的关键因素。因此,在研究家族企业组织行为时,就不能不把焦点聚集于企业主身上,他才是企业经营与组织行为的主要发起人与关键核心。Matthews（1994）指出,[227] 传统的融资理论范式没有研究从管理者选择的角度考察融资结构问题的复杂性。私人业主制企业的融资结构是受企业所有者关于债务融资态度的影响,并受到外部环境的制约,而个人对债务的态度取决于个人对控制权的需要、风险偏好、经验、个人财产等因

---

① 详见本书第六章《家族企业融资行为实证研究》。

素。Levin 和 Travis（1987）指出，[212]在中小企业中，杠杆理论并不适用，所有者个人对风险的态度而不是公众企业使用的融资结构策略，决定了企业债权和股权融资的数量。刘小玄和韩朝华（1999）发现，中国几乎所有成功的企业的基本特点是对优秀企业家个人素质和创业能力的强烈依赖，而不是依靠某种体制结构所特有的优越性。[213]笔者认为，研究家族企业融资问题不可能避开企业主的影响作用而单独进行。主流融资理论未能将企业主的个人特质内化到其研究脉络之中，而之所以遗漏企业主的因素，是因为主流融资理论主要集中于考察大型公众公司，在这类成熟的企业中，个人特质因素的影响很小，虽然企业的最高管理者也有自己的性格和偏好，但个人的意志难以凌驾于企业的规范制度之上，个人对企业融资选择结果和偏好的影响因此被显著降低了。相比之下，家族企业中企业主权威地位的确立以及所有者和经营者身份的混合，使得企业主个人的目标、偏好、特质及其社会地位对家族企业融资行为显著的作用效应就不足为奇了。正如郑伯埙（1995）在研究华人家族企业时所言，[211]企业家对企业内组织行为的影响是无人能替代的。

人们总是被归入根据可观察的特征确定的各种类型中（薛求知等，2003）。企业主权威、地位及其个人特质，包括与企业生存相关的企业主个人能力的信号显示、政治参与、声誉、地位、性别、年龄、个人财富、目标函数、风险厌恶程度、失败容忍度、控制权偏好的要求以及社会关系网络等，凸显出企业主对家族企业融资行为重要的影响力。①在家族企业中，财务上企业和企业主的家庭经常是纠缠在一起的（Haynes 和 Rosemary，1996），企业的风险与企业主个人的风险很少分离（Ang、James 和 Floyd，1995），通常是所有者个人对风险的态度而不是公开上市企业使用的融资结构策略决定企业债权、股权融资的数量（Levin 和 Travis，1987）。②商业贷款机构在向家族企业做出提供贷款的决策时，经常会参考企业主的个人财务信息（Haynes 等，1999），甚至一些企业的债务就是企业主个人的负债，借款给企业相当于借款给企业主个人（Berkowitz 和 Michelle，1999）。③家族企业中家族关系与企业经营缠绕交错，家族融资和企业融资相互交织，产生了多个特殊的资金融通方式或行为（如家族成员直接对企业借款或者从企业借出款项、抵押个人资产为企业争取贷款等），不仅使得家族企业的融资问题更为复杂，也突出了妥善处理家族与企业关系的重要性，而在处理这些问题上，具有家长与管理者双重身份的家族企业家通常能够表现出较大优势（马春爱、杨贺，2007）。

企业主的性格特征更能决定企业对外部资金的利用，而非企业的性质（Voset，2007）。很多研究都证明了企业主个人因素在家族企业融资中的重要性。Norton（1991）对405家小型增长型家族企业的资本结构的影响因素进行了描述性分析，[52]结果显示传统理论中的代理成本、信息不对称和信号传递等因素的影响很小，管理者偏好因素的影响则较明显，企业融资充分考虑创业经营者的目标和偏好。Barton 和 Mattews（1989）、Mahérault（2000）、Dreux（1990）都认为，家族企业所有权与经营权的重叠，使得企业主的控制权偏好、风险偏好、非经济性目标、经验、年龄、家庭财产以及经营战略等个人特质和行为因素，成为决定家族企业特别是中小家族企业财务比率和融资规模的重要因素。[49,62,214]

家族企业在吸引外部融资的信号传递"瓶颈"的约束下，企业主个人特质、能力、财富、社会地位乃至政治身份等要素，成为向外部投资者或金融机构信息传递显示的主要信号，对家族企业融资能力具有很大的影响。相对于公众企业，家族企业由于家族资本的封闭性，使得外部投资者或金融机构很难获得企业财务状况的数据，存在着严重的信息不对称。由于缺乏企业财务报表等易于传递的"硬信息"，或者即使有其可信度也不是很高，从而产生信号传递的"瓶颈"效应，为融资带来很大的障碍。对于成立时间较短、规模有限的家族企业而言，考察企业主个人的信誉更为方便和准确。此时，家族企业主个性特质和不可模仿性成为信号传递"瓶颈"的替代，外部投资者通过家族企业主的特质来获得对企业价值判断和决定是否投资的信息。罗正英（2004）提出，[84]解决信息不对称问题的关键应集中于企业家个人信息的有效传递，其核心应强调企业家个人层面与企业层面的紧密结合特征，体现企业家财富、个人信誉、能力、创意及其潜在收益等方面的"软信息"，应作为外部投资者或金融机构决定是否对家族企业提供融资起决定作用的考察内容。换言之，企业主拥有的财富或投入的自有资本，具有体现企业价值、偿债能力和自身经营才能信号的功能（Leland 和 Pyle，1977；张维迎，1995；杨其静，2005）。值得注意的是，在特定的环境条件下，企业主个人的社会地位和政治身份，对于家族企业的资金融入具有显著的正面作用。这也说明了在许多国家，企业主的政治参与在本质上是出于利益的考虑，而且首先是出于对物质利益的考虑，总是寻求以最小代价获取最大利益的途径。余明桂、潘红波（2008）的实证研究表明，[86]在我国金融发展较落后、法治水平低下和政府随意侵害企业产权的条件下，政治关系可以作为一种替代性的非正式机制，缓解落后的制度对民营企业发展的阻碍作用，帮助民营企业获得银行的信贷支持，促进企业发展。

家族企业融资行为明显受到企业主个人目标函数的影响，尤其体现在对控制权及其收益的重视程度。由于企业主大都是家族企业的创办人和主要的所有者，有很多与企业相联系的个人财富。控制权削弱乃至丧失的后果不仅仅影响到企业主本人，还会对其家族后代产生深刻影响。家族企业规模越小，企业主兼管理者控制力和控制欲越强，负债的心理成本越高（Scherr 和 Hulburt，2001）；如果损失企业控制权的成本过高，他们甚至宁愿放弃好的投资机会（Barton 和 Matthews，1989）。Mishra 和 Mcconaughy（1999）认为，[53] 企业主的经营能力具有较高的资产专用性，而且他们在情感上也很难再去为别人工作。为了保持企业的独立性以将企业顺利地传递给下一代，他们排斥外部资金，虽然这样会威胁到企业的生存和发展（Westhead 等，2001）。在李新春和胡骥（2000）看来，[107] 失去控制权就意味着企业主未来的个人发展的机会将被迫失去或掌握在他人之手，即便可以获得与自身人力资本等量的货币补偿，企业主也同样不愿放弃控制权。于是，企业主一方面要在财富积累和控制权稀释之间进行取舍，另一方面还要在企业稳定增长与快速增长之间进行取舍，这种目标函数将影响企业追求不同融资来源的意愿（Ou，1988）。增长与控制两难选择的背后，就是企业主对融资带来的控制权成本与收益进行分析比较之后做出的决策选择。

家族企业主个人财富偏好和风险厌恶度等异质性特征，是内生于企业主特质的一个变量，一般与企业主的经历、性格等心理因素相关，必然会影响其对家族企业不同融资安排的主观评价，进而影响企业的融资行为决策。在隐含地存在企业主是效用最大化的理性决策者的条件下，对于处于稳定状态的家族企业，如果企业主风险厌恶程度低，对高风险高收益项目的重视程度大于控制权转移带来的期望损失，以及债权融资的税盾效应，企业主融资决策会偏向于采用债权融资作为外源融资的优先选择；而厌恶风险的企业主则偏好选择有利于减少控制权转移所导致效用损失的内源融资，或财务风险相对较低的股权融资。基于个人及家族财富与企业的密切关联性，家族企业主对家族企业经营风险的评价和承受力明显不同于其他类型的企业，融资行为选择所带来的企业控制权转移在很大程度上受到企业主风险厌恶程度的影响。

第六节 家族企业融资行为取向特征
——顺序与结构

一、内源融资倾向

综合考虑家族和企业的利益,是家族企业有别于其他类别企业的独特的融资行为取向。家族企业的融资行为选择主要存在着两种障碍:一是担心引入外部资金会失去企业独立性和实际控制权;二是顾虑在融通外部资本时,金融机构要求提供的"商业隐私"泄密,尤其是财务与经营信息流失给家族企业的资产带来难以估量的风险。相比之下,内源性融资不存在控制权转移风险和信息披露风险,家族关系网下的熟识型融资在融资过程中需要披露的信息少,而且即使需要披露,也基本上是一些"软信息",对企业的风险度相对较小。因此,家族企业主往往并不试图使企业融资结构最优化,而是表现出明显的内源融资倾向,以使外部干涉最小化(Chittenden, 1996; Michaelas, 1998)。同时,家族伦理中"人情至上"的文化传统正好可以满足家族企业的内源融资偏好,企业主凭借"家族权威"的优势,广泛动员社会关系资源,充分利用血缘、亲缘、地缘网络把分散于各个家庭及其关系网络的资金调动起来,将其升华为一种关系型的专用资产。这样既可以减少筹资费用,又可以减少融资的不确定性和财务风险。

独特的融资行为取向在家族企业融资结构中得以充分体现。融资结构是家族企业融资行为的结果,它不仅揭示了家族企业资产的产权归属和债务保障程度,而且内生性地决定着家族企业的控制权分布和风险变动。不同的融资行为产生不同的融资结构,并导致不同的资金成本、利益冲突及财务风险,进而影响到企业的市场价值。[215]众多研究表明,家族企业的融资行为遵循一种首先依靠内部资金,其次进行短期资金融通,再到中期银行贷款,最后才考虑外部权益资本的逻辑,按照内源融资—债务融资—权益融资的序列推进(Dunn 和 Hugues, 1995; Romano, 2000; Gallo 和 Vilaseca, 1996; Poutziouris, 2001)。在 Ou 和 Haynes 调查的 3561 家美国中小企业中,[244]只有 34 家进行了外部股权融资,拥有外部贷款的也很少,并且其中规模越小、盈利能力越强的企业越依赖内源融资。由于家族内部资本不会稀释家族控制权,同时也不存在信息披露的风险,加上家族成员之间信任度较高,资本的集成成本低,出于规避风险、保持控制权以及降低融资成本的考虑,家族企业具有明显的内源融资偏好。Romano(2000)、Storey(1994)都认为,由于具有强烈的控制权偏好和风险规避倾向,家族企业更加依赖内部资金,大多数家族企业都是依赖内部资金(所有者自有资金、个人贷款、亲友借款、企业留利等)才得以建立和发展的,而且外部资金一般也是通过私人关系而不是公开市场获得的。[44,216]

据2002年全国第五次私营企业调查的数据,自我积累是大多数私营企业资金的主要来源,内源性融资仍是企业融资的主渠道,其融资顺序大致为企业积累、民间借贷、银行或信用社贷款、亲友馈赠和其他途径,如表3.6所示。

表3.6 私营企业的资金来源状况

	小生意积累	小作坊生产积累	亲朋捐赠	工业、农业生产积累	民间借贷	银行贷款	继承遗产	其他
资金构成(%)	28.76	9.71	8.38	16.71	18.75	13.85	0.77	2.9

资料来源:张厚义、明立志:《中国私营企业发展报告》,北京:社会科学文献出版社,2003年版,第143页。

世界银行的分支机构——国际金融公司(IFC,2000)对北京、成都、温州、顺德等地600多家私营企业的调查结果显示(见表3.7),我国私营企业的融资行为,无论是在初创阶段还是发展阶段都严重依赖于内源性融资渠道。一方面,初创期90%以上的原始资本主要来源于企业主自有资金及其家族;在初创期过后的后继投资中,随着运营年限的增长,内源融资比重趋于下降,但大部分企业仍然依赖自我融资。另一方面,在外源性融资中,虽然银行贷款等债务融资占企业融资方式的第二位,但仅4%的平均比例远低于内源融资,而股票、债券融资的比例更低。

二、外源融资选择

家族企业外源融资一个重要的行为特征,就是偏好于债务融资,不愿或抵触使用股权融资,以上各项调查数据也表明了这一点。笔者认为,除了融

表 3.7　私营企业的主要融资方式

单位：%

经营年限	自有资金	银行贷款	非金融机构融资	其他渠道
短于 3 年	92.4	2.7	2.2	2.7
3~5 年	92.1	3.5	0.0	4.4
6~10 年	89.0	6.3	1.5	3.2
长于 10 年	83.1	5.7	9.9	1.3
合计	90.5	4.0	2.6	2.9

资料来源：Neil Gregory、Stoyan Tenev 和 Dileep M.Wagle（2000）。

资成本因素考虑以外，不同外源融资方式带来企业主及其家族原有控制权模式的改变，是影响家族企业融资行为选择的最根本原因。本质上，企业股权和债务是重要的融资工具，同时也是非常重要的控制权基础，它们二者特定的比例就会构成特定的控制权结构和治理机制，[218] 从而就规定了对应的控制权分配。

一般来讲，在由一定的债权与股权比例构成的企业融资契约中，债务契约相对于股权契约具有更强的约束作用。一方面，尽管股权融资成本较高，但是所获得的资金不用偿还，可以永久性地持续占用资金，几乎没有使用成本，且股东的分红约束是软性的，不存在过多的偿债风险，财务风险相对较低。相比之下，债务融资成本相对较低，但筹集的资金以及利息是必须偿还的，对企业是一种硬约束，必须考虑在债务到期时有足够的现金偿还本息，否则将面临诉讼与破产的风险，企业的控制权就可能转移到债权人手中。在威廉姆森（Williamson，1988）的模型里，他把债券称为"以条约为基础的治理"（rule-based governance），与股票的"自行处置治理"相比，债券的治理结构"是非常市场化的东西"，可以很好地约束管理者的自由处置权，用债券来替代股票可以使公司从"自行处置治理"转到"以条约为基础的治理"上。[218] Jensen（1986）提出，债务筹资增大了企业的债务比例，这将减少管理层随意支配现金的行为，加大经营压力，银行等债权人严格的约束条件也导致债务融资自由度较低。[219] Aghion 和 Bolton（1992）认为，与股东控制相比，债权人控制对经营者更加残酷，因为经营者在债权人控制时比股东控制时更容易丢掉饭碗。[161] Dewatripont 和 Tirole（1994）甚至还证明只有债权人才是积极的"强硬的委托人"（tough principal），而股东是消极的"软弱的委托人"（soft principal）。[305]

令人疑惑的是，既然债务融资的约束力相比股权融资更强，融资主体的自由度更低，甚至可能导致企业控制权在债权人和企业经营者之间的相机转移，那么现实中为何大部分家族企业融资行为选择首先是债务融资，其次才是股权融资呢？这显然不能仅仅用债务融资的资金成本低来解释。笔者认为，关键在于不同融资方式对企业控制权的行使机制与过程存在着差异，体现于债权人主要在企业经营不佳时才行使其控制权，而股东则在企业正常经营期间就持续地行使其控制权。相对于只在企业违约时才干预的债权人来说，股权融资所产生的股东约束可能更为积极，这一点也可以从投资者行使控制权所需的条件上加以考察。债务是在违约时给予债权人重新拥有抵押品的权利的一个契约（Hart 和 Moore，1989、1994），债务融资所形成的债务契约实际上着眼于控制权从管理者向债权人转移的相机配置机制。① 债权人的控制权虽然强度很大，可以迫使企业清算破产，但债权人的破产清算权才是投资者真正有效的控制权，这种控制权转移或实施的前提条件是企业陷入财务危机不能还本付息，在债务到期之前债权人一般不能实行其控制权，除非企业主违反了融资契约的一些条款。对于正常经营的企业而言，债权人的控制权实施有很大的前提限制。而外部股权融资安排中，控制权的转移条件主要是企业的经营业绩，例如某段时间内的利润和收入、专利权的申请等（Kaplan 和 Stromberg，2000）。股东的控制权范围较广，从管理层更换到企业重大决策等，不论这种控制权力度如何，它能够持续地对管理层造成一定的约束。所以，综合考虑控制权的强度以及权利实施的条件和频率，来自债权人的控制权约束对企业主及家族管理层相对更小一些。可见，债权融资与股权融资之间控制权的差异，导致了家族企业更偏好于债务融资。由于债务融资对控制权的要求主要限于破产清算权，对管理层日常经营和企业内部治理结构的要求较少，因此，在企业主眼中，外源融资中的债务融资应该优于股权融资。而适当的债务融资可以代替和减少外部投资者的股权份额，进而用债权人的控制权代替股东的控制权，用一种没有投票权、发生频率较低的控制权代替一种有投票权、持续作用的控制权，这可以减少企业主及其家族的非货币收益的损失。此外，从企业股东控制权争夺的角度看，由于债权人并不拥有企业的投票权，增加债务融资可以帮助家族企业主及其家族扩大自身的股权份

---

① 不完全契约理论的一个重要思想就是控制权的相机转移，控制权相机转移的实质是投资者的风险控制权在特定条件下，由"潜伏"状态变为"活跃"状态的过程。

额，进而保留自己的控制权，抵御外部投资者的恶意收购。当然这种替代一般是发生在掌握在外部投资者手中的股权份额较大的情况下，如果投资者掌握的股权较少，难以实施有效的控制权，那么这种替代不容易发生。

基于此，家族企业的融资行为取向遵循债务融资优先于股权融资的顺序。与融资顺序和信息传递理论不同的是，这种融资顺序主要是根据企业主及其家族的利益做出的，而不仅仅是一个单纯的企业融资成本问题。Howorth (2001)的研究表明，[313]由于担心控制权的丧失，家族企业的融资顺序可能以一种"被截断的形式"存在，即在任何供给条件下，家族企业都会拒绝考虑某些特定形式的融资方式。很多家族企业不会考虑外源性权益融资，部分家族企业不会使用任何形式的长期债务融资。Romano等（2000）通过实证研究得出：家族控制与债务融资呈强正相关关系，而与股权融资呈明显的负相关关系。[44]

即使是债务融资，家族企业也体现出很强的行为偏好，表现为家族企业普遍不愿具有较高的负债率，尽量规避长期债务，以降低企业经营和家族财富的风险。由于债务融资隐藏有还本付息的压力和财务破产的风险，使家族企业的破产概率上升，家族经营者所承受的压力加大。尤其是那些盈利能力低的家族企业，破产的可能性更大，因而成本也更高（Ross, 1977）。企业主不仅关心财富的创造，而且还注重保留控制权、避免破产清算的危险（accountability），保持自己的社会地位和尊严，确保自身、家族成员和亲友的自我雇佣等，因此会尽量避免过高的债务融资水平，以免对家族利益产生威胁。[220]这在Aithur等的研究中得到了印证，根据其对美国家族企业1997年财务报告的调查，34.3%的企业没有除应付账款外的债务融资，34.2%的企业有少量债务（债务权益比例在1%~25%之间）。Sonnenfeld和Spence (1989)认为，[221]过多的长期负债意味着破产风险的增加，为了避免损害家族利益和个人信用以及贷款失败的利益损失，一般都回避长期债务融资。Westhead和Cowling (1997) 的研究发现，[222]家族企业中只有很少一部分是以增长为导向的，而且这些所有者经营的企业大多是生命周期型的，它们遵循一种"小即是美"的理念，因而偏好短期资金融通，规避长期融资。

三、家族企业融资结构决策模型

作为家族与企业的集合体，家族嵌入决定了家族企业融资结构决策的特殊性取向。家族企业融资行为是"信息披露风险度"和"集权情节"两个变量的函数（储小平，2004）。与一般公众企业融资结构决策最大的不同在于，家族企业必须权衡企业与家族的利益，甚至将家族利益置于一个更加重要的地位。家族企业融资决策是在维护家族利益、控制融资风险、降低融资成本及谋求最大收益之间寻求一种均衡的过程。

假定：家族企业不存在融资困难，仅考虑内生性因素对融资决策的影响；没有考虑自发性负债的影响；企业主及其家族更倾向于家族利益最大化。以下通过构建债务融资模型、股权融资模型和混合融资模型，来分析不同的融资方式对家族企业的筹资风险和控制权所产生的不同影响，求解家族企业在特定发展时期的不同融资方式及其最佳融资额的行为决策。①

1. 筹资风险与债务融资决策

对家族企业而言，拥有和垄断企业信息是必要的，或者说泄露信息将有可能使企业面临巨大的经营风险，而债务融资需要向银行等金融机构提供企业有关财务及经营方面的信息，容易给家族企业资产带来难以估量的风险。另外，过多的债务融资容易使家族企业陷入财务困境，出现财务危机。在同时考虑税率（负债具有抵税效应）、违约成本、潜在破产成本以及企业经营风险的情况下，家族企业价值随着债务融资比例的增加存在一个最大值，超过这一最大值，债务融资带来的风险（这里统称为"筹资风险"）等负面作用将超过其带来的诸如避税、增加家族利益等正面效用，家族企业价值就会下降。假定家族企业筹资风险与外部债务融资额同比增长，筹资风险的增加将加大企业出现财务危机的概率。在筹资风险发生之前，违约成本、破产成本等隐性成本不易察觉，容易被家族企业主忽略。但随着家族企业成长中债务融资带来的潜藏风险越来越多，一旦发生财务危机，在企业价值迅速下降的同时，企业主及其家族的利益也将迅速下降，所以家族企业存在着一个最佳的债务融资额。

假设 C_0 为家族企业进行外部债务融资之前的所有者权益，D 为外部债务融资额，$V_{(d)}$ 为家族利益函数，$I_{(d)}$ 为投入报酬率函数，r_d 为外部债务融资的加权资金成本率，$R_{(d)}$ 为筹资风险函数，并且 $I_{(d)} = -k_1 D + \varepsilon$ ($k_1 > 0$)，即假

---

① 现实中，家族企业融资结构决策的"最优"只能是"满意"，因为动态变化的家族企业融资结构难以达到理想化的"最优"，只能是相对于某一特定环境和条件下的"满意"，而且整体最优的结果可能要付出局部无法达到最优的代价，特别是在家族利益与企业利益的权衡方面。

设边际投资报酬率随投资增加而下降;$R_{(d)} = k_2D(k_2 > 0)$,即假设筹资风险随债务融资额增加而增加。则构建模型为:

$$V_{(d)} = I_{(d)}(C_0 + D) - r_dD - R_{(d)}$$

对 D 求导,令 $V'_{(d)} = 0$,即:

$$-k_1D_0 - 2k_1D + \varepsilon - r_d - k_2 = 0$$

则:

$$D = \frac{\varepsilon - r_d - k_1C_0 - k_2}{2k_1}$$

即家族企业在采用债务融资方式时,最佳债务融资额为:

$$D_0 = \frac{\varepsilon - r_d - k_1C_0 - k_2}{2k_1}$$

如果外部债务融资额低于 D_0,则家族利益没有达到最大化;大于 D_0 则会导致家族企业筹资风险过大,有可能会威胁到家族企业的生存和发展,企业价值和家族利益也将迅速降低。

债务融资能在保持企业主及其家族控制权的前提下带来财富的较快增长,但利益与风险同在,如果融资规模不适或经营不善,往往会使家族企业陷入债务危机。合理确定债务融资规模,把握负债筹资适度性,既能有效利用投资机会又不至于面临倒闭风险,就成为家族企业债务融资决策的关键。在达到最佳债务融资额后,家族企业要进一步通过融资提升企业价值和家族利益,有效的方式是进行适当的股权融资,以形成融资结构的合理配比。

2. 控制权效用与股权融资决策

随着家族企业的发展及规模的扩张,在家族企业达到一定的最佳债务融资额后,采取单一的债务融资方式筹集资金无法满足要求,且过度负债必然带来高风险。此时,若能吸收外部股权资金的进入,有利于发挥外部权益性资本的"风险分散"功能(杨其静,2003),实现更大的规模经济效用和外部利润,增强家族企业成长能力,企业价值和家族利益也将随之进一步增大。但是引入外部股权资金将会稀释家族控制权,导致家族的"欣慰潜力"效用等非货币收益减少。家族企业成长发展带来的货币效用的提高与引入外部股权融资造成的非货币效用的减少,构成了家族企业主"增长还是控制"的两难选择的约束条件。股权融资所产生的控制权效用损失是家族企业主在融资时的一种预期损失,货币效用的提高必须足够高,才能弥补家族控制权稀释带来的非货币效用的损失和家族利益的损失,并满足外部投资者高昂的收益要求。另外，对企业主及其家族而言，随着外部股权融资额的增大，控股家族将会得到与其所持股份比例不相称的、比一般股东多的额外收益，即控制权私人收益。控股股东在保持控制权的前提下，股权融资是一种非常好的提高控股股东控制权私人收益的方式。[225] 一是股权融资可以迅速增大企业的净资产规模，使控股股东控制的资源增加；二是通过股权融资，控股股东可以降低自己的持股比例，放大自己对中小股东的利益侵占效应。可见，适度的股权融资不仅有益于企业发展，也有利于企业主家族利益的提升，关键在于对这种适度性的把握。

根据以上分析，提出如下假设：①家族在保持控制权的前提下，控股家族的控制权私人收益与外部股权融资额同比增长。②家族在保持控制权的前提下，家族非货币性收益的减少与外部股权融资额的平方同比增长，因为随着外部股权融资额的增加，家族非货币性收益将会迅速减少。③家族企业只进行股权融资，不再追加债务融资。

设 C_1 为家族企业进行外部债务融资后、外部股权融资之前的所有者权益，D 为外部债务融资额（此时 $D=D_0$），S 为外部股权融资额，$V_{(S)}$ 为家族利益函数，$I_{(S)}$ 为投入报酬率函数，r_d 为外部债务融资的加权资金成本率，r_S 为股权融资的资金成本率，$R_{(d)}$ 为信用风险函数（此时 $R_{(d)} = R_{(d_0)} = k_2 D_0$（$k_2>0$）），$R_{(S)}$ 为家族非货币性收益函数，$W_{(S)}$ 为控股家族的控制权私人收益函数，并且 $I_{(S)} = -k_1 D_0 - k_3 S + \varepsilon$（$k_1 > 0$，$k_3 > 0$），即假设边际投资报酬率随投资增加而下降；$R_{(S)} = -k_4 S^2$（$k_4 > 0$），即假设家族企业非货币性收益随着外部股权融资额的增加而快速减少；$W_{(S)} = k_5 S$（$k_5 > 0$），即假设控制权私人收益随股权融资额的增加而同比增加。则构建模型为：

$$V_{(S)} = I_{(S)}(C_1 + D_0) - r_d D_0 - R_{(d_0)} - r_S S + R_{(S)} + W_{(S)}$$
$$= (-k_1 D_0 - k_3 S + \varepsilon)(C_1 + D_0) - r_d D_0 - k_2 D_0 - r_S S - k_4 S^2 + k_5 S$$

上式可能存在一个使家族利益 $V_{(S)}$ 最大的股权融资额。

对 S 求导，令 $V'_{(S)} = 0$，即：

$$-k_3 C_1 - k_3 D_0 - r_S - 2k_4 S + k_5 = 0$$

则：

$$S = \frac{k_5 - k_3 C_1 - k_3 D_0 - r_S}{2k_4}$$

即家族企业在采用股权融资方式时，最佳外部股权融资额为：

家族企业融资行为机理与特性

$$S_0 = \frac{k_5 - k_3C_1 - k_3D_0 - r_S}{2k_4}$$

此时家族利益最大。如果继续扩大外部股权融资额，则会导致家族非货币性收益的减少超过货币性收益和控制权私人收益的增加之和，从而导致家族整体利益降低。股权融资使家族受到的控制权转移压力和由此导致的控制权效用损失是边际递增的。因为股权融资比重较小时，一般外部小股东没有动力投入精力和资源获取足够的信息，对企业经营管理质量做出判断并进行监督，家族控制权效用损失较小；但随着股权融资比重增加，外部股东对企业管理决策会较多地关注和参与，家族控制权效用损失增加，增加速度比股权融资比重增加速度更快。因此，外部股权融资额超出一定限度以后，家族企业的股权融资意愿将大大降低。保持对企业的所有与控制是企业主及其家族股权融资决策的基本前提。

3. 筹资风险、控制权效用与混合融资决策

随着外部股权融资额的增加，家族企业的融资结构会发生改变，其面临的筹资风险也将改变，从而改变家族企业最佳的债务融资额。也就是说，在进行股权融资后，家族企业最佳的债务融资额不再是 D_0。在很多情况下，家族企业的外源融资也面临着债务融资与股权融资混合的方式。此时就存在着不同融资方式搭配比重的决策问题，可以通过混合融资模型来求解使家族利益最大化的最佳债务融资额和最佳股权融资额。

设 C_0 为家族企业进行外部债务融资之前的所有者权益，D 为债务融资额，S 为股权融资额。$V_{(d,s)}$ 为家族利益函数，$I_{(d,s)}$ 为投入报酬率函数，r_d 为外部债务融资的加权资金成本率，r_s 为外部股权融资的资金成本率，$R_{(d)}$ 为信用风险函数，$R_{(S)}$ 为非货币性收益函数，$W_{(S)}$ 为控制权私人收益函数，并且 $I_{(d,s)} = -k_1D - k_3S + \varepsilon$（$k_1 > 0$，$k_3 > 0$），即边际投资报酬率随投资增加而下降；$R_{(d)} = k_2D$（$k_2 > 0$），即筹资风险随外部债务融资额增加而增加；$R_{(S)} = -k_4S^2$（$k_4 > 0$），即家族企业非货币性收益随外部股权融资额的增加而快速减少；$W_{(S)} = k_5S$（$k_5 > 0$），即控制权私人收益随股权融资额的增加而增加。则：

$$V_{(d,s)} = I_{(d,s)}(C_0 + D) - r_dD - R_{(d)} - r_SS + R_{(S)} + W_{(S)}$$
$$= (-k_1D - k_3S + \varepsilon)(C_0 + D) - r_dD - k_2D - r_SS - k_4S^2 + k_5S$$

上式可能存在一个使家族利益 $V_{(d,s)}$ 最大的债务融资额和股权融资额。分别对 D、S 求偏导，同时令 $V'_{(d)} = 0$，$V'_{(S)} = 0$，即：

$$-k_1C_0 - 2k_1D - k_3S + \varepsilon - r_d - k_2 = 0 \tag{1}$$

$$-k_3C_0 - k_3D - 2k_4S - r_S + k_5 = 0 \quad (2)$$

由式（1）和式（2）联立可得：

$$D = \frac{2k_1k_4C_0 - k_3^2C_0 - 2k_4(\varepsilon - r_d - k_2) + k_3(k_5 - r_s)}{k_3^2 - 4k_1k_4}$$

$$S = \frac{k_1k_3C_0 + k_3(\varepsilon - r_d - k_2) + 2k_1(k_5 - r_s)}{k_3^2 - 4k_1k_4}$$

即家族企业在采取混合融资方式时，最佳债务融资额为：

$$D_1 = \frac{2k_1k_4C_0 - k_3^2C_0 - 2k_4(\varepsilon - r_d - k_2) + k_3(k_5 - r_s)}{k_3^2 - 4k_1k_4}$$

最佳股权融资额为：

$$S_1 = \frac{k_1k_3C_0 + k_3(\varepsilon - r_d - k_2) + 2k_1(k_5 - r_s)}{k_3^2 - 4k_1k_4}$$

就企业主及其家族而言，此时家族企业的混合融资额实现了家族利益最大化。值得注意的是，基于家族利益的融资决策并不一定有利于企业价值的最大化，其融资目标与融资结构从企业角度而言有可能是低效甚至无效的，这使得"家族目标损害企业利益的例子时常可见"（Daily 和 Dollinger，1991）。家族企业的冲突往往是因家族成员和企业相互的差异、不协调和不合理的愿望引起的（Jehn 和 Mannix，2001），这种冲突被（Jehn，1995、1997）归纳为三种表现形式：任务冲突（因选择任务不同引起的冲突）、过程冲突（在执行过程中引起的冲突）和关系冲突（价值观和态度差异引起的冲突）。[229-230] 因此，尽管家族利益是一个重要的方面，但在很多情况下，家族企业的经营和战略决策体现的是家族和企业之间利益的协调与平衡，而这种协调与平衡通常是一个心理上的平衡，是发自于家族企业所有者对企业责任的理解（Donnelley，1988）。家族企业最终的融资行为决策是家族利益与企业价值动态均衡的结果。

第四章 家族企业融资行为的外部环境约束

德国社会心理学家库特·勒温（Kurt Lewin）指出，行为是个体因素与其所处环境综合作用的结果，[①]这不仅反映了人类行为的一般规律，同样也适用于对现实中家族企业融资行为的解释。也就是说，家族企业的融资行为不仅取决于内生要素的关系结构效用，也受制于外生融资环境因素的影响和制约。家族企业融资的行为策略，体现了从微观的企业经营管理层面到宏观的融资制度体系层面的共同作用，是在一定的融资环境约束下理性选择的结果。

第一节 家族企业融资环境的总体特征

一、融资制度障碍——增长与供给的悖论

与西方国家家族企业的成长环境不同，我国家族企业在过去很长一段时间内没有合法地位，直到改革开放之后，特别是经过 1982 年、1988 年、1999 年三次修改《宪法》，以家族企业为主体的私营企业才逐渐获得了合法地位。作为经济转轨实践中成长起来的内部结构与外部环境相结合的经济组织形式，我国家族企业的发展既受惠于经济转型过程中的一系列发展机会，也

[①] Kurt Lewin 提出了著名的行为函数：B = f(P, E)。其中，B 代表行为（Behavior），P 代表个体（Person），E 代表环境（Environment），f 代表上述三者之间的函数关系。在他看来，行为是个体和环境之间交互作用的函数，它会随着个体和环境两个因素的变化而变化。参见黄希庭：《心理学导论》，北京：人民教育出版社，1991 年版，第 146 页。

家族企业融资行为机理与特性

面临经济转型带来的诸多体制性问题。就融资问题而言，家族企业内源融资偏好或者融资结构严重失衡的行为特征，就是其内生基因结构与外部融资环境双重约束下的行为选择。事实上，来自正规金融制度支持的不可得性，在很大程度上强化了家族企业内源融资取向或融资结构的失衡。

  大量的理论和经验研究表明，金融发展水平与经济增长存在显著的正相关关系，金融发展是促进经济增长的一个关键因素，金融体系通过风险管理、储蓄动员、信息生产和公司控制等基本功能促进实体经济的增长和发展。[231-233] Beck 等（2000）指出，[234] 私营经济获得外部融资占一个国家的国民生产总值的比例对该国整体的生产效率增长、资本积累和私人储蓄率都有正向的显著影响。但是，这些观点受到了我国经验事实的挑战。一个显而易见的悖论是，在我国的渐进式改革过程中，所有制经济结构的投入产出极不对称，与国有经济相比，非国有经济在持续快速增长并成为国民经济发展的主要贡献者的同时，却较少得到体制内正规金融的支持，金融资源配置与实体经济结构极不对称，正规的金融机制对非国有经济的支持远低于对国有经济的扶持。樊纲（2000）的研究认为，非国有经济贡献了74%的工业增加值和63%的GDP，但在总的金融资产中所占的比重却不到20%，非国有经济实际上能得到的贷款占银行贷款总额的不到20%。[235] 根据史晋川、叶敏（2001）的考察，在官方制度下，我国国有部门对经济增长的贡献率约为40%，贷款占金融机构贷款总量的80%，非国有部门的经济增长贡献率约为60%，其贷款却只占正规金融机构贷款总量的不到20%。以温州市为例，该地区国有部门的产值不到总产值的6%，贷款却占正规金融机构贷款总量的80%，非国有部门的产值占总产值的90%，而其所获得的正规金融机构的贷款不超过7%。[236] 众多学者都将这种与经济增长相悖的融资体制，归因于制度歧视或所有制歧视（徐滇庆，2001；欧阳凌等，2004；王元璋、赵中杰，1998；李琳、陆三育，1999；黄锡钦、李芳，1999；张杰，2000）。

  转轨期融资环境中，金融机构和金融工具在向不同所有制企业渗透过程中存在差异，且这一差异在宏观上看非常巨大（赵光君，2002）。无论是金融机构的设立，还是资本市场的建立，都由政府主导进行。中央银行制度的形成，专业银行的商业化，股份制商业银行的设立，都带有明显的政府自上而下的规划、组织、监督和控制特点，体现了政府的意志和对国有经济的支持，向国有企业以及大企业、大项目倾斜，客观上形成对非国有企业的挤出效应，形成制度歧视下低效率的融资制度安排。以四大银行为代表的国有银行一直

第四章 家族企业融资行为的外部环境约束

在银行业居于主导地位,且其诞生与发展都是与国有企业紧密联系在一起的。虽然经过后来的商业化改革,国有银行对应国有企业的融资格局已经发生很大变化,但它们与国有企业尤其是国有大中型企业的亲密关系一直没有中断,二者之间已经形成成熟的沟通和协调渠道,比较容易就借贷问题达成一致。相比之下,以家族企业为主体的私营企业与国有银行之间所有制的关系差异就不具备这种先天制度上的匹配优势,缺乏相应的熟识关系支持和操作经验。同时,与家族企业较为匹配的中小金融机构自身所能支配的金融资源较为有限,国有商业银行的运行机制尚未完全实现市场化、企业化运作,金融工具创新速度不够——信贷品种依然以传统的抵押担保贷款方式为主,适应家族企业短、频、急资金需求的信贷品种很少,且审批手续复杂,双方在所有制关系、资金数量、融资工具、交易速度等诸多方面存在不对等问题(马春爱等,2008)。各银行的服务对象侧重、范围协调、职能搭配等方面并没有形成一个合理的结构体系,信贷结构存在着显著的非均衡性。

对相对效率不高的国有企业的过度支持以及对成长性很强的非国有企业的忽视,使得不同所有制企业对经济增长与社会稳定做出的贡献与得到的金融支持不成比例,以家族企业为主体的私营(民营)企业普遍面临严峻的银行资金融通困难,信贷不畅,渠道壁垒较多。表4.1显示,民营企业从银行所获得的贷款,在银行同期全部贷款余额中所占比例很低,1999~2003年所占比重分别为3.03%、3.42%、3.80%、3.73%和3.72%。私营企业在2003年及2004年所占的工业总产值比例以及工业增加值比例大约维持在15%,而其所占的信贷比例却只占同期信贷总投放资金的0.7%左右(图4.1),在信贷资金使用比例上更是处于一个绝对弱势的地位。

表4.1 银行向民营企业发放贷款基本情况

项目	1999年	2000年	2001年	2002年	2003年
全部贷款余额(亿元)	7491.4	86524.1	93734.3	99371.1	112314.7
民营企业贷款余额(亿元)	2272.7	2959.1	3564.9	3704.4	4181.5
民营企业贷款占比(%)	3.03	3.42	3.80	3.73	3.72

资料来源:根据《中国金融年鉴》(2000~2004)数据整理。

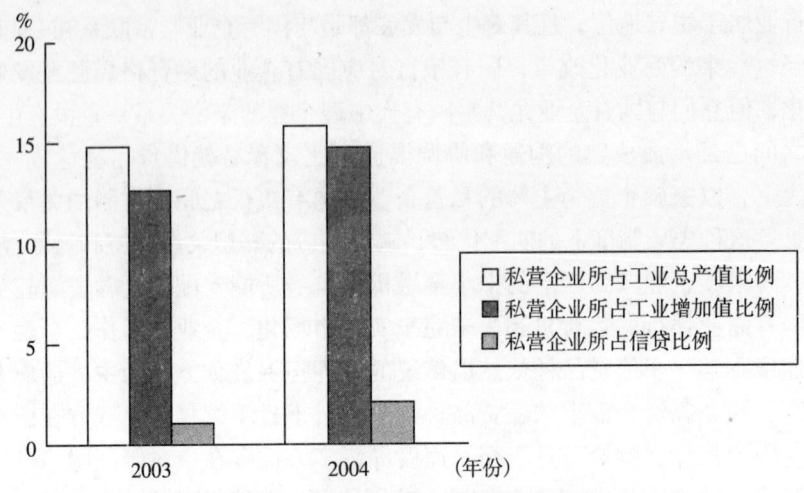

图 4.1 私营企业发展与信贷资金使用

资料来源：国家统计局：《中国统计年鉴》(2005)，北京：中国统计出版社，2006年版。

家族企业的融资困境，除了体现为从银行信贷市场难以得到足够的间接融资支持外，在证券市场的直接融资以及其他一些融资渠道也面临许多障碍。我国资本市场设立的初衷，主要是基于政府解决国有企业的资金供应和治理结构的完善，与推进国企改制、降低国企融资风险紧密相连。由于国有银行与国有企业的刚性信贷联系导致了大量的不良债权，金融风险也迅速积累。出于分散风险的考虑，政府主导塑造了以股票市场为核心的证券市场，以期给国有企业提供新的筹资渠道，部分地把原来由信贷市场实现的货币性金融支持转换为由股票市场实现的证券性金融支持。对于家族企业而言，股票市场入市条件高，上市资源"额度"稀缺，试图通过股票市场直接融通资金的难度可想而知。尽管2001年股票上市发行从审批制转为核准制，2004年推出了为中小企业融资服务的"中小板市场"，2009年又推出了深圳创业板，但限于证券市场容量与严格的筛选机制，以及企盼上市融资的家族企业存量的巨大，导致能够进入融资的只占家族企业一个极小比例。而在债券市场，企业债券比例很低，加之政府对发债有严格的法律规定和行政管制，使家族企业依托债券市场融资的现实性与可能性都很小。与此同时，其他一些融资渠道也并不通畅。比如为欧美等国中小企业提供了重要资金支持的风险投资、天使投资[①]等融资方式，在我国还处于起步阶段，数量少，规模小，涉及领域窄，对企业的选择标准很高，投资的对象多属于高风险、高成长和高收益的创新事业或风险投资计划，我国大多数家族企业并不具备这些特点，能够得到其青睐的家族企业只是极少数。[②] 显然，改革开放以后相当一段时期内，以公有制为主导的金融体制和管理体制并未为私营经济的发展做好制度上的准备，宏观融资制度安排对私营经济没有给予足够的国民待遇，融资制度的市场化未能真正形成，融资市场的价值规律作用与功能受到了一定的抑制，稀缺的金融资源的优化配置功能并没有真正实现。无论是间接融资市场还是直接融资市场，普遍存在的"所有制"歧视现象，是形成家族企业融资困境的一个重要原因。

二、融资活动的规模歧视

尽管宏观融资制度与家族企业在预算约束、体制匹配和信用关系上的不兼容与家族企业融资困境的形成密切相关，但一些学者透过"体制"现象，从金融机构经营行为以及企业融资行为本身来探讨银企间融资问题，认为规模歧视与银企信息不对称，是造成私营家族企业以及中小企业在正规金融市场中融资困难的现实根源（张杰，2000；林毅夫、李永军，2001；储小平、王宣喻，2004；张捷，2002；李志挥，2002 等）。

影响企业融资行为最重要的解释变量是企业规模（Stiglitz 和 Weiss，1981）。由于企业规模因素与信贷市场融资约束的关联性，家族企业与大企业和公众公司的融资处境也存在差异。表象地看，国有商业银行将信贷资金优先投向国有大中型企业而非家族企业，确实具有"所有制偏爱"或"所有制

---

① 天使投资最早是指在 19 世纪为纽约百老汇戏剧提供资金的投资人，当时投资于戏剧风险很大，很多出资者是出于对艺术的支持而不是为了获得超额的利润，因此人们尊称他们为"天使"。20 世纪 80 年代，新罕布什尔大学的风险投资研究中心最早在学术方面正式运用"天使"来描述这种特定的投资人及投资方式，并为学术界所认可。现在的天使投资特指企业创业过程中的第一批投资，是指富有的个人直接对有发展前途的创业企业进行早期直接权益性资本投资的一种民间投资方式，以获取企业未来成功的预期收益。

② 从信任的角度来讲，一般风险投资都非常重视与被投资企业创建充分信任的局面，而家族企业内外合作的重要基础之一就是信任，一种从内部延伸出来的泛家族式信任。而且风险投资虽然主要以股权的方式参与投资，但并不热衷于取得被投资企业的控制权，这在一定程度上降低了家族企业主对外部融资引致企业控制权丧失的担心程度，符合家族企业融资的约束条件。

歧视"的成分在内,但这其中也隐含了某种更深层次的原因。国有大中型企业的信用是一种由企业信用和国家信用结合而成的混合信用,信用的正面是企业信用,背面则或多或少地以国家信用作为支撑;而我国家族企业发展时间普遍不长,大都为中小企业,[①]家族企业信用的正面虽同样是企业信用,但背面却只以单薄的(企业主)个人信用为支撑。从银行等金融机构的经营行为来看,企业规模不同导致贷款规模和管理成本上的差异。家族企业具有显著的信息封闭性和低规范性特征,在信息透明度和信用保证、抵押能力等方面,与国有企业和大型企业存在很大差距。在借贷双方信息不对称条件下,如果银行缺乏对家族企业足够的信息了解,对贷款项目的潜在收益与风险将难以做出客观的风险评定,就缺乏提供信贷服务的动力,使家族企业信贷融资受到严重限制,导致所有制偏爱或歧视现象的出现。这也从另一方面解释了非正规金融在我国宏观融资环境中活跃度很高的原因。正是由于非正规金融不存在规模歧视,且信息搜寻与甄别成本低,在一定程度上激发了家族企业通过非正规金融渠道融资的热情,形成家族企业融资行为的一个被动选择——无力通过正规渠道融资时的一种融资路径替代。

夏小林、李路路(1998)分析指出,私营工业企业贷款不平等不仅与人们常说的"身份"有关,而且也与多数企业规模偏小有关,而且规模越小,借款率越低。他们认为,90年代后期私营工业企业因"身份"而贷款难的问题已经加速转化为因其规模偏小而贷款难的问题,即加速转化为中小私营企业融资难这个一般性问题。[239] 郑江淮(2001)认为,由于非国有经济以中小企业为主,在融资时往往遇到与资金供给者信息不对称的障碍,企业规模成为造成非国有经济外源融资缺口的主要因素。[240] 家族企业深圳太太药业[②]的融资过程就是一个鲜活的例证。朱保国家族于1992年创办成立了太太药业,

---

① 不少国外研究家族企业的文献将家族企业和中小企业作为等同的范畴进行表述。可能的原因有二:一是中小企业中的绝大部分可以界定为家族企业,很多文献的研究样本都说明了这一点。二是西方国家对中小企业的定性界定标准一般包括独立所有、自主经营和较小市场份额三个特征,这与学术界对家族企业的界定有很大一致性。"独立所有"是就所有权而言的,美国法律规定,只要业主持有50%以上的股权,就可看作独立所有;"自主经营"是就经营权而言,如英国强调所有者(经营者)必须不受外部支配,以色列则强调业主承担全部或大部分管理职能。根据《中国中小企业暨非公有制经济信息快报(2005)》披露的数据,以家族企业为构成主体的私营企业群体中,有99.94%的企业注册资本在1亿元以下,注册资本在1000万元以下的也有98%。可以说,中国家族企业大都可归结于中小企业,家族企业与中小企业在很大程度上存在共生性的发展特征和制度基础。

② 2003年更名为健康元药业集团股份有限公司。

初创时期需要 500 万元资金，找遍了深圳所有的银行，就是贷不到一分钱，最后只得从民间高息借贷。但太太药业逐渐发展壮大后，2001 年在上海证券交易所成功上市，发行 7000 万股，募集资金 17 亿元，成为当时 A 股上市募集资金最多的家族企业。所募集资金开始全部存在 1 家银行，但每天都有银行的人来公司进行马拉松式的拉存款活动，公司只好将募集的资金分割存在 79 个银行账户上。许多银行还蜂拥而上，纷纷要求贷款给公司。太太药业融资先难后易的状况，很多家族企业都遇到过，反映出目前银行业普遍存在的一种倾向，即不愿意对初创期中小家族企业给予信贷支持，而是热衷于追捧那些已经形成一定规模与气候的大企业。与银行信贷市场类似，家族企业在股票市场、债券市场的融资活动都存在着类似的规模限制或歧视现象。①

笔者认为，所有制歧视与规模歧视都是家族企业外部融资环境中的客观存在，但两者在不同时期对家族企业融资行为的影响力并不相同。经济转轨初期，国有金融机构与国有企业之间基于先天制度匹配的关系极为密切，对家族企业的制度性歧视普遍存在且十分严重。随着改革的深入，特别是私营经济的合法地位在国家法律层面得以逐步确认和定位，私营经济对推动国民经济增长、支撑社会稳定的作用日趋重要，家族企业被正式制度认可和接纳的程度日益增强。同时，国有商业银行逐步面临加入世贸组织后的挑战和自身在市场竞争中的生存压力，因所有制因素所导致的对家族企业惜贷、慎贷甚至是拒贷的行为，正在逐步转向积极寻找那些发展前景良好的家族企业作为优质的贷款客户。总体上，对家族企业的宏观融资政策至少从制度表象上得到很大改善。尽管实际中正规金融机构的转变度和执行度有限，且仍存在制度提升的空间，但体制因素对家族企业融资行为的影响已有所降低。在制度变迁与市场化推进的过程中，家族企业普遍存在的资产规模小和抵押不足，以及财务经营信息难以或不愿披露所产生的信息不对称等问题，已逐渐成为制约家族企业融资行为与活动空间的主要障碍。

---

① 例如，我国《公司法》第 161 条规定，发行债券的公司"净资产额不低于人民币三千万元"，"累计债券总额不超过公司净资产的百分之四十"。这虽能在一定程度上消除债券市场风险，却也紧紧关闭了包括家族企业在内的中小企业通过发行债券进行债务融资的大门。

家族企业融资行为机理与特性

第二节 信贷市场与家族企业融资——信息不对称的分析视角

一、信息不对称与家族企业信贷配给

信息是市场经济运行的基础，它在交易主体间的分布状况及扩散程度将直接影响交易的规模和活跃程度。基于内生基因结构及企业规模等原因，家族企业的信息整体上属于低规范度和低分散度，① 除了许多"硬信息"常常会出于逃避税收或应付银行的考虑而趋向模糊和虚假之外，还有很多难以量化和传递的"软信息"，如企业主的人品素质、个人能力、风险偏好、家族整体实力等，这些软信息隐含着家族企业的个体能力和社会关系网络因素，是企业、企业所有者和地方社团在多维度的密切联系中逐步积累起来的，具有强烈的人格化特征，只能被有限范围内的家人、亲戚朋友、同学以及左邻右舍等熟人所掌握和了解。对于陌生人而言，这种人格化的信息是不可观测的，或者要付出高昂的成本才能被观测到。[214] 家族企业信息的封闭性和低规范性，直接影响了相关信息的进一步扩散，只会形成具有低分散度的局部信息，即散布在特定时间和地点的信息。制度型融资需要企业提供法律法规和政策规定的各种"硬信息"，在企业经营和市场交易及规制行为均不规范的环境中，家族企业披露信息的风险度很大，因而影响了向正式金融机构融资的意愿和能力。[79] 很多家族企业因为不愿意提供必需的财务信息而放弃贷款申请，或者提供的信息不能满足银行的要求使得贷款申请被拒绝。

根据白世春（2003）的实证研究，[242] 信息不透明的民营企业，其融资来源也极不透明，但这类企业很少获得银行贷款，其从银行获得的贷款额不到全部融资额的4%；而信息半透明或透明的民营企业，从银行获得的贷款额占总贷款额的百分比分别为78%和85%（见表4.2），差异明显。

---

① 规范度和分散度是信息的主要特征，前者体现了信息的明确和具体程度，后者是指能够促成交易达成的相关信息为社会公众掌握的程度。

第四章 家族企业融资行为的外部环境约束

表4.2 民营企业的信息透明度与融资结构

信息特征	样本数	内部集资	民间借贷	银行贷款	股票证券	风险投资	其他
信息不透明	56	12.36	2.84	3.91	0.00	0.00	80.89
信息半透明	75	11.30	1.66	77.87	5.17	1.16	3.02
信息透明	98	3.95	0.23	84.97	9.82	0.00	1.03

资料来源：白世春：《双向激励：消除民营企业信息不对称的政策设计》，《金融研究》2003年第12期，第31页。

在不对称信息环境下，银行采取的不同信贷决策模式会产生不同的信贷行为结果，也决定了家族企业受到惜贷的程度。在白世春的调查中，银行认为企业存在的主要问题有四个方面：项目风险披露不充分、财务信息不透明、管理水平低和信用等级差，大约各占1/4（见表4.3）。

表4.3 银行认为企业存在的主要问题

调查年份	调查银行数	项目风险披露不充分	财务信息不透明	管理水平低	信用等级差	其他
2002	74	21.9	23.4	22.4	22.4	10.3
2003	48	26.8	25.8	24.4	21.1	1.5
两次调查平均	122	24.4	24.6	23.4	21.8	5.8

资料来源：白世春：《双向激励：消除民营企业信息不对称的政策设计》，《金融研究》2003年第12期，第31页。

信息不对称可分为两类：一类是事前信息不对称；另一类是事后信息不对称。前者产生逆向选择问题，后者产生道德风险问题。在信贷市场上，相对于贷款人，借款人对其贷款投资项目的风险拥有更多的信息，从而产生了逆向选择和道德风险（Stiglitz和Weiss，1981）。由于银行等金融机构无法准确获取到贷款客户的相关信息，为控制风险只能将潜在的贷款客户分为有限的几个风险等级，对每一个等级的贷款客户给予平均的贷款利率，对于风险较高的贷款客户提高利息率。在这种情况下，低风险的贷款客户会由于贷款利率高于其预期的利率水平而退出，而高风险的贷款客户则会接受贷款条件。事实上，越是愿意承担这种高利率的客户，就越有潜在的风险，从而形成信贷市场中高风险劣质客户挤压低风险优质客户的"逆向选择"。另外，由于银行无法完全跟踪监控那些已经获得贷款的客户的资金使用效率及其风险管理决策，这就使得贷款客户有机会采取不利于银行顺利收回其贷款本息的行为，徒增信贷风险，这就是银行等金融机构所面临的道德风险问题。

由于逆向选择和道德风险的存在，增加了银行权益或预期收益损失的可能性，使得银行信贷风险上升，影响其发放贷款的意愿。现实中，银行不仅关心利率的水平，而且更加关心贷款的风险。为规避风险，银行势必给企业设置各种标准和限制有选择性地发放贷款，或者需要第三方提供有效的制度，以识别"好"企业和约束"坏"企业的道德风险行为。这样就出现了"惜贷"、"慎贷"现象，形成对企业的信贷配给（Credit Rationing）。① Stiglitz 和 Weiss（1981）证明，[70] 即使不存在政府干预的情况下，由于借款人存在的逆向选择和道德风险行为，信贷配给可以作为一种均衡状态存在。假设银行是风险中性的，它的预期收益函数为：[243]

$$E = (1+r)B \int_0^p pg(p)dp + \dot{R}^f \int_0^p (1-p)g(p)dp$$

其中，r 为贷款利率，B 为贷款额，p 为贷款项目成功的概率，g(p) 为 p 的密度函数，R^f 为项目失败时的价值。

银行贷款的预期收益主要取决于利率和项目风险，它并不总是随着利率的上升而增加（即预期收益与利率并非严格正相关）。当利率高到一定程度时，将使那些风险中性的潜在借款者或者风险度较低的项目退出市场，只剩下那些高风险偏好的借款者或风险较大的项目，使得利率提高所产生的逆向选择风险上升，银行的预期收益下降。在此条件下，银行通常会放弃利用利率手段来满足超额需求，宁愿选择在相对较低的利率水平上拒绝一部分贷款要求，以控制潜在的信贷风险。

信贷配给体现于图 4.2 中，纵坐标 r 表示利率，横坐标 Q 表示资金需求供给量，银行的预期收益曲线即贷款供给曲线 S 是一条向后弯折的曲线，D 为贷款需求曲线。在贷款供给曲线与信贷需求曲线相交的条件下，均衡利率（供给等于需求）水平 r_m 能够实现信贷市场的竞争性均衡，此时不会有信贷配给。但现实中的利率水平取决于银行预期收益最大化的配给利率，因此银行不会在 r_m 利率水平上经营，而宁愿选择相对较低的利率水平 r^* 来降低风险（r^* 对应于银行预期收益的最大值）。由于 $Q_d > Q_s$，借贷资金缺口 $Q_d - Q_s$ 的存

---

① 信贷配给是指在所有贷款申请人中，只有一部分人得到贷款，另一部分人被拒绝；或一个给定申请人的贷款只能部分地被满足。

在，使得银行只能实行信贷配给，即在所有的贷款申请中，只有一部分得到满足。尽管得不到贷款的申请者愿意支付更高的利率，但较高的利率会增加风险，从而降低银行的预期收益。在信息不对称导致贷款风险相应增大的情况下，为保护自身利益银行只能选择信贷配给的方式。信贷配给模型是在利率市场化的条件下发生的，而在利率被管制压低的市场环境下，[①]信贷资金缺口可能更大。在低于 r^* 的管制利率水平 r' 上，资金需求量为 Q_d'，资金供给量为 Q_s'，结果借贷资金缺口由 $Q_d - Q_s$ 扩大到 $Q_d' - Q_s'$，信贷配给现象更为严重。

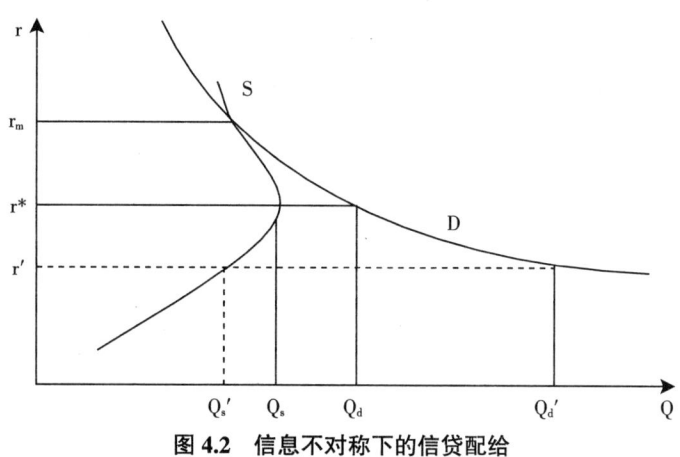

图 4.2 信息不对称下的信贷配给

以上模型分析隐含着这样一个推论：当市场上存在不同类型的借款者时，为了规避信息不对称所引致的"逆向选择"和"道德风险"，银行会在一个低于竞争性均衡利率但能使银行预期收益最大化的利率水平上对贷款申请者实行定量配给；有些类型的申请人即便愿意出更高的价格也无法取得贷款，因为出高价者可能选择高风险项目而降低银行的平均资产质量。银行通常以信贷配给方式，对贷款需求者有选择地授予一定的信用或抵押品条件，拒绝不能满足信息条件要求的借款者的申请。或是拒绝发放任何数额的贷款，哪怕企业愿意支付较高的利率；或是愿意发放贷款，但数额低于企业的要求。相比一般企业，家族企业内生固有的信息特征存在着模糊性和隐蔽性，资产规

---

① 比如，我国没有完全放开利率市场所导致的利率被人为压低的情况。

模的制约使抵押担保品也较为有限。因此，信息不对称及其潜在的逆向选择和道德风险问题，使得银行更倾向于对家族企业实行信贷配给，从而减少了信贷市场对家族企业的资金供给，加大了其债务融资的难度。

二、家族企业融资的信息传递博弈分析

家族企业与银行等金融机构之间的信息不对称，造成资金借贷关系中信贷配给现象的普遍存在。借贷或金融活动的目的是借贷双方力图通过资金的借贷活动，实现资源的最优利用，最终为自己积累更多的财富。为达到这个目的，使融资活动顺利进行，投融资双方必须进行充分的信息交流。提供有效的财务经营状况、投资项目及经营者素质等企业信息，这是家族企业为获取资金不得不付出的代价。家族企业与银行机构之间信息传递的过程体现为一个动态博弈的过程，可以通过融资信号传递博弈模型加以分析。

1. 模型假设

假定有两个时期 T_1 和 T_2，信贷市场中存在家族企业和银行两类交易主体，他们都是理性的，在给定情况下做出的决策是使自身期望收益最大化。银行和家族企业之间是非合作博弈，不存在任何形式的共谋、串通等行为。不存在政府行政干预，银行有自主权和独立性。

将企业主和经营管理层的素质、品德、经营才能，以及企业管理水平、机构效率、产品开发能力、凝聚力等影响企业未来收益和投资项目成功概率的因素，总称为家族企业质量，并假定家族企业质量、企业未来收益、投资项目成功概率等是家族企业的私人信息。

家族企业投资项目所需的资金为假定每个投资项目所需的资金为 w 个单位，家族企业自有资金为 k，只有一个银行机构，因此需要向该银行借入 w-k 单位的资金。

家族企业未来的收益 v 服从 $[0, \theta]$ 上的均匀分布，其中 θ 为家族企业的类型，高质量的家族企业价值大，低质量的家族企业价值小。企业主知道 θ 的确切值及家族企业的真实价值；银行不知道 θ，但知道家族企业属于 θ 的先验概率 $p(\theta)$。

家族企业根据自身类型向银行传递信号 x，信号包括企业投资项目的可行性报告、企业质量以及企业的盈利预测等，银行从信号中推断出家族企业

的预期盈利水平。若银行为知情者,则其推断出家族企业的预期盈利水平为 βθ(x);若银行为未知情者,则其推断出家族企业的预期盈利水平为 θ(x)/2。其中,x 为家族企业发出的信号,θ(x) 为未知情的银行依据家族企业的信号 x 推断出的家族企业最大预期盈利水平,β>0。[①]

银行不知道家族企业的类型 θ,只知道家族企业属于 θ 的概率分布 p(θ),则家族企业发出信号 x 时,银行根据家族企业发出的信号 x 推断出企业的预期盈利水平为:$\bar{v}(x) = \theta(x)/2$。在理性预期的条件下,达到均衡时,银行对家族企业盈利水平的预期等于企业真实的未来收益。

对于家族企业而言,其传递信号并获取银行信贷资金的最终目标,是最大化 T_1 时企业的盈利和 T_2 时的预期盈利水平的加权平均,即:

$$u(x, \bar{v}(x), \theta) = (1-\omega) \cdot \bar{v}_0(x) + \omega(\theta \cdot p_s(\theta) - L_1 \cdot p_1(\theta) - L_2 \cdot p_2(\theta))$$

式中:$\bar{v}_0(x)$ 是家族企业发出信号 x 时,企业在 T_1 时期的盈利;ω 是 T_2 时期企业预期盈利的权重,0≤ω≤1;p_s 为企业在寿命期内成功的概率;p_1 = x/θ≤1,为企业在寿命期内失败的概率;p_2 为企业在寿命期内经营一般的概率,即不赔不赚;L_1 是企业在寿命期内完全失败时遭受的损失;L_2 是企业经营一般时企业的净盈利或净损失,由于不赔不赚,$L_2 = 0$。

2. 信号传递的博弈过程

在非对称信息条件下,银行不能直接观察到家族企业的类型,因而对家族企业盈利水平的判断只能通过企业的信号 x 加以评估,进而确定相应的信贷方案。信贷融资合约的谈判与签订过程,可以抽象为家族企业与银行之间信息传递博弈的过程。

首先,家族企业为获取信贷资金,在意识到自己的类型 θ 后,选择向银行发出信号 x,包括企业质量、项目可行性报告和投资项目的预期盈利水平等企业私有信息,以及希望的信贷利率、抵押担保、借款期限等。企业各类型信息经过加权并得以有效传递需要付出一定的风险代价,因此,信息传递的意愿和充分度,与家族企业对获取信贷资金的渴望程度密切相关。

其次,银行在观察到家族企业发出的信号 x 后,对满足条件的信息特征及其潜在收益与风险进行评估,规避信息不对称所引致的信贷风险。使用贝

[①] 一般而言,高质量的企业,β>0.5;中等质量的企业,β=0.5;低质量的企业,β<0.5。参见 Ross. The determination of financial structure: the incentive signaling approach. Bell Journal of Economics, 1977 (8): 23-40。

叶斯法则对其先验概率 $p(\theta)$ 进行修正，得出后验概率 $\tilde{p}(\theta_i / x_i)$，并据此判断评定家族企业的质量及预期盈利水平。对信号反应的最终目的是最大化银行自身的效用函数，进而选择相应的信贷合约方案，或拒绝不能满足信息条件要求的家族企业信贷申请。

最后，家族企业知道银行对其发出信号的反应，因而发出信号 x 的最优值 x^*。在努力提升贷款的可得性的同时，尽可能地降低内部私有信息传递可能给企业带来的经营风险，使家族企业的效用函数最大，即通过求 maxu $(x, \bar{v}(x), \theta)$ 得出 x 的最优值 x^*。

3. 信号传递博弈的均衡分析

满足家族企业与银行双方各自收益要求的、复杂的且有交互影响的信贷合约的谈判，最终体现为通过信号传递博弈达成均衡的行为。信号传递博弈有三种类型的均衡：分离均衡、混同均衡和准分离均衡（张维迎，2000）。分离均衡是指家族企业传递的信号能反映出它的真实类型，能够给银行的判断提供充分的信息和依据，是银行所期望的均衡状态。此处仅讨论分离均衡的情况。

根据信号传递博弈的顺序，当家族企业选择信号 x 时，就预测到银行将以此估计家族企业的盈利 $\bar{v}(x)$，即银行认为家族企业属于类型 θ 的期望是 $\theta(x)$。考虑分离均衡：

$$u(x, \bar{v}(x), \theta) = (1-\omega) \cdot \bar{v}_0(x) + \omega(\theta \cdot p_s(\theta) - L_1 \cdot p_1(\theta) - L_2 \cdot p_2(\theta))$$
$$= (1-\omega) \cdot \bar{v}(x) + \omega(\theta p_s(\theta) - L_1 X / \theta)$$

有：

$$\frac{\partial^2 u(x, \bar{v}(x), \theta)}{\partial x \partial \theta} = \frac{\partial u(\bar{v}'(x) - \omega\bar{v}'(x) - \omega L_1(x)/\theta)}{\partial \theta} = \frac{\omega \cdot L_1}{\theta} > 0 \quad (1)$$

可以看出，收益水平 θ 越高的家族企业，其失败的可能性越小。

将 $\bar{v}(x) = \theta(x)/2$ 代入式（1），有：

$$u(x, \bar{v}(x), \theta) = (1-\omega) \cdot \frac{\theta(x)}{2} + \omega(\theta \cdot p_s(\theta) - L_1 \cdot x/\theta) \quad (2)$$

对式（2）求导得：

$$\frac{\partial u}{\partial x} = (1-\omega)\frac{\theta'(x)}{2} - \frac{\omega \cdot L_1}{\theta} = 0 \quad (3)$$

达到均衡时，银行能从家族企业发出的信号 x 正确推断出 θ，即如果 $x(\theta)$ 是属于类型 θ 的家族企业的最好选择，则 $\theta(x(\theta)) = 0$，所以：

$$\frac{\partial \theta}{\partial x} = \left(\frac{\partial x}{\partial \theta}\right)^{-1}$$

将其代入式（3）得：

$$2\omega \frac{\partial x}{\partial \theta} L_1 - (1-\omega)\theta = 0 \qquad (4)$$

求解式（4）得：

$$x(\theta) = \left(\frac{1-\omega}{4\omega L_1}\right) \cdot \theta^2 + C \qquad (5)$$

这就是家族企业的均衡战略。

将 $\bar{v}(x) = \theta(x)/2$ 代入式（5），可以得到家族企业的收益为：

$$\bar{v}(x) = \left((x-C) \cdot \frac{\omega L_1}{1-\omega}\right)^{\frac{1}{2}} \qquad (6)$$

式（6）为家族企业盈利水平的表达式，表明业绩好的家族企业质量高、价值大。尽管银行不能直接观察到家族企业的预期盈利水平，但他们通过观测家族企业发出的信号 x 来判断企业的盈利水平，从而对其贷款申请做出正确的判断与反应。有效、准确的信息传递，以及"信息甄别"收益与成本的考量，就成为家族企业能否获取银行信贷资金的关键。

影响信息显性程度及有效传递的因素，来自于信息所有者自身与信息接收者的制度安排。对家族企业而言，信息的传递与披露蕴涵着相当大的风险，由此影响着其向银行等金融机构融资的意愿和能力。但不愿意提供必需的财务信息势必等于放弃贷款渠道，或者提供的信息不能满足银行的要求而使得贷款申请被拒绝。家族企业要想在信贷市场上顺利融资，就必须设法在尽可能降低私有信息传递可能给家族企业带来的经营风险的基础上，提供有关的企业信息，特别是企业主个人的品行能力与企业经营能力等方面的信息，使得银行能够利用风险评估模型对这些信息进行较为准确的判断处理，以规避可能发生的信贷风险，在众多企业中筛选出"好的借款者"。显然，信息的传递以及信贷融资合约的谈判，受到双方各自的目标动机、谈判能力、理性选择和效用函数等因素的影响，是通过动态博弈达成的均衡。

三、家族企业的关系融资

以上分析表明,借款人的信息传递状况成为影响银行贷款选择的主要因素。银行与家族企业的融资约束,在很大程度上受制于二者之间的信息不对称以及由此引起的逆向选择和道德风险问题。具体而言,它主要取决于两个方面:一是家族企业向资金供给者显示有效信息的能力,即企业内部隐藏信息和行为的透明度;二是银行的信息筛选能力。因此,改善因信息不对称所导致的家族企业的信贷约束与融资困境,最直接的方法就是提供信息,即由拥有较多信息的家族企业一方向拥有较少信息的银行一方传递可信的信号。甚至可以认为信息与抵押品是可以相互替代的 (Holmstrom 和 Tirole, 1997)。家族企业作为借款者,实际上是通过不完全信息的动态传递博弈过程,形成信息不对称程度的缓解,取得贷款者的信任,最终达到获得贷款资金的目的。对银行等贷款者而言,通过对不同借款者信息的收集与判断,采用特定方法来筛选出"好的借款者"。然而,贷款者对借款者筛选机制的实际应用,具有动机和实施两个必不可少的组成要件。在中国,国有银行对银行体系的垄断程度较高,更愿意把资金贷给大型企业或国有企业,这除了规模效应和所有制因素外,也是因为这些企业所发出信息的准确度、透明度相对较高,银行甄别这类企业信息所花费的成本较低。与之相比,规模与信用均较为有限的家族企业贷款的筛选问题,首先并不是国有银行有没有适当的筛选机制,而是有没有足够的筛选动机,原因是主动甄别这类企业的信息所花费的成本不一定能从给企业贷款的利息中获得弥补。相对来讲,各类地方性中小金融机构与家族企业较为贴近,更多是利润导向并且对家族企业的歧视政策较少,在减少信息传递成本从而获得企业信息上存在相对优势,具有对"好的家族企业借款者"更浓厚的筛选动机并愿意提供相应的融资支持。

由此来看,解决家族企业信息不对称问题更为积极的办法,就是发展家族企业与金融机构特别是中小金融机构之间非标准化的密切关系,提升信息传递的有效性,而达成融资交易的准市场行为,即通过关系融资 (relationship financing) 获得对信贷配额的突破,提高贷款的可获得性。Berger 和 Udell (2002) 将企业贷款技术方法归为四类:[246]财务报表型、资产抵押型、资信评估型与关系型,前三种通常认为是属于交易驱动型 (transaction—driven) 贷款,是银行在企业的经审计财务报告和可置信资信评估等"硬"信息分析基础上做出的；而关系型借贷是基于银企间长期信任合作关系所产生的"软信息"做出的。一般来说，金融机构的规模与其获取和处理软信息的程度负相关。规模庞大而且结构复杂的银行很难在其内部组织间收集并传递软信息，而这些软信息对于评价不透明企业的品质常常是很重要的。相反，硬信息更易于在复杂的层级中进行传递（Stein，1999）。因此大银行更适合市场交易型融资模式，不倾向于提供关系型贷款（Berger 和 Udell，1998）；而小规模银行具有从事关系型贷款的比较优势，原因在于它们与不透明企业在信息联系上是紧密的（Hauswald 和 Marquez，2006）。具有地方性特征的中小金融机构，往往不拘泥于一些客观的"硬"信息标准（企业的财务状况、抵押比率、信用级别等），而是充分利用人缘、地缘关系以及地方的信息存量，以有效的节约信息成本的手段，通过长期多种渠道的接触，积累与家族企业及企业主的大量私有"软"信息，包括企业主个人信誉和财产状况、社会关系、经营管理层素质、企业发展前景乃至企业所在地的人文、政治和经济环境等。根据这些"软"信息的积累，度量家族企业的信用能力，识别经营风险和违约风险，降低可抵押担保品要求，筛选家族企业并提供资金支持。借贷双方在具有相对稳定的长期交易关系和有效的跨期贷款定价与交叉补贴机制激励下，凭借嵌入于一定社会关系网络的"软信息驱动"、"关系型驱动"的银企间关系声誉机制和集体惩罚机制的约束作用，提供非外在约束的承诺，进而产生了具有隐性契约特征的关系型融资合约（Sharpe，1990）。[247]

关系型借贷是当前改善家族企业贷款的可得性和贷款条件的有效途径。家族企业由于规模限制与可担保抵押品限制，在使用经审计的财务报告和可置信资信评估报告方面面临高成本约束，因而在交易型贷款使用方面与大企业相比存在明显劣势。但其在使用关系型借贷方面，特别是与地方性专业型中小金融机构的合作具有独特"天然"优势。家族企业所有权的传承性和长期性使得中小金融机构能够与同一个治理主体打交道，有助于双方建立起长期的、个人的和信息更为完备的合作关系，增加贷款的可得性（Anderson 和 Reeb，2003）。我国家族企业与中小金融机构成长于同一市场环境之中，在生存能力、体制安排、产权设置、营运机制、发展轨迹等方面具有许多相似之处，二者有着天然的合作倾向，能够建立起稳定的合作关系，更容易通过长期多次的交易，从重复博弈中产生合作解。

第三节 非正规金融与家族企业融资

尽管我国家族企业面临着严重的融资约束，但家族企业的迅速崛起与发展这一不争的事实表明，家族企业存在着某种克服自身融资困境的替代或补充机制。笔者认为，在家族企业的内源融资及正规金融的融资渠道之外，游离于官方监管和主流金融学研究视野之外的非正规金融（informal finance）①也是由来已久、长期存在的重要金融现象和金融力量。正是基于对正规金融支持不足以及扭曲的金融制度的一种理性回应，非正规金融的萌生、发展及其某种替代效应，在一定程度上修正了宏观金融资源配置与实体经济结构的不均衡特性，弥补了所有制偏见与规模歧视下的正规金融资源供给缺口，支持了家族企业的融资需求与成长发展。

一、非正规金融的形态特征

关于非正规金融，国内外较为普遍的是从金融法制与金融监管的角度对其进行界定。世界银行（1997）提出，非正规金融可以被定义为那些未被中央银行监管当局所控制的金融活动。[248]亚洲发展银行（ADB，1990）认为非正规金融是不受政府对于资本金、储备和流动性、存贷利率限制、强制性信贷目标以及审计报告等要求约束的金融部门。[249] Schreiner（2001）将非正规金融定义为没有法律体系来保障实施的现金回报合同或契约。[250] Anders（2002）认为非正规金融是在官方的监管和控制之外的经济部门的金融活动。[251] 郭沛（2003）认为，非正规金融是指非法定的金融机构（即非正规金融部门）所提供的间接融资以及个人之间或个人与企业主之间的直接融资，其活动通常未经一国政府批准或未被纳入金融监管进行规制。[252] 任森春

---

① 本书所主要使用的"非正规金融"在国内一些文献中也被称为"民间金融"，为尊重这些根深蒂固的学术传统，本书对两者并没有作严格区分，有时也引用"民间金融"一词，许多情况下近似地把它们视为同一概念。实际上，"民间金融"一词是在中国特殊的历史背景下产生并被沿用下来的。在国外的研究文献中，与正规金融相对称的金融活动均使用了"Informal Finance"一词，可译为"非正规金融"或"非正式金融"，而并无"民间金融"一说。

(2004)将非正规金融表述为不受国家法律法规保护和规范、处在金融当局监管之外的各种金融机构、金融市场、企业、居民等所从事的各种金融活动。[253] 综上所述，非正规金融可以归结为金融体系中没有受到国家信用控制与法律规范、处在政府金融当局监管之外的各种金融机构及其金融交易活动。

从形态上看，非正规金融所容纳的金融活动具有多样性，总体上表现为民间自发形成的、民间资本主导参与的各种投融资活动，主要包括：

（1）民间借贷。民间借贷即民间个人之间、个人与经济组织之间以货币形态（也有少量的实物形态）授受信用的行为，属于一种直接的无组织的民间借贷活动，是非正规金融形态中历史最为悠久、最为常见的一种金融行为，其特点是灵活、方便、分散、隐蔽，利率高低差别较大。按照利率的高低不同，又可分为三种形式：白色借贷或友情借贷，一般是亲戚朋友之间出于帮忙提供的无息借款或非营利性的低息借款（很多家族企业初始资本的主要来源即为此种形式）；灰色借贷就是中等利率贷款；而黑色借贷俗称高利贷，利率远远高于一般水平。由于存在着广泛的资金需求及放贷回报，民间借贷在我国广泛存在着，即使在计划经济体制下也未曾中断。

（2）民间集资。民间集资一般是指除国家信用、银行信用、商业信用和消费信用外，社会上的各种经济实体和个人通过一定的形式和方法，筹集社会上各种形态的资金用于生产、经营和消费活动的总称，其特点是资金总额大、利率高、期限长。从集资对象看，既存在向特定的企业内部职工的有偿集资，也存在向社会不特定对象的有偿集资活动。从集资方式来看，包括股权式、债权式、信托式、存款式以及以经营项目为依托发行的所谓"受益凭证"等多种类型。作为一种集中社会闲散资金的筹资方式，我国民间集资盛行于20世纪80年代，在相当程度上满足了当时非公有制经济起步阶段对资金的需求，为家族企业的崛起和发展发挥了重要作用。但由于风险较大，民间集资一般都受到国家的抑制，涉及非法集资的则一律被取缔与打击。

（3）合会。合会是各种金融会的通称，是一种基于地缘、人缘、血缘关系的带有互动与合作性质的自发性群众融资组织。国内有"标会"、"轮会"、"摇会"、"呈会"、"抬会"等多种叫法，在国外则称之为"轮转基金"、"储金会"等。尽管合会的种类和名称繁多，形式五花八门，但本质上都是入会成员之间一种轮番提供有息借贷的共同储蓄活动，属于一种集储蓄和信贷于一体的古老的互助性融资形式。合会成员需定期交纳一定份额的资金（或劳动、各种生产性和生活用的实物等），以会聚成一笔资金，然后将该款项的部分或全部轮流交由某一成员使用。在我国，融资数额较大的合会多分布在经济较为发达的东南沿海地区，尤以浙江、福建、广东为多。以这些地区高速发展的私营经济为背景，合会的规模逐渐扩大，形式也趋于多样化，而且趋利性也越来越明显，局部金融风潮时有发生，被国家列入非法金融组织而受到打击。

（4）银背或钱中。银背或钱中作为借贷款的经纪人，通过促成借贷双方完成借贷而赚取经纪费用，是一种不挂牌经营的、以营利为目的的非正规金融中介。他们不以自有资金进行放款，而是利用自己在信息和信用上的优势在借款人和贷款人之间进行撮合，使资金借贷得以完成，发挥着联结资金供求的纽带作用，主要有两种形式：一种是资金供需双方直接见面，商定融资金额、期限、利率等，银背则作为见证人，收取一定的佣金；另一种是资金供需双方不见面，银背起到类似银行的作用，一边吸收资金一边贷出资金，利用转贷的时间差、利率差从中牟利。

（5）私人钱庄。私人钱庄主要是指那些没有经过政府审批所设立且不受政府相关管制约束的经营存贷款等业务的金融机构，专门从事吸纳存款、发放贷款、结算和外汇交易。作为一种古老的民间金融组织，钱庄曾是旧中国金融领域的霸主，以后逐渐衰落。改革开放后大量私营企业和个体工商户旺盛的资金需求，催生了早已销声匿迹的钱庄重新出现，后因受到国家的取缔和打击，私人钱庄逐渐地下化。尽管在地下活动的私人钱庄数量不多，活动范围有限，但融资规模很可观。其经营资金来源既包括城乡居民的剩余闲散资金，也包括部分中小企业的短暂富余资金以及个别信托存款等，存贷款利率大大高于商业银行。钱庄经营机制灵活，能针对借款人的需要创造各种服务形式，如24小时营业、服务上门、按小时计息等。在信用风险的控制方面，私人钱庄一般以本乡本土为基础放款，便于了解和监督借款人的情况，从而降低信息成本和监督成本。在放款时多以亲戚朋友做中间介绍人，以族群关系加强道德约束，降低违约率。

（6）农村合作基金会。农村合作基金会是主要依赖于农户资金注入的社区性金融系统的补充形式，兴起于20世纪80年代中期，随后在全国迅速呈现星火燎原之势，对组织和调剂农村闲散资金、缓解农村资金供求矛盾，发挥了一定的积极作用。但由于普遍存在的高息吸存、内部管理混乱、基层政府行政干预及缺乏必要的金融监管等原因，农村基金会很快出现了大面积的兑付风险，并在局部地区酿成了危及农村社会及政治稳定的事件，被国务院

第四章 家族企业融资行为的外部环境约束

于1999年发布文件全国统一取缔。目前个别地区依然存在极少量的合作基金会组织,只是经营方式已由以前的公开转为地下,实际上已和地下钱庄没有多大区别。

(7)私募基金。在我国,私募基金是一种非公开的、向少数特定人群募集资金进行投资的金融活动形式,实质上是处于政府监管之外的委托理财业务的民间形式。很多国家私募基金已经取得合法的地位,投资对象包括了股票、债券、期货、期权、认股权证、外汇、黄金白银、房地产、信息软件产业以及企业风险创业投资等一切有投资机会的领域。我国的私募基金是伴随股票市场和期货市场发展而逐步发展起来的,因而其主要的投资对象是证券、期货及股权投资等。由于私募基金是非公开募集的,所以实际规模到底有多大,很难进行准确的估算。但私募基金作为民间金融活动中一种重要的直接融资方式,其规模是相当可观的。

(8)典当行。典当经营业务实质上是短期的、小额的抵押贷款,主要以出当人将其拥有所有权的物品作为抵押,从当铺取得一定当金,并在一定期限内连本带息赎回原物的一种融资行为。典当作为一种特殊的融资方式,具有数额较小、期限较短、手续方便快捷、放款迅速、费率或贷款收益较高等特点。典当业是我国乃至世界历史上最为古老的非银行性金融行业,目前国家也赋予了典当业合法的地位,在非正规金融活动中扮演着重要角色。

(9)贸易信贷或商业信用。贸易信贷是由于企业无法提供足够的担保品而不能由正规金融机构获得贷款,因而只能通过向其他有业务关联的企业贷款以保证生产的正常进行。这种借贷形式往往将贷款条件与资金供需双方所从事的商业活动连接起来,利用这两个层面上交易双方信息对称性较高的特点来降低风险,借贷对象主要是业务往来密切、相互比较信任的客户,具有单笔借款金额大,期限短,利率相对较低等特点,属于一种比较活跃的非正规金融形式。

(10)小额贷款公司。作为我国新兴的商业性贷款组织,小额贷款公司是在国家将一些地下民间借贷中介推向前台、给予其合法身份的背景下产生的。反映了监管当局对于民间借贷中介的态度已经有了一定的转变,从早期的严厉抑制到后来的限制发展,再转变为目前的支持鼓励有条件的民间借贷中介获得合法地位,有序合规地发展。小额贷款公司作为专业化的贷款组织,其组织化、专业化程度在非正规金融中相对较高,但目前的政策规定其"只贷不存",以限制其风险。

尽管非正规金融形态多样,但它们都显现出一些共有的特征:①参与主体与资金来源的私人性。从法律关系的主体看,非正规金融主要发生在自然人与自然人之间、自然人与非金融企业之间、非金融企业与非金融企业之间。从所有者来看,非正规金融组织大多是由民间组织或个人出资设立的私人机构,其资金的需求者基本上是从正规金融体系中难以得到资金融通的经济行为人(如缺乏合格抵押品的家族企业),资金的供给者也多是民间资本出资组建的私营企业和手中持有闲散资金的自然人。②融资活动的非监管性。由于非正规金融的市场主体大都是在正规金融体系内无法得到有效资金支持的群体,因而其只能在正规金融体系之外寻求金融支持。也正因如此,非正规金融游离于金融监管当局的监管范围之外,不进入官方的统计报表,也未纳入到金融监管当局的日常管理系统,即没有与之对应的成熟的金融监管制度,这也使得非正规金融的契约关系呈现出非规范化的特征。③以个人信用为基础。非正规金融基于一定的地缘、血缘、业缘关系而进行的交易活动,建立在对对方信息充分掌握的基础之上,交易对象是不被正规金融所认可的非标准化合同性的金融工具,其经济行为在一定程度上已经人格化,是以个人信用为基础的金融交易活动。这决定了非正规金融更多的是一种"横向信用",根植于社会成员的自律,依赖社会成员之间的相互约束。这与更多地体现一种纵向信用关系的正规金融有着较大区别。正规金融所占有金融资源的多少很大程度上取决于其社会政治地位和经济地位的高低,国家的信誉对于维持这种纵向的社会信用关系至关重要。④风险管理的自发性和自主性。在不具备外部审计和相应外部风险分担机制的环境下,非正规金融风险管理的自主性体现于信息不对称的解决机制上,它在一个狭小的特定人际关系圈来进行信贷交易,通过对借款人的资信情况、还款能力、道德品格以及对其有约束效用的社会关系的深入掌握,来解决信息不对称问题。然而自主性必然伴随自发性,由于缺乏正规法律渠道对债权人的保护,非正规金融一旦发生纠纷,债权人就倾向于通过自发性的手段(如暴力)来解决。

二、非正规金融——诱致性制度变迁的产物

尽管非正规金融活动历史悠久,形式多样,分布广泛(Timberg 和 Aiyar,1984),但其长期以来一直处于经济学家的视野之外。非正规金融市场之所以

被重新"发现"并引起普遍的关注,[①] 部分原因可能在于人们对正规金融市场的失望,也可能是因为非正规金融在受到政府排斥过程中表现出来的强大的生命力,或者在于它在现实经济中所起到的重大作用。

作为一种自发的非正式制度安排,非正规金融的萌生与发育是需求诱致性制度变迁的结果,是"一群个人在响应由制度不均衡引致的获利机会所进行的自发性变迁"(林毅夫,2003)。在我国的经济转轨中,金融资源配置与实体经济结构极不匹配,金融制度与经济制度之间呈现一种非均衡状态,亦即金融制度的供给和需求存在显著不均衡。一方面,经济制度变迁过程中私营经济迅速崛起,形成了多元化的金融服务需求;另一方面,强制性金融制度变迁中正规金融资源控制权的国有垄断格局的维持,以及金融资源分配中严重的所有制偏见,导致对私营经济金融服务供给的不足。金融供求结构的失衡,意味着现存制度下存在着巨大的难以开发的潜在利益空间,必然引致制度变迁需求。因为制度变迁势必在某种程度上弥补制度供给不足,满足对金融服务的需求,因而孕育着丰厚的制度变迁收益。利益机制促使民间经济组织和民间资本基于自身的利益目标,为响应制度不均衡引致的获利机会而自发进行金融制度创新,其结果自然是非正规金融制度应运而生。可见,非正规金融作为一种诱致性制度变迁的兴起与发展,是在宏观金融制度扭曲以及正规金融体制存在的资源配置功能性缺陷难以有实质性变革的情形下,国民经济市场深化所引致的结果。江曙霞(2001)认为,[255] 我国的地下金融产生于经济体制转轨时期,是为克服相对滞后的金融体制改革的缺陷而由民间自发创造的旨在改变原有资金流动格局,以促进私人部门发展的一项制度供给。它与新制度的供给不足是直接相联系的,其产生从需求上看是由我国金融制度安排的缺陷造成的。一方面是正规金融制度安排的缺位,正规金融多对公有经济投入金融支持,非公有制经济部门对金融资源的渴求,便内生出与正规金融平行的非正规金融制度安排,另一方面是市场获利机会诱致下的产物,是民间自发创造的、满足非公有制经济部门资金需求的一项制度安排。张杰(2000)基于金融制度结构的变迁,认为民营经济金融困境的解除不能依赖于现有的国有金融框架,而要寻求以内生性为特征的金融制度创新,非正规金融恰恰具有对民营经济的内生性支持的特点。[95]

[①] 对非正规金融的普遍关注大约始于20世纪80年代末和90年代初。

家族企业融资行为机理与特性

家族企业利用传统资源的再生与再造，实际是最近十数年间遍及中国乡土社会生活各个方面的一种普遍现象。家族组织的恢复和在经济上的应用，使得经济活动试图突破正式制度的禁限，传统资源的再造过程更加复杂。家族企业参与和推动下的非正规金融作为一种诱致性的民间创新，是传统的中国乡土社会经济模式的某种延伸、变形和改造，是家族企业和社会网络成员通过已有的知识和经验在既定历史条件下所作的选择。事实上，非正规金融非常繁荣的江浙粤等省份也正是家族企业非常发达的区域。其中，以家族企业起步早、发展快、密度高而闻名的浙江温州，就是非正规金融制度的诱致性变迁的缩影。从需求方面看，20世纪80年代初期，温州以家族企业为主体的个体私营企业的利润率非常高，资金需求旺盛；从供给方面看，由于信息、体制、交易程序等种种原因使家族企业主从正规金融机构获得资金极为不易且所需付出的交易成本非常大，这种交易费用超过了体制内外资金的利率差价，使得发展民间金融有利可图。于是，民间借贷、"合会"之类的互助性民间金融组织、办理存贷款业务的挂户公司、典当行、企业社会集资、农村基金会等各种形式的非正规金融市场就应运而生。在追逐自身资本收益的同时，非正规金融部门积累了大量的原始资金并协助非国有经济部门完成了初期内部积累，实现了其跳跃式的发展（史晋川、叶敏，2001）。根据程蕾（2002）的调查，[38]温州民营企业在创建及成长过程中的融资特点是：在企业发展初期以自有资金和民间融资为主；当企业发展到一定规模后以自有资金和银行借贷为主，但非正规金融仍是其重要的外部资金来源，对非公有制经济的发展起着举足轻重的作用。

对于我国非正规金融的规模到底有多大，理论界有诸多的调查与分析。Montiel等（1994）在《发展中国家的非正规金融市场》一书中估计，中国的非正规金融占借款总量的33%~67%。Kellee Tsai（1999，2001）认为中国乡村非正规信贷约占正规信贷总量的25%，非正规金融交易参与率占总人口的20%左右。[256-257]中央财经大学课题组2004年通过对全国20个省份民间金融状况的调查，测算出2003年全国民间金融的绝对规模在7405亿~8164亿元。中国人民银行《2004年中国区域金融运行报告》显示，2004年浙江、福建、河北民间融资规模分别为550亿元、450亿元和350亿元，相当于各省贷款总量的15%~25%。据《中国民营经济发展报告（2007~2008）》披露的数据，[23]截至2008年3月底，全国民间融资余额大体相当于同期人民币贷款余额的9%。从融资形式看，各类借贷占大多数，也有一些集股、集资、私募基金等直接融资。从组织形式看，除各类自然人外，典当行、担保机构、小额贷款公司也参与其中。从地域分布看，北京、天津、上海等正规金融机构多、金融服务满意度较高的大城市，民间借贷相对不活跃，山西、浙江等民营经济发达、正规金融机构相对不足的地区民间借贷则相对活跃。

就世界范围来看，非正规金融遍及广大发展中国家以及某些发达国家，只不过发展中国家尤甚。表 4.4 列出了一些学者关于发展中国家非正规金融规模的估计，[256] 显示出非正规金融在发展中国家经济生活和金融交易中的重要作用。麦金农在其 1973 年出版的著作《经济发展中的货币和资本》中，就关注到发展中国家普遍存在的非正规金融市场并提出了二元金融结构的概念，"有组织的银行业在向欠发达国家的经济内地渗透上，在为一般的农村地区、特别是为小额借款人服务方面，是很不成功的。"在这种情况下，整个金融系统就被分割成两个部分，一方面是以银行、证券市场为代表的有组织的现代化金融市场；另一方面则是以高利贷、当铺、私人钱庄等为代表的传统的金融机构和市场，这种现代化金融市场和传统金融市场并存的金融结构就是二元金融结构。麦金农指出，发展中国家"市场不完全"的一个重要表现，是大量的小企业和住户被排斥在有组织的资金市场之外，它们如果要投资，以改革技术和提高实质资产的质与量，只能靠自身的内部融资，而且，由于技术变革和投资不是可以细分而渐进的，而是间断地以成批形式出现的，因此，业主们必须先有一个时期的内部积累，才能跳跃式地进行投资。[265] 值得注意的是，在美国等一些金融市场和金融中介机构高度发达的发达国家，即使存在较为完备的多层次的金融体系、容量巨大的金融市场以及丰富的金融产品，但还是存在着一定规模的非正规金融，① 包括合作性质的信用社、轮转储蓄和信贷协会（ROSCAs）以及为中小企业服务的"风险基金"或"中小企业投资公司"等民间中小融资机构。据统计，美国有上万家专门从事中小企业金融服务的中小企业投资公司，这些中小企业投资公司名称各异，如妇女投资公司、企业金融服务公司、社区投资公司、街道投资所等。非正规风险资本是美国中小企业外源股权资本最大的来源，几乎超过了所有其他股权资本的总和。Severens 和 Kays（1997）针对美国小额信贷组织（microcredit）

---

① 与发展中国家所不同的是，美国等发达国家的非正规金融与正规金融相比，其规模是比较小的，这实际上也反映出金融制度与经济制度之间的非均衡状态以及市场失灵的程度在不同国家的差异。

家族企业融资行为机理与特性

表 4.4　部分发展中国家非正规金融的规模

国家或地区	非正规信贷与正规信贷比（%）	参与非正规金融交易的人口（%）	数据来源
孟加拉国（农村）	63	36.5	Gemidis, et.al（1991）
玻利维亚（城市）	49.4	>33	Berthoud & Milligan（1995），Adams & Canaversi（1989）
喀麦隆	27	70	Schrieder & Cuevas in Adams（1992）
多米尼加	20		Christen in Adams（1992）
印度（农村）	39		Aidis（1981-2）-National Sample
印度尼西亚	>80		Robinson（1994）
冈比亚	2/3		Aryeetey（1984）
韩国（城市）	50		Yearbook of Agriculture & Forestry（1986）
老挝	46.5	38	Undp/Uncdf（1997）
马拉维	>100	>19	Chipeta & Mkandawire（1991）-1988
马来西亚（农村）	62		Van Neiukoop（1986）
墨西哥（农村）	50–55		Germidis, Kessler, &Meghir（1991）
尼日尔（农村）	45		Graham In Adams（1992）-1986
尼日利亚	65	85	Udry（1987-8）-Kaduma State
尼泊尔（农村）	57.1		Nepal Rashtra Bank（1982）
巴基斯坦	69	33	Prcs（1985）/Van Der Harst（1974）In Ghate
菲律宾（农村）	59	33	Social Weather Surey（1987）
斯里兰卡	45		Central Bank of Ceylon（1976）
泰国	21		Vongpradhip（1985）；Siamwalla（1989）
巴勒斯坦		38.6	Hamed（1998）-Mas 1996
赞比亚	84		Nagle（1987）in Germidis, et. al.（1991）
津巴布韦	87		Nagle（1987）in Germidis, et. al.（1991）

资料来源：Kellee S. Tsai（1999）。

的研究发现，[258] 1995 年在 47 个州共有 328 个小额信贷组织，其中 85% 都是近 10 年新成立的，这些组织总共对 171555 个客户发放了总共 1.26 亿美元小额贷款。笔者认为，在实行金融自由化、没有金融抑制政策的成熟市场经济国家，仍然存在着一定规模的非正规金融的一个重要原因，就是正规金融在信贷市场上也存在一定程度的市场失灵，即正规金融提供的部分金融服务会由于信息成本和监督成本高昂而变得无利可图而不得不采取信贷配给，而非正规金融的存在能够有效弥补这种市场失灵。

三、非正规金融的比较优势与相对劣势

作为一种制度安排,非正规金融对于转轨期我国金融制度变迁有着特殊的意义,它是体制内正规金融所提供的金融产品供给不能适应体制外产出增加所产生的金融需求而不断内生出来的,即它的产生主要是源于制度供给与制度需求之间的缺口。在正规金融组织严重缺位的情况下,游走于正规金融市场之外的非正规金融,对接了正规金融渠道对私营经济的"融资缺口",为家族企业的萌生、成长与发展提供了不可或缺的资本。在这个过程中,非正规金融显现出相对于正规金融的一些比较优势与相对劣势。

1. 非正规金融的比较优势

作为一种合约双方自愿达成交易的市场化融资机制,非正规金融在分割的金融市场上具备了许多正规金融机构所不具备的比较优势,一定程度上或者一定范围内体现出比正规金融机构更强的金融资源配置优化功能和社会资金使用效率,这也正是非正规金融能够成为家族企业重要的资本来源供给者的原因之一。

(1) 信息对称优势。非正规金融组织对家族企业融资支持的信息优势反映在信息搜寻、客户甄别以及对贷款的监督等方面。家族企业从正规金融机构贷款难的一个重要原因在于其无法有效地传递企业和投资项目价值的真实信息,信息不对称容易出现逆向选择和道德风险的问题,导致正规金融机构对家族企业采取信贷配给的政策。而非正规金融交易大多发生在具有地缘、亲缘、业缘关系等特定联系的群体之中,交易区域相对狭小,能够利用各种形式的人际关系网络来降低信息不对称问题,充分获取关于企业主及其家族的资信、个人品格、收入情况、还款能力等私人信息,以及关于家族企业发展能力、投资项目价值与潜在风险等更真实的信息,从而在小范围内获得借款人和项目信息的成本比正规金融机构低,减少了金融交易中面临的逆向选择和道德风险问题,为金融资源在小范围内的优化配置提供了一种可能性(Braverman 和 Guash,1986)。除了能够减少获得"事前"信息的成本外,非正规金融还能够利用人际关系网络来减少"事后"信息获得的成本以及执行成本,对借贷资金运用过程中可能出现的道德风险问题进行联合控制,在对借款人的监督和控制方面更有成效(Stiglitz,1974、1987),这从非正规金融机构有着比正规金融机构更低的贷款违约率就可以看出来。在巴基斯坦,非

家族企业融资行为机理与特性

正规金融的平均违约率才 2%，而正规金融部门的违约率却高达 30%（Aleem，1990）。中国人民银行广州分行课题组 2001 年底对辖区内十个地区的民间借贷活动的抽样调查结果表明，[268] 非正规信贷回收率 80% 以上的有 2 个地区，70%~90% 的有 3 个地区，60%~69% 的有 1 个地区，60% 以下的有 1 个地区，远远高于同一地区正规金融机构的贷款回收率。

（2）交易成本优势。规模与信用较为有限是家族企业普遍的现象，也决定了其融资具有需求急、频率高、规模小的特点，这就要求金融机构的运行必须是低成本的。正规金融机构在向家族企业提供贷款时，程序复杂而漫长，整个交易过程的灵活变通受到严格管制，交易成本高昂，甚至出现对中小额信贷交易所花费的成本不一定能从给企业贷款的利息中获得弥补等极端情况。相比之下，非正规金融机构本身具有小巧灵活的特点，借贷双方可以就贷款的归还期限、利率、归还的方式等进行变通，操作比较简便，合同的内容简单而实用，对参与者的素质要求也不是很高。虽然非正规金融机构的组织和运转也需要花费一定的时间和精力，但根据实际情况随时随地进行私人借贷的种种灵活性，相对正规金融机构而言时间和精力的机会成本低很多，在减少家族企业等待成本的同时，也节省了交易成本。另外，非正规金融契约的执行常常通过社区法则得以实现，从而避免了通过正规法律途径进行诉讼所需的高昂费用。明显的交易成本与机会成本优势，使得非正规金融市场对家族企业的吸引力大大增加。

（3）抵押担保优势。抵押和担保是金融机构在信息不对称的情况下降低贷款风险的重要手段。由于家族企业大多生产规模较小，普遍存在着固定资产、土地、房屋等抵押物不足，或抵押物难以变现的情况，向银行等正规金融机构申请贷款时面临着对抵押担保品的类别、数量、管理成本等严格的抵押担保条件约束。而非正规金融关于担保的要求较为灵活，而且由于借贷双方居住的地域相近并且接触较多，对于担保品的管理和处置成本相对较低，很多不被正规金融接受的担保品都可以用来担保，能够绕过正规金融机构关于担保数额、类别的限制，这与家族企业的融资需求和资产抵押状况更为吻合。另外，与正规金融不同的是，非正规金融作为一种社会关系金融，无论是无组织的自由借贷还是有组织的合会、储金会等形式，都存在一种以社会担保为基础的隐性担保机制（implicit collateral），依赖于嵌入在社会关系网络中的声誉机制和集体惩罚机制，通过提供隐性担保、关系型信任替代实物抵押、社会性约束与自律相结合的履约机制、重复交易机制（Schreiner，

2000），使家族企业在经济制裁之外还增加了人情关系、社会传统、社会文化以及家族声誉等其他制裁方式。一旦违约，将损害企业主家族及企业在整个社会关系网络里的声誉，降低其社会关系所能够带来的物质或精神收益，产生借贷利益之外的人情关系、声誉、信用等社会利益的损失。这种监督和控制约束机制，使得非正规金融市场不至于因为过高的道德风险而崩溃。①

（4）所有制关系及家族文化的嵌合优势。在一定程度上，很多非正规金融机构的产权关系、体制安排、营运机制、发展轨迹等方面与家族企业相似，并且在生产力水平上处于同一经济层面，与家族企业的所有制关系更为兼容对应。另外，一些非正规金融活动和形式对特定的家族企业文化具有嵌入性，这使得它们在某些社会层面及家族关系网络中受到特别的欢迎。例如，在特别强调集体利益的地区，某些互助形式的非正规金融组织被认为加强了群体之间的团结，或者其本身就是群体团结的标志，因此被赋予了某种特殊的道德价值（刘民权等，2003）。这类非正规金融机构往往对当地家族企业天然地具有一种市场亲和力，因而被家族企业给予更多的认同感。在一些家族文化传统极为浓厚的地区，家族企业对政府管制和正规金融机构的感情与信任可能是有限的，更愿意信任那些嵌入家族关系网络及企业文化的非正规金融组织。另外，相对于非家族企业内领导团体的不连贯性，家族企业所有权的传承性和长期性这一显著特征，使得非正规金融机构等企业外部主体更愿意选择家族企业作为长期交易对象，也有助于非正规金融与家族企业在一定范围内建立起更为密切的长期稳定的融资合作关系。

2. 非正规金融的相对劣势

尽管非正规金融凭借一些相对于正规金融的比较优势，在家族企业融资活动中扮演了不可或缺的资本供给者角色。但也必须承认，这些优势是相对的。非正规金融天然存在的一些相对劣势或负面作用，使得其对家族企业的融资支持具有一定的阶段性和局限性。

（1）融资合约的完备性不高。家族企业融资合约的完备性程度直接影响到金融交易双方所承担的风险。一般而言，正规金融机构普遍强调规范化、程序化、专业化的管理，拥有专门的法律事务部门，能够有针对性地制定合

---

① 非正规金融市场中借贷双方的人情关系越重要，违约给借款者造成的声誉损失越大，贷款者为了保证借款者还款所需要的监督成本就越小；反之，则越大。这也从另一角度说明了为什么非正规金融市场交易往往发生在有密切人情关系或生意往来的亲戚、朋友及家族企业或个人之间。

约条款，其合约的完备性更高，硬约束下的法律风险更小。而非正规金融交易的融资合约相对较为简单，有时甚至只有口头约定而没有书面的合约，一般通过经济制裁、社会关系、社会传统、家族声誉等方式来实现对融资合约的软约束。家族企业在那些分散而无组织的并且缺乏连续性的非正规金融市场的融资过程中，存在大量的不规范的交易行为，有些属于法律所允许的范围内（如利率合理的个人和企业之间的民间借贷）而受到法律保护，但有些交易（如高利贷）则不受法律保护，①借贷双方一般是通过私下签订协议，来完成资金的融通，具有非正式、不规范、高风险等特征。这类融资交易合约的完备性不高，也不受政府部门的控制和监管，通常没有具备严格法律效力的协议来约束借贷者的道德风险及放贷者的高利率等行为，主要依靠软约束手段来实现合约的履行与监督。融资合约完备性的不足带来许多无序的非正规融资行为，导致合同纠纷、利率纠纷、担保纠纷和借据纠纷等大量纠纷，引发金融诈骗等违法行为甚至暴力犯罪的发生。即便通过法律途径来解决交易纠纷或违法行为，对于数额较小的非正规金融交易来说单位成本往往很高，而不规范的交易合约使得即使上了法庭，损失方也不一定能胜诉。由于缺乏正规法律渠道对融资合约的保护，导致一些非正规金融机构或放贷者以残酷惩罚的手段，通过黑社会性质的追债公司、雇凶伤人等暴力方式，来解决融资合约交易执行过程中的纠纷。

（2）融资规模和范围的限制。非正规金融与正规金融机构的存在基础有很大的差异。正规金融以自己的特殊分工角色，将原本由单个借款人与单个贷款人之间的借贷行为，最终累积成大量借款人与大量贷款人之间的借贷行为，可以集中地、专业地处理交易中发生的巨额信息费用。并且，随着组织规模、客户数量和贷款规模的增大，信贷边际成本趋于下降，正规金融的规模效益随之上升。相比之下，对人际关系网络中私人信息的依赖，决定了非正规金融交易必须局限在具有密切人际关系的范围之内，其信息优势与活动范围之间存在此消彼长的关系（Nagarajan 等，1999）。随着非正规金融规模范围的扩大及参与人员数量的增多，其地缘、血缘、人缘关系不断被突破，信息成本、管理成本、交易成本以及经营风险都会不断上升，相对于正规金融的比较优势趋于减弱。一旦超出了一定的范围，处理公开信息能力以及获

---

① 譬如，我国《民法通则》规定，利息高出银行同期贷款利息4倍就属于高利贷，高出部分不受法律保护。

取私人信息渠道的双重匮乏,将使非正规金融产生巨大的金融风险。正因为如此,非正规金融的交易活动大都在一个相对狭小的交易区域内展开,通常有相对固定的客户,较少资金跨地域流动,形成非正规金融市场的高度割裂,无法像正规金融那样进行大范围的资源配置,并具备足够的知识和技能去选择具有发展潜力的企业及管理者或确认最佳的生产投资机会,造成了效率的损失。而非正规金融的小规模经营会使得单笔金融业务的运作成本无法通过规模的扩大分摊,导致金融业务的平均成本往往比较高,难以实现规模优势(江曙霞、秦国楼,2000)。范围和规模的狭小使得小范围内的经济主体面临的风险无法通过多样化进行有效分散,导致了较高的关联风险(covariant risk)(Kern,1986;Schreiner,2000)。可见,信息成本、交易成本及关系型软约束的有效性,决定了非正规金融活动只能在一个较小的范围或规模内才有效率,很难承担大规模集聚资本的功能,限制了资金在更大范围内的优化配置,导致了非正规金融对家族企业资金供给在规模和范围上的劣势。

(3) 存在一定的金融风险。非正规金融的政策法律限制,以及自身不规范运作的内在缺陷,都会给家族企业带来较高的融资风险。非正规金融活动大都缺乏政策依据和法律保护,基本上游离于政府规范和监管之外,其市场所实现的资金配置常跟国家的宏观经济政策目标相冲突,并有可能同正规金融机构争夺金融资源,削弱国家对金融资源的控制,以致存在被政府限制、取缔和打击的风险。另外,非正规金融具有一定的蔓延性,但这种蔓延性又往往很隐蔽。通常这种蔓延性不是当事人故意造成的,每个当事人在自己的小圈子里活动,但这种不同小圈子的活动在一定情况下又能够被连接在一起,形成长长的链条或网络。一旦某个环节中断或衔接不好,就有可能产生借贷风险,造成的债务危机会延伸到链条上的所有个人和企业,当然也包括家族企业,影响社会的正常经营秩序和稳定。由于非正规金融一般是建立在血缘、地缘关系基础上的,大多缺乏正规的组织形式、良好的运作机制、有效的约束机制和风险控制机制,不规范的运作使其蕴涵着极大的运行风险,较低的组织程度限制了其自身进行有效风险控制的空间,运行于体制外的特性也使得政府无法对其进行有效的监控,较易成为不法分子牟取暴利或者进行金融诈骗的工具,进而可能产生较大的负外部性。无论是非正规金融组织发生资金链断裂倒闭破产,还是企业无力偿还到期集资款或其他借款,都可能引发局部性金融风险,影响社会经济的稳定。比如,20 世纪 80 年代的温州"抬会"事件和福建平潭"标会"风波,以及 2004 年浙江奉化、福建福安涉及金额亿元以上的"抬会"、"标会"的倒会事件,就给当地金融秩序和社会稳定带来了很大的负面影响。

四、家族企业融资中的非正规金融替代效应

非正规金融的出现和繁荣,是对转型经济中正规金融支持不足和扭曲的融资制度环境的一种理性回应。在我国家族企业的萌生、成长与发展的现实融资制度环境中,正规金融机构普遍存在的"规模歧视"和"所有制歧视",及其所生成的贷款门槛高、抵押难、担保难,成了许多家族企业无法解决的难题。对于获得正规金融资源支持困难重重的家族企业而言,即便非正规金融存在着较高的运行风险或借贷成本(如高利率)等负面作用,但凭借天然的信息优势、独特的运行机制和很高的灵活性,非正规金融增强了金融体系对家族企业的辐射面、渗透力和适应性,其积极作用远远超过了本身可能带来的负面影响。① 普遍面临正规金融渠道"融资缺口"困境的家族企业,有着强烈的动力和愿望寻求非正规金融为其提供金融服务。

非正规金融对家族企业的融资支持,主要体现在拓宽了家族企业的融资渠道,更为吻合家族企业的资产规模、担保抵押等现实状况,满足了那些被正规金融机构拒之门外的家族企业的融资需求,有效弥补了正规金融机构"规模歧视"和"所有制歧视"下资金供给不足的缺口,在一定程度上形成了非正规金融与正规金融提供的融资机会之间互相替代的关系。Bell 等(1997)认为,[269] 正规金融和非正规金融市场之间存在着"溢出效应"(spillover effect)。由于正规金融机构金融产品供给的不足,因此对金融产品的超额需求便"溢出"到非正规金融市场,这从需求方面解释了非正规金融的存在原因。②

非正规金融的替代效应可以通过模型来加以分析。一般来说,在不考虑融资替代的情况下,家族企业融资成本及融资决策,主要取决于借贷市场中正规金融基于歧视性定价策略或信贷配给为家族企业提供的名义借贷利差水平。然而,如果考虑到非正规金融的存在,则家族企业面临的是比单一的银

---

① 在很多时候,对处于融资困境之中的家族企业来说,获得信贷资金比降低资金的成本更重要。
② 从理论上说,如果正规金融市场能够无限地满足人们的需求,非正规金融就没有存在的必要了。

行借贷更为丰富的外部融资机会，活跃的非正规金融活动抬高了家族企业利用正规金融的机会成本，从而使其面对的实际利差水平上升。也就是说，非正规融资机会与正规金融提供的银行借贷机会之间存在互相替代的关系，影响着家族企业的融资成本和融资决策。

在图 4.3 中，MC_1 为家族企业内部融资的边际成本；MC_2 表示家族企业通过非正规金融市场融资的边际成本，为一条典型的 U 形曲线；S 为通过正规金融市场融资的边际成本，一般可简化假设为常量。根据新优序融资理论（Myers，1984），家族企业将选择边际成本最低的融资渠道，并由此形成融资次序。当家族企业融资量 $Q < Q_0$ 时，内源融资边际成本最低，企业选择内源融资；当 $Q_0 < Q < Q_1$ 时，内源融资和非正规金融的边际成本均低于正规金融，且非正规金融比企业内源融资更有利，因此非正规金融开始取代内源融资成为家族企业的主要融资渠道；当 $Q_1 < Q < Q_2$ 时，内源融资的边际成本进一步增加，但非正规金融与正规金融相比效率更高，非正规金融依然是家族企业债务融资的首选；当 $Q > Q_2$ 时，相对于内源融资和非正规金融而言，正规金融的边际成本变得最低，正规金融将取代其他债务融资方式，成为家族企业融资的主渠道。因此，在存在非正规金融的背景下，家族企业债务融资决策的有效路径为 A-B-F-S；不存在非正规金融时，家族企业债务融资决策的路径则为 A-B-E-F-S。显然，当家族企业融资需求处于 Q_0 至 Q_2 区间时，为了降低信息传递、抵押担保和交易成本等构成的综合融资成本，更倾向于选择非正规金融来融资。

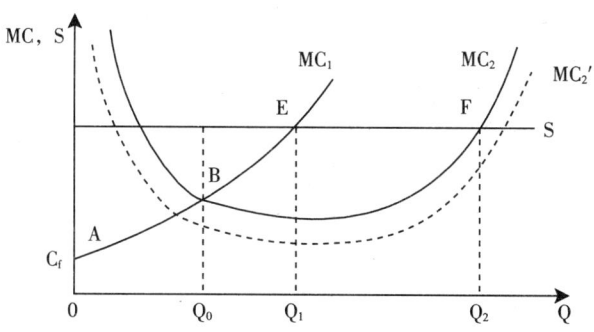

图 4.3　非正规金融对家族企业融资行为决策的影响

在以上分析的基础上，可以进一步考察非正规金融对家族企业总体债务融资成本的影响。考虑到企业的债务融资往往是多种融资工具的组合，因此，不存在非正规金融的情况下，家族企业总体债务融资的单位成本为：

$$C_1 = [\int_0^{Q_1}(MC_1)dQ + \int_{Q_1}^Q SdQ]/Q$$

如果存在非正规金融，则家族企业总体债务融资的单位成本为：

$$C_2 = [\int_0^{Q_0}(MC_1)dQ + \int_{Q_0}^{Q_2}(MC_2)dQ + \int_{Q_2}^Q SdQ]/Q$$

由以上两式可得：

$$C_1 - C_2 = [\int_0^{Q_1}(MC_1 - MC_2)dQ + \int_{Q_1}^{Q_2}(S - MC_2)dQ]/Q > 0$$

因此有 $C_2 < C_1$，即非正规金融的存在降低了家族企业总体债务融资成本，如图 4.4 所示。而且，随着非正规金融发达程度的增加，家族企业总体债务融资成本将进一步降低，在图 4.3 中表现为 MC_2 下移到 MC_2' 的位置，在图 4.4 中则相应地有 $C_2' < C_2$。

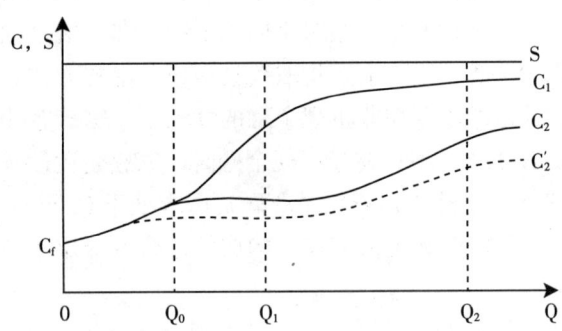

图 4.4 非正规金融对家族企业债务融资成本的影响

可见，在考虑外部借贷机会的情况下，非正规金融与正规金融组织之间的上述替代与竞争关系，使非正规金融活跃地区的家族企业利用银行借贷资金的机会成本显著增加，从而导致其面对的正规金融的实际利差水平远高于名义值。也就是说，相对于仅能依靠银行等正规金融渠道借贷的地区，在非正规金融活跃的地区，总体债务融资成本相对更低。因此，在正规金融不完善和存在"市场失灵"的情况下，对那些单方面苦苦寻求正规金融资金支持的家族企业而言，大都难以避免正规金融机构的歧视性定价策略或信贷配给。而活跃于民间的非正规金融组织所具有的较高的灵活性与竞争力，发挥了一定的替代性的资本供给功能，拓宽了家族企业融资决策的选择范围，很大程度上使得家族企业资金配置的成本和不确定性得到有效控制。

第四章 家族企业融资行为的外部环境约束

值得强调的是，在家族企业的资本供给中，非正规金融与正规金融之间并非只是此消彼长的替代（竞争）关系，两者也具有源于各自比较优势的互补的一面：正规金融机构资金实力雄厚，组织制度完善，人员素质相对较高，在提供大额和长期的贷款方面更能体现其优势；而非正规金融由于操作简单易行，其灵活、便捷、小规模等特点以及在信息方面的优势，更长于提供零星、小额贷款（刘民权等，2003）。一方面，两者在业务上具有一定的重合而产生竞争；另一方面，两者各自具有比较优势，能够服务于不同类型的对象，形成比较合理的分工，在一定程度上具有较强的互补关系。在正规金融机构牺牲资金配置效率为国有经济提供过多金融支持的情况下，非正规金融提供了将民间资金配置到非国有经济的一种替代机制，从而在一定程度上抵消了正规金融制度资金配置机制的效率损失，提高了整个社会的资金配置效率。在一定区域内，一定规模的非正规金融活动在信息成本和代理成本上的优势构成了非正规金融与正规金融制度互补的基础，而非正规金融及其所提供的多样化的金融服务，也为正规金融进行组织和产品上的创新提供了优秀的范例，①决定了非正规金融在一定范围内的成长不仅不会阻碍反而有利于正规金融实力的壮大和效率的提高，两者可以发挥彼此的优势进行互相合作，实现业务上的扩大和渗透，在经济增长过程中发挥各自不同的重要作用。正如世界银行发展报告所指出的：正规金融和非正规金融的连接是金融体系发展的一个有前途的战略。[248] 在结构和制度等因素仍然制约着正规金融机构使他们无法为经济发展提供所需要的全方位金融服务时，非正规金融既有市场基础也有市场需求，允许和鼓励非正规金融的发展有助于提高资金配置的效率，政府对非正规金融的全面压制并不一定有利于正规金融的成长，而试图以正规金融挤出非正规金融的政策也难以成功。非正规金融一定程度的替代作用和广泛有效的民间需求，正是其不可能被正规金融排挤出金融市场，以及政府的严格压制或打击从未能够完全奏效的根本原因。

---

① 实际上，直到今天，世界上的大部分金融创新也都是先以非正规金融的形式进行的。

家族企业融资行为机理与特性

第四节 家族企业与债券融资

一、企业债券融资的市场环境特征

在我国,虽然企业债券从诞生至今已有20多年的历史,但企业债券市场发展滞后于经济市场化进程,突出表现在发行规模偏小、债券结构失衡、债券流动性差等方面。

(1) 债券市场门槛高。我国债券发行的相关法律法规依据主要有《企业债券管理条例》、《公司法》、《证券法》、《上市公司发行可转换公司债券实施办法》等法律法规。企业债券的发行实行"规模控制,集中管理,分级审批"的办法,每年由政府部门确定债券的发行规模和规模内的各项指标,年度债券发行计划优先考虑农业、能源、交通、重点原材料与城市公共设施项目,且与国家重点建设项目挂钩。另外,债券发行办法还规定,发行企业债券的股份有限公司的净资产不低于人民币3000万元,有限责任公司的净资产额不低于人民币6000万元。同时,企业债的发行还有明确的担保要求,由实力雄厚信誉良好的单位为发行主体作出担保。一系列条件限制,客观上使得国有大型企业成为企业债券发行的基本主体,非国有企业很难获得与国家重点建设项目挂钩的发行债券额度。

(2) 债券市场与股票市场结构失衡。从全球的角度看,债券市场余额要高于股票市值。2005年全球债券市场余额近60万亿美元,GDP占比是134%;而股票市值为42万亿美元,占GDP的比重为94%。其中美国的债券余额最高,高达24万亿美元,占全球债券余额总量的40%,其GDP占比达到193%。[23]而我国这一比例则相反,债券市场融资与股票融资相比规模较小,与世界各国债券市场发展趋势相背离。到2007年末,债券市场余额约11万亿元,而A股总流通市值超过20万亿元。更重要的是,股票市场中所有股票均为企业发行,是企业直接融资的重要渠道;而在目前我国债券市场的规模结构中,债券主要还是政府和央行实施财政政策和货币政策的工具,整个发债结构以国债、政府债券、央行票据以及一些有政府信用的金边债券为主,作为企业融资手段的企业债券和短期融资券比重明显偏低。2007年末,企业债券和短期融资券占全部债券存量的比重约为6.2%,远低于政府和金融机构债券的比重(见图4.5)。这与美国的情况正好相反。在美国,公司债券、资产证券化产品在内的企业直接债务融资工具占了债券市场整体规模的60%以上。

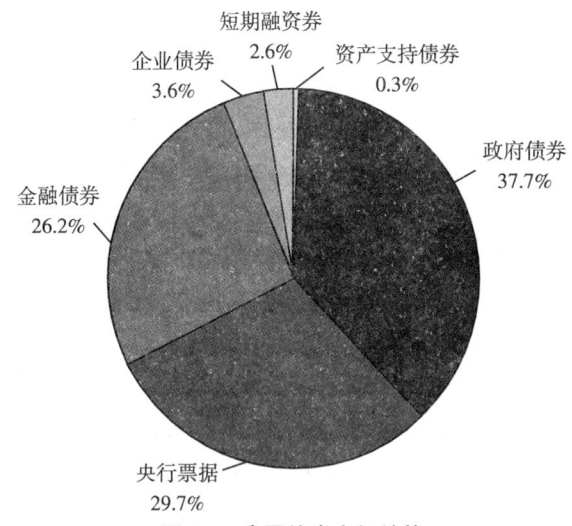

图4.5 我国债券市场结构

资料来源:《中国债券市场年度分析报告(2007)》,www.chinabond.com.cn。

二、家族企业债券融资分析

对家族企业而言,债券融资方式具有许多优越性。从融资成本看,债券融资的直接成本主要是定期向债券持有者支付的利息和发行债券时发生的筹集费用(如印刷费、推销费等),其中筹集费用相对较小可以忽略不计。与信贷融资类似,债券融资也有企业的破产和监督成本,但由于债券融资的债权人在企业正常经营和破产时都拥有优先索取权,因而他们只是通过代理人间接观察企业的经营状况,监督成本小于信贷融资。从融资收益看,债券融资的收益是由债券融资产生的企业收益增加额超出企业对债权人的固定支付后的剩余部分。这部分收益完全归企业股东所有并由企业经营者支配,其数值越大,债券融资的收益就越高。同时,债券融资的利息支付可以冲减税基,不会影响企业的利润水平。另外，向社会公开发行债券还具有很强的广告宣传作用，向投资者传达企业经营前景可嘉、市场竞争力雄厚等正面信息，迅速树立良好的企业形象。总之，企业债券在期限、偿还方式等方面都比较灵活，可以满足企业对中长期资金的需求；企业债券的购买者只拥有债权，不参与企业日常经营管理，不会稀释企业的控制权。因此，尽管发行债券也在一定程度上增加了信息披露与监管的压力和风险，但与股权融资相比，债券融资更为符合家族企业的融资行为偏好。

然而，企业债券市场的高门槛限制，使之无法成为家族企业现实的融资渠道。我国债券发行的相关法律法规虽然并没有明确指出非国有企业不得发行企业债券，但实际上设置了债券市场中企业融资的高门槛，包括企业发行债券额度的管理审批、发行债券企业的最低资产规模、担保要求等。我国家族企业特殊的发展历史决定了当前大部分企业资产规模较小，不具备非常高的信用等级，在若干行业特别是重大装备制造和基础设施行业仍存在市场准入的实际限制，极少能参与国家重点项目建设，寻找综合实力和信用等级都优于自己的担保主体有相当难度。一系列条件限制都导致家族企业进入债券市场融资极为困难。从融资数额看，1991~2006年企业债券平均融资额为261.23亿元，其中家族企业份额极少，只有规模较大的亚都、力帆分别于1992年和1999年发行了500万元和5000万元的企业债券。

近年来，宏观政策层面已经意识到债券市场中企业债券发行、市场规模结构等问题，着力培育企业债券市场。2007年1月召开的中央金融工作会议，已将稳步发展企业债券市场、积极发展公司债券市场作为债券市场发展的重点，国务院审批通过的《金融业发展和改革"十一五"规划》也将公司债券市场作为"十一五"时期债券市场发展的重点。监管当局先后出台《短期融资券管理办法》和《公司债券试点办法》，为推进企业债券融资提供政策支持和法律依据。2005年5月中国人民银行发布《企业短期融资券管理办法》，发券以企业偿付能力为主要考核指标，包括信用评级和信息披露等，没有任何针对发行人所有制类型的限制或针对非国有企业的特殊要求。2007年短期融资券市场中，国有企业占发行量的94%，非国有企业发行33只，发行量215.7亿元，尽管占比很小但已逐步展开（见图4.6）。在《公司债券试点办法》出台后，江苏红豆实业股份有限公司公司债券（简称"07红豆债"）于2007年11月5日公开发行，成为债券市场上首只家族上市公司发行的公司债券。债券发行规模5亿元，债券期限为7年，为固定利率债券，票面年利率为

6.05%（该利率根据Shibor基准利率加上基本利差1.84%确定）。从2007年红豆股份年报可以看到，发行公司债券后公司的负债结构有了很大的改观。2007年的长期负债达到了9.35亿元，远高于2006年的2.09亿元的水平，使得公司有足够的长期资金来保证其长远的战略发展。2007年公司利润总额达到1.36亿元，比2006年增长51%，在家族上市公司的纺织服装行业中名列首位。由此可见，家族企业对多渠道融资还是非常渴望的，在直接融资监管方式进行必要改革的背景下，只要政策上铺开了路，家族企业完全具有利用债券融资方式进行债务融资的行为动力。

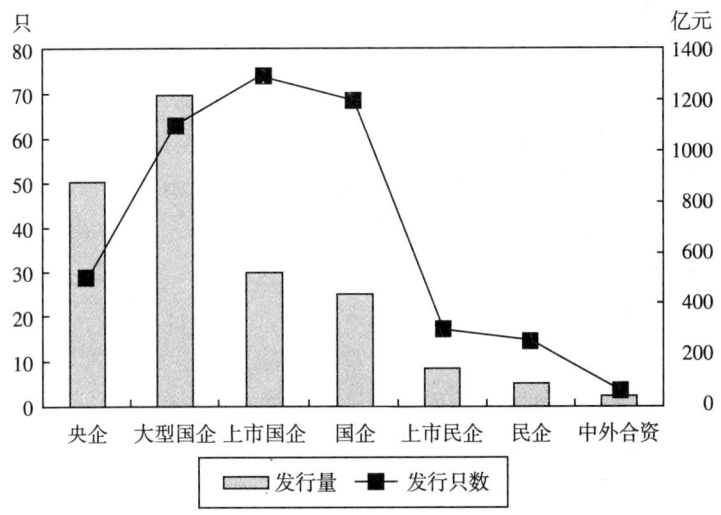

图4.6 2007年不同企业主体短期融资券的发行状况

资料来源：陆欣：《2007年度短期融资券市场回顾和2008年展望》，www.chinabond.com.cn。

第五节 股票市场与家族企业融资

一、家族企业上市融资的环境与路径

1990年11月和1991年4月，上海证券交易所和深圳证券交易所相继成

家族企业融资行为机理与特性

立。然而，正如樊纲（2001）所言，中国资本市场发展的起点、动机与西方国家是完全不同的。西方国家资本市场的起点是私有制，私人企业发展大了以后，需要进一步融资，需要在资本市场上发行股票，于是出现了股票市场。而中国资本市场的起点是从公有制始，最初的目的是给国有企业融资，促进国有企业改革。[272]因此，我国证券市场的政府控制色彩一开始就比较浓厚，股票发行实行严格的审批制度和额度管理方式，且以国有企业为主。股票市场规模及其成分、额度等方面的限制，使得家族企业很难获得直接上市融资的机会，为数不多的一些家族控制公司则以种种"隐性"的方式进入股票市场。如1993年6月上市的福耀玻璃（600660.SH），1994年1月上市的东方集团（600811.SH）以及1994年1月上市的万向钱潮（000559.SZ）等，就属于当时特定历史背景下的"红帽子"企业，①但不可否认，这三家上市公司的最终控制人从一开始就分别是曹德旺家族、张宏伟家族和鲁冠球家族。一些家族企业不得不先"买壳"上市，再通过配股或增发新股来融资。2001年以后，股票上市发行从审批制转为核准制，加快了股票市场发行制度的市场化进程，家族企业上市融资的制度安排有所改进。修改后的《公司法》将设立股份公司的最低出资额减至500万元人民币，并在《证券法》中设置了股东人数不超过200人即为私募的规定，奠定了家族企业股权融资的法律基础。2004年5月27日，深圳中小企业板正式启动，家族企业直接上市股票筹资的门槛限制有所降低。而2009年10月30日深圳创业板的开市交易，使家族企业又扩充了一个新的上市平台。总体而言，家族企业的上市融资，主要是在深圳中小板和创业板开通后才有了实质性的进展，上市数量得以较快增长。

我国家族企业的上市路径主要包括直接公开发行上市（IPO）、股权受让（借壳或买壳）、管理层收购（MBO）三种路径。

1. IPO上市

直接公开发行上市是家族企业上市融资的主要选择路径，具体又可分为以下两种类型：一种是自然人（家族）直接持股上市公司。2001年以前，基

---

① 所谓"红帽子"企业，是指由私人资本投资设立，而又以公有制企业（包括国有和集体企业）的名义进行注册登记的企业，或者挂靠在公有制企业之下的企业，即名为公有制企业实为私有制企业。其本质上是一种借用公有制组织名义或少量资源从而取得经营资格的一种企业形式，是改革开放初期特定历史环境下的产物。早在1993年，中国社会科学院民营经济研究中心和全国工商联等机构进行的问卷调查结果显示，被调查的私营企业主认为"红帽子"企业占集体企业的比例为50%~80%。而1994年国家工商总局抽样调查结果表明，乡镇企业中有83%实际上是私营企业。

本没有出现自然人直接持股（IPO）的上市公司，主要原因在于1999年7月前，法律规定自然人持股比例不得超过0.5%。尽管1999年7月《证券法》取消了这个限制，给予自然人与法人同等权利，但仍然存在着政府向国有企业倾斜的审批制度和额度管理制约。2001年以后家族企业通过资本市场直接持股上市融资较以前有所改善，但得以直接上市的企业数量仍然十分有限，2001年和2002年两年间也仅有王春鸣家族控股的国栋建设、叶洋友家族控股的腾达建设、潘氏家族控制的天通股份、张学阳家族控制的精伦电子以及王栋直接控股的宏智科技5家。另一种是自然人（家族）间接持股上市公司。实际上，以某种隐性方式存在的家族控制的上市公司，一直伴随着我国证券市场的起步而存在，但开始大多都属于戴着"红帽子"的家族控制上市公司。2001年以前家族控制的上市公司，除了分别由曹德旺家族、张宏伟家族和鲁冠球家族"隐性"控制的福耀玻璃（600660.SH）、东方集团（600811.SH）及万向钱潮（000559.SZ）外，仅有1996年9月上市的由郭立文家族控制的哈慈股份（600752.SH）和1998年上市的由四川刘氏兄弟控制的新希望（000876.SZ）两家，总计5家。2001年实行核准制以后，家族间接持股公司上市融资有所加快，仅2001年就有迪康药业、康美药业、太太药业、广东榕泰、宏达股份等多家家族间接控制的公司上市。家族企业直接上市融资渠道的实质性拓宽，则是自2004年中小板和2009年创业板开设以后，以IPO方式上市融资的家族企业数量才有了显著上升。如李锂夫妇的海普瑞（002399.SZ）、马兴法家族的天马股份（002122.SZ）、蒲忠杰家族的乐普医疗（300003.SZ）、王忠军兄弟的华谊兄弟（300027.SZ）等一大批家族上市公司，都是在中小板和创业板得以直接上市融资。

2. 借壳上市

由于家族企业直接上市融资路径的狭窄以及排队等待时间的漫长，使得家族企业在证券市场直接上市融资相当困难。于是，一些家族企业就通过重组、兼并等股权受让方式，购买一个已具备上市资格的"壳公司"的控制权，即以借壳上市的方式获得通过证券市场融资的机会，再通过配股、增发等形式实现在证券市场的融资。1994年，海南万通集团收购东北华联（600670.SH）15.63%的股份，成为第一大股东，上演了家族企业通过购买非流通股达到控股上市公司实现"曲线上市"的先例。尤其是1997年以后，针对市场中不少上市公司业绩欠佳、经营不善的情况，政府对上市公司资产重组采取了较为宽松的政策，为家族企业提供了进军资本市场的良好契机，以家族企业为背景的收购活动频频发生,其中绝大部分是控制性家族通过国有股、国有法人股的协议转让或拍卖等形式买壳上市,成为一段时期内家族企业实现上市的主要路径。1997年,福建万时红成飞、广东飞龙集团、河南思达科技集团等7家家族企业通过买壳的方式达到了间接上市的目的;1998年,光彩事业、四川三通、深圳雄振分别入主南油物业、金路集团、龙舟股份,到2002年底已有90家家族控制的企业通过借壳方式实现上市。2003年,张继升家族控股的山东三联,以持有上市公司郑百文5300万的流通股权(占总股本的27%)成为第一大股东,首开先河地通过控制流通股成为上市公司的控制性家族。随着我国证券市场股权分置改革的推进与基本完成,家族企业在借壳上市的过程中,流通股与非流通股的界限已趋于淡化,企业主及其家族对上市公司的最终控股权成为借壳上市的关键。

3. MBO上市

MBO①也是家族企业成为上市公司的重要路径。在通过MBO变身为家族上市公司的过程中,上市公司管理层收购的主体一般都是为企业发展壮大立下汗马功劳的家族创业者,许多企业都是通过一些家族创业者历经千辛万苦才达到今日的规模和效益并成为上市公司。因此,这些家族创业者对公司具有很强的控制力,如粤美的(000527.SZ)的何享健、红豆股份(600400.SH)的周耀庭等。粤美的(000527.SZ)从1998年起开始酝酿MBO,2000年4月何享健控股25%、其余由其他管理层持股的顺德美托公司成立后,同年5月、12月两次收购政府控股公司的股权,成为第一大股东。此后,万家乐(000533.SZ)、方大集团(000055.SZ)、武昌鱼(600275.SH)等先后进行MBO的股权转让。其中一些MBO本身就是解决转轨时期家族企业带"红帽子"的历史遗留问题,逐步明晰产权,并最终摘掉"红帽子",实现企业向真正的所有者"回归",恢复家族企业产权的真实面目。红豆股份(600400.SH)的MBO就是一个典型案例。根据红豆股份2003年12月2日公告,第一大股东红豆集团有限公司(以下简称红豆集团)由工会控股转为完全自然人持股,红豆集团创始人周氏家族成员共持有红豆集团48.42%的股权,间接持有红豆

---

① MBO(Management Buy-Outs)即"管理者收购"的缩写,国内也译为管理层收购或管理层融资收购等。MBO是20世纪70年代在传统并购理论基础上发展起来的管理层利用杠杆融资对目标企业进行收购的一种新型的并购方式,具体来说就是目标公司的管理者与经理层利用所融资本购买公司股份,以实现对公司所有权结构、控制权结构和资产结构的改变,实现管理者以所有者和经营者合一的身份主导重组公司,进而获得产权预期收益的一种收购行为。

股份约 34%的股权。这次股权转让的结束表明红豆股份的 MBO 已经全部完成，红豆集团头上长达 20 年的"红帽子"终于摘去，实现了上市公司的家族控制。除了解决家族企业"红帽子"的历史遗留问题，也有部分上市公司是在国有资本退出一般性竞争领域的大背景下，把部分国有股权通过 MBO 方式转让给管理层，转身为家族控制的上市公司，一定意义上也是对上市公司家族创业者和管理层为企业发展所做贡献的承认和回报，同时激励公司的持续发展。

总体看，随着经济体制改革的深入和证券市场的发展，家族企业上市融资的外部环境逐步改善，上市企业数量趋于增加。据《中国民营经济发展报告（2007~2008）》的统计，截至 2007 年底，由个人（家族）控制的民营企业上市数量由 1990 年的仅 1 家发展到 410 家（见图 4.7），占全部上市公司数量的 1/4 强；总股本数达到 1248.8 亿股，流通 A 股 696.2 亿股，分别占全部 A 股的 5.64%和全部流通 A 股的 14.87%。另据 2008 年《证券市场周刊》第 28 期数据显示，2007 年家族控股企业上市公司的平均市值达到了 67.10 亿元，为 2006 年的 2.6 倍；近年来，家族控股企业的财富金额、控制金额以及持有上市公司的股票权益均出现了大幅增长，截至 2007 年末的三项指标分别达到 6512.06 亿元、9153.19 亿元、1005.65 亿元，分别为 2006 年的 3 倍、3 倍和 1.5 倍，三项指标在所有上市公司中的占比则分别为 2004 年的 6.03 倍、5.75 倍和 1.86 倍。

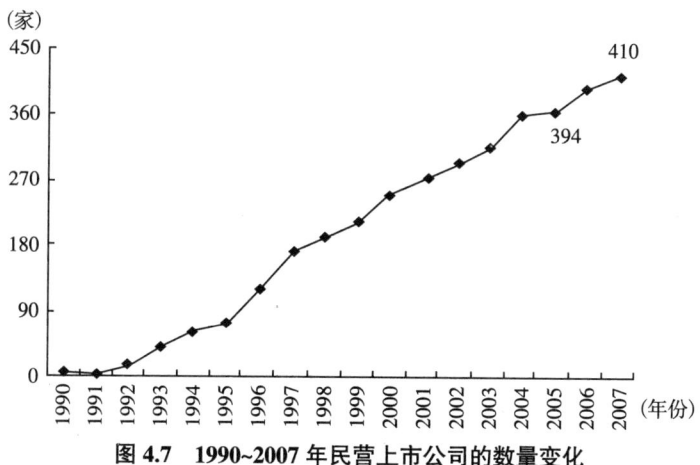

图 4.7　1990~2007 年民营上市公司的数量变化

资料来源：黄孟复：《中国民营经济发展报告（2007~2008）》，北京：社会科学文献出版社，2008 年版，第 15 页。

家族企业融资行为机理与特性

目前，我国证券市场发育程度及规模层次建设仍然存在诸多问题，有限的市场容量和直接上市融资机会，仍然难以满足众多高速增长的家族企业上市需求，家族企业上市融资的整体环境并不乐观。为此，对于一些有产品、有实力但却缺乏资金的家族企业而言，各种各样境外证券市场的上市融资路径被创造性地运用起来。截至2006年底，在海外证券市场上市的内地家族企业已达171家，且呈现不断上升的趋势。[23]与内地上市相比，家族企业海外上市符合条件即可申请，所花时间短，效率高，程序明晰，最快6个月，最长一般不超过9个月就可以发行上市，且配股、增发门槛较低，上市公司再融资能力强。但家族企业境外上市也并非坦途。首先是上市成本高，与内地上市约占融资额5%的融资成本相比，海外上市这一比例高达10%~20%。其次，海外资本市场相关法制较为成熟，监管更为严格，对企业上市后持续的信息披露要求较高，上市是融资的开始而非结束，按时真实地披露信息，维持与投资者长期良好的关系，对于再融资乃至长期发展非常重要。要想使上市成为持续的融资渠道，家族企业对自身治理结构、资金运用及发展规划的要求必然要提高到一个较高层次。

二、家族企业上市的收益与成本

上市对于家族企业而言，绝不仅仅意味着是一项一般意义上的通过让渡股权获得长期发展资本的融资行为，实际上既包含了获取巨额资金、提升家族财富、改善内部治理等巨大收益，也必须付出家族控制权部分让渡、信息公开、规范化运行等一系列转型成本。家族企业成长的核心就是如何与社会资本的融合（储小平，2003），而资本市场无疑为家族资本与社会资本的广泛融合提供了最有效的平台。在这个平台上，家族企业面临将企业上市还是维持企业的家族拥有状态的行为决策。换言之，家族企业上市与否取决于相应的收益与成本的权衡。

1. 家族企业上市的收益

解决资金"瓶颈"，突破融资限制，构筑融资平台，是家族企业上市的首要目的，也是其最大的利益所在。家族企业大多是靠企业主及其家族的投资完成资本原始积累的，当企业发展到一定阶段时，家族和企业内部的资金供给便很难满足扩大再生产的需要，外源融资的需求就愈加重要和迫切。债务融资面临着固定的还本付息的压力，且容易引发财务危机或破产风险。而股票（普通股）筹资没有固定的股利负担，股本是公司的永久性资本，不存在还本付息的风险。在我国资本市场弱有效和投资理性不足的情况下，股权融资成本更是一种软约束而带来的软成本，相比之下债务融资成本是一种硬约束。借助股票市场融资渠道，不仅能够使家族企业迅速筹集到巨额资金，扩大生产经营规模，同时还提供了持续融资的渠道和资本运作的平台，有利于迅速扩充实力，实现成长扩张。家族企业在通过上市获得成本较低的股权资本的同时，还有助于拓宽债务融资路径，获得更多的较低利率的银行贷款。这是因为家族企业一旦公开上市，必将提高企业和控制性家族的声誉以及财务信息透明度，上市公司股票也可以抵押或变现，从而大幅提升企业抵押担保能力，降低信用风险。因此，上市家族企业更容易获得银行资本的支持，增加其债务资金的供给。Mahérault（2000）调查了法国46家非上市家族企业与49家上市家族企业，发现家族企业寻求公开上市的动机就是要解决融资问题。当实际增长小于增长潜力时，家族企业会出现金融限制，而突破金融限制的途径只能是寻求在资本市场上的IPO行为。[62]

除了通过股权融资获得企业发展所需资金这一基本要求外，家族企业上市还包含着获取其他收益的行为动机，包括获得声誉资本和社会资本、提升管理水平、改善内部治理等。Machismos等（2001）通过对74家意大利首次公开上市家族企业的研究发现，[274]除了一般的财务融资目的，家族企业公开上市的最主要动机是提高企业的透明度以及企业声誉和诚信，增加其基于声誉资本与社会资本的竞争优势，使家族企业能够更加接近外部资源和把握商业机会，强化保持企业可持续增长的关系网络（见图4.8）。Arkebauer和Schultz（1998）认为，通过首次公开发行，创始人的投资变成了公司的可流通股票，从而使得其财富获得了很好的流动性，这为企业创始人提供了调整其投资组合的机会，从而达到分散风险的作用。[275]上市可以明晰家族企业的股权结构，并适当降低企业主及其家族的股权集中度，稀释家族控股权，提高企业运作的透明度，来自外部股东与证券监管部门的监管压力有利于改善内部治理。①

---

① 但Euje等（2000）观察到，荷兰家族企业上市后公司治理保持不变的比例大致与改善的比例相当，特别是在公司治理的两项最主要指标——内部社区开放性与分权化决策上甚至出现一定比例的倒退。同样，韩国、新加坡、马来西亚等国家族企业上市后，公司治理也没有出现明显的改进。Gadhoum（2000）也观察到加拿大控股家族通过影响上市公司分红政策来剥削小股东，如控制董事会以保留利润供控股家族挥霍。

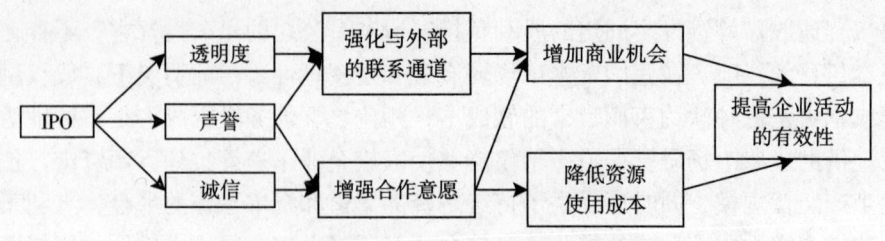

图 4.8 家族企业 IPO 动机的作用机理

不同的家族企业公开上市的驱动力组合也不同，不同国家或地区家族企业公开上市的驱动力在总体上具有不同的地域、文化特征（苏启林等，2003）。在我国资本市场的现实环境下，许多家族企业谋求发行股票和上市的强烈冲动，主要是基于追求软约束巨额资金的融入和家族财富的快速膨胀，而公司治理的改善极为有限，甚至只是形式而已。从财富效应来讲，通过股票发行和上市，家族股东在公司中原有的存量资产可以通过资产评估、溢价发行和挂牌交易被三级放大。首先是利用其经济效益和市场规模的影响，放大了无形资产和其他资产的实际价值，扩张了原始股本；然后充分利用证券流通市场上的供不应求和上市额度这一稀缺资源，在一级市场通过高溢价发行，募集到巨额资金为公司所控制；最后在二级市场上因为其流通盘小、容易炒作的优势，形成交易价格的高市盈率。使得上市前后公司控制家族的资产得到极大的增值，股市财富的倍增效应十分明显。如用友软件的总裁王文京，上市前其个人财产约为 5000 万元，上市当天用友软件股票的价格即达到100 元以上，王文京的资产也随之达到 50 多亿元。2004 年 6 月 25 日中小企业板成功挂牌当日，便诞生十几位亿万富翁，仅德豪润达就产生了 4 位亿万富翁，大族激光董事长高云峰的身价达到 17 亿元，江苏琼花董事长于在青间接持有公司 49.57% 的股份，按当日 17.86 元的收盘价计持股市值达到 8.07 亿元。苏宁电器 2004 年 7 月 21 日上市当日，董事长张近东的账面财富也瞬间膨胀为 12 亿元。[278] 郭跃进（2004）认为，[279] 尽管上市过程中社会资本的投入明显高于家族资本，但社会资本获得的决策权一般都小于家族企业，这将导致三大不合理的倾斜效应：不平等的决策权分配、不平等的权益财富分配、不合理的收益分配。其结果将强化家族利益，挫伤中小股东进行风险投资，特别是与家族资本合作的积极性。

2. 家族企业上市的成本

对于家族企业而言，上市能够获取巨额资金等利益，而上市成本同样也是巨大的。上市的实际成本包括显性成本和隐性成本,前者是可计量的IPO折价、IPO直接费用等有形成本和直接成本,后者主要是为上市而支付的家族企业转型成本等高昂的额外代价。

在家族企业IPO的显性成本中,IPO折价即企业股票发行价格与企业价值的差额,主要由资本市场的效率来决定,它反映了市场信息不对称的程度。而IPO直接费用在不同市场差异较大。据估算,企业内地上市的融资成本一般约占融资额的5%,而这一比例在美国NASDAQ是10%以上,在日本、英国等地则高达15%~20%,香港主板高达20%以上。[280]从家族企业内地上市的主渠道——深交所中小板来看,在2006年至2008年上市企业共计154家,除海亮股份与华锐铸钢之外,剩下的152家企业的上市费用总支出为24.78亿元,平均每家企业需支付1630万元。[281]家族企业大多融资规模小,企业财务实力也弱,发行费用与融资额相比往往较高。

家族企业上市融资还必须承担种种非显性成本,其中包括与成熟市场经济国家或一般企业所不同的独特的家族企业转型成本。①企业主及其家族最为看重的控制权转移成本。上市融资必然导致企业主及其家族持股比例的缩小,意味着企业控制权对非家族投资者的部分转移让渡。股票挂牌上市就等于把企业的控制权置于市场之中,谁能获得企业的控制权,将取决于资金实力和经营实力。由于企业主存在与企业相联系的大量个人财富,而且希望能将家族企业传给后代,丧失企业控制权的后果不仅会影响企业主本人的财富,还会对家族后代产生深刻的影响。显然,上市改变了企业的所有权和控制权拥有状态,股权的稀释将使得家族的所有权以及对企业的控制权减弱,带来家族的货币与非货币收益的损失。②信息公开成本。企业信息披露的风险度是影响家族企业融资渠道选择及其成效的关键变量(储小平、王宣喻,2004)。企业上市必须按规定公开披露财务经营信息,对市场的敏锐把握和善于抓住市场机会往往是家族企业赖以生存发展的主要竞争优势,信息披露有可能给家族企业带来难以估量的经营风险。同时,家族企业长期在具有政策歧视性的社会环境下经营形成了大量的"账外资产"(out-account assets),包括企业从事偷税漏税等违法经营活动所积累的"灰色资产",为获得政治庇护或排他性政策优惠而贿赂政府官员的"关系性资产",企业在资本运作过程中企业家出于个人目的在资产评估中少评或多评出来的"虚拟资产"等(余立智、金祥荣,2004)。这些信息一旦泄露出去,可能会面临着部分资产被强制性剥夺的巨大风险,或者使企业声誉大大降低。③规范化成本。公开上市的家族企业,必将受到来自证券监管部门与外部股东的制度规范与监管压力,形成产权结构明晰、治理结构完善、会计制度调整、关联交易清理、内部管理改进等高昂的当期支付。传统的家族所有与家族管理的转变往往困难重重且代价昂贵,利益冲突或矛盾激化使企业转型的边际成本急剧上升。此外,家族企业上市还可能付出长期占有的公共资源等外部性利益的丧失成本、上市失败所导致的资金和信息沉没成本等代价。

总之,家族企业上市融资行为决策的影响因素具有多样性和复杂性,包含内生的、历史的、文化的、经济的等诸多方面。家族企业最优的融资层级应该是融资收益与成本差额最大的资本市场层级,上市融资是家族企业成长到一定阶段及证券市场发育到一定程度下理性选择的结果。家族企业成长发展到一定阶段后,不仅有规模扩张冲动的要求,而且在管理上存在升级换代的迫切需要,产生进入资本市场融入长期股权资金的行为动力。当然,也必须为此付出新的融资运行机制所带来的成本代价。家族企业上市融资行为及其所带来的收益与成本是一个动态变迁的过程。从长远看,随着家族企业规模的扩大、经营范围的拓展、经营管理复杂性的增加,过度规避上市股权融资,维持家族资本的封闭性,这种对家族利益和控制权强力保护所产生的成本将趋于上升,收益趋于下降;而通过上市从资本市场融入资金,获得规模效应、管理效应以及治理效应所产生的收益则逐步上升,与之相对的成本代价逐步下降。长远看,无论从改善家族企业融资困境,还是从提升家族企业永续经营的层面,家族企业上市都具有积极的意义。

三、家族上市融资行为决策的模型分析

即使是在一个机制比较完善的市场经济环境中,家族企业自身对于证券市场的态度也是比较复杂的,夹杂了大量的管理因素和社会心理因素。对于家族企业特别是创始企业主而言,家族企业不仅代表着一份工作,更重要的还是一种生存方式。家族企业的象征力量和实际力量是非常强大的,除了使家族在社会上得到一种身份之外,还是很多家族事务付诸实现的平台。家族利益与企业价值之间以及上市收益与成本之间的权衡,对家族企业上市融资的行为决策至关重要。这种家族基因嵌入下的家族企业 IPO 行为决策问题,可以转化为在一个世际迭代的家族效用最大化分析框架下的分析。在此,借鉴 Bhattacharya 和 Ravikumar (2001) 有关家族企业与资本市场的关系模型,[67]

建立一个关于家族企业上市融资行为决策的动态模型,对其上市融资的决策过程进行技术性分析。

1. 模型构建及假设

通过使用内部和外部融资获得物质资本与固定的人力资本,家族企业在每个时期都创造产出,然后它在现期消费、向外部资金供给者支付回报和未来的物质资本之间进行分配。因此,我们在模型中将家族企业视为一个经营规模回报是常数的生产技术的家族,企业中家族的人力资本是固定的生产要素。在一个利用自有资本和人力资本的家族企业的生产过程中,假定企业的规模报酬不变,家族企业的生产函数由下式决定:

$$y_t = A(k_t + k_{rt})^\alpha h_t^{1-\alpha} \tag{1}$$

这里,y_t 是 t 时期的产出,k_t 是 t 时期开始时家族自有资本,k_{rt} 是 t 时期的借贷资本,h_t 是 t 时期家族特殊的人力资本,① A 是家族企业生产系数,α 是资本的产出弹性系数,$\alpha \in (0, 1)$。

家族企业主不但关心在其生命周期中从消费中获得的效用,而且同样关心下一代的福利。这种遗赠动机,类似于 Becker(1974)的观点[283]。因此,我们把企业主模型转化为一个永远存在的代理人,他在时期 0 的目标就是实现家族收益的最大化,但他不关心财产是以家族经营的形式还是以出售所得(上市)的形式被继承。② 因此可以定义他为无限存在的代理者,他在 0 时期的目标是最大化其家族成员的效用现值。任何 t 时期开始时,企业主都要决定是继续家族经营还是 IPO 上市(或出售企业)。如果他决定经营,他必须决定现时消费多少,留给未来的资本多少,借入资本多少;如果他决定 IPO 上市,他必须决定所得在消费和再投资(或储蓄)之间的分配。假定家族经营从 0 时期开始,则模式化家族的最大化问题可以用以下模型来表示:

$$\text{Max} \sum_{t=0}^{\infty} \beta^t \ln(c_t), \tag{2}$$

如果 t 时期不上市,$c_t + k_{t+1} = A(k_t + k_{rt})^\alpha h_t^{1-\alpha} - Qk_{rt}$

---

① 假定家族的人力资本是企业的独特资源,而且固定为:$h_t = h \forall t$,为了不失去任何一般性,让 $h = 1$。既然家族的人力资本是固定的,那么物质资本的边际产量随着家族累积更多的物质资本而递减,即得到递减的收益,暗示家族企业所有者在任何时刻,外部的机会变得更有吸引力。

② 作为对模型进行简化处理的手段,这一假定可以使我们不考虑模型存在控制权私人收益(Jensen 和 Meckling, 1976)的情况,因此在以下的模型中,IPO 即意味着完全出售或放弃控制权。

如果 t 时期上市，$w_{t+1} = R(\lambda k_t - c_t)$

如果 s 时期上市，$s < t$，$w_{t+1} = R(w_t - c_t)$

这里，c_t 是 t 时期的消费，β 是折现因子，$\beta \in (0, 1)$。w_t 是 t 时期开始时的家族财产，λ 是家族资本每单位的价格，Q 是资本的借贷利率，R 是存款或再投资的固定收益率，$R \in (1/\beta, \infty)$。

根据模型，家族企业的成长从 k_0 的初始资本开始，沿着三条可能的线索演化：立刻 IPO，一段时间以后 IPO，或者永不上市。同时，家族企业的 IPO 决策又与外部间接融资环境密切相关。如果 IPO 对于家族企业而言是一种可选择的融资渠道的话，那么其价值往往取决于是否存在有效的替代性融资渠道。因此，以下将在没有任何外部债务融资、存在外部债务融资的不同融资环境约束条件下，讨论家族企业的 IPO 决策问题。

为了能够在后面的模型中直接讨论 IPO 成本这一影响家族企业上市决策的关键性因素，我们把 BR 模型中的 λ 替换成 $1 - b$，b 即企业 IPO 的折价率，反映每单位资本需要支付的上市成本，$b \in (-\infty, 1)$。若 $b = 0$，表示企业按实有资本平价上市；若 $0 < b < 1$，表示企业折价上市；若 $b < 0$，则表示企业溢价上市。因此，IPO 意味着家族企业 k 单位私人资本转换为 $(1-k)b$ 的财产收入。

2. 在家族企业无法从金融市场获得债务融资的条件下

在前述的分析中可以发现，现实融资环境下银行等正规金融机构对家族企业的支持存在制度性供求失衡，而非正规金融又往往受到压制。严格的信贷配给限制和狭窄的债务融资空间，造成家族企业资金严重短缺。因此，突破融资限制、获得企业发展所需的资金往往是家族企业上市的最主要动机，但前提是上市获取的资本收益大于付出的上市成本。在向银行等正规金融机构融资不可行又不存在非正规金融市场的背景下，如果家族企业在当期 IPO 上市，家族的最优化问题就可视为简单的"消费—储蓄"问题，可以被写成：

$$z(w_0) \equiv \text{Max} \sum_{t=0}^{\infty} \beta_t \ln(c_t) \tag{3}$$

给定 $w_{t+1} = R(w_t - c_t)$，$w_0 > 0$

式（3）的解满足欧拉等式：

$$\frac{1}{c_t} = \frac{\beta R}{c_{t+1}}$$

并且满足转换条件：

$$\lim_{T\to\infty}\frac{\beta^T w_T}{c_T}=0$$

由此可以得到：

$$Z(w_0)=\frac{\beta\ln(\beta R)}{(1-\beta)^2}+\frac{\ln[w_0(1-\beta)]}{1-\beta} \quad (4)$$

而且式（4）的解是唯一的。解的形式是线性的：

$$c_t=(1-\beta)w_t,\quad w_{t+1}=\beta R w_t$$

这里消费和财富以 βR 的比率增长。为了使问题有意义，需要条件 $R>1/\beta$ 成立。因为如果这个条件不成立，财富和消费在上市后不会增加，家族就不会将企业上市。

如果家族企业立刻上市，k 个单位的资本转为 (1-k) b 的财富，其中 b 是单位资本的上市成本。根据式（4），效用的现值是：

$$Z[(1-b)k]=\frac{\beta}{(1-\beta)^2}\ln(\beta R)+\frac{1}{1-\beta}\ln[(1-b)k(1-\beta)] \quad (5)$$

假设家族有 k 单位资本。如果家族没有将企业上市的意愿，那么它的最优资本积累路径是 $k_{t+1}=\alpha\beta A k_t^\alpha$，企业生存期内的最大的效用为 Ramsey 增长模型的解：

$$X(k)=\frac{1}{1-\beta}\ln(1-\alpha\beta)+\frac{1}{(1-\beta)(1-\alpha\beta)}[\alpha\beta\ln(\alpha\beta)+\ln A]+\frac{\alpha}{1-\alpha\beta}\ln k \quad (6)$$

显然，如果：

$$Z[(1-b)k]>X(k) \quad (7)$$

家族企业将会选择上市融资。

式（7）成立的临界条件为：

$$\bar{k}=M(1-b)^{-\frac{c}{a}} \quad (8)$$

其中：

$$M=[A^{\frac{1}{1-\alpha}}(\alpha\beta)^{\frac{\alpha\beta}{1-\alpha}}(1-\alpha\beta)^{\frac{1-\alpha\beta}{1-\alpha}}]/[(1-\beta)^{\frac{1-\alpha\beta}{1-\alpha}}(\beta R)^{\frac{\beta(1-\alpha\beta)}{(1-\alpha)(1-\beta)}}]$$

式（7）说明：给定 b，如果积累的资本超过了下边界 $\bar{k}$，家族会将企业上市。式（8）的一阶条件 $\partial\bar{k}/\partial b=\frac{Mc}{\alpha}(1-b)^{-\frac{\alpha+c}{\alpha}}$ 说明，在其他条件不变的情况下，上市的临界资本 $\bar{k}$ 随单位成本系数 b 的增加而提高。

以上模型存在一个可能的问题，就是家族并不一定总能够积累足够的资本来满足不等式（7）。我们不妨假定从 k_0 开始，家族不消费，所有的产出都贡献给未来的资本，即 $c_t=0$，$k_{t+1}=Ak_t^\alpha$。因为 $\alpha\in(0,1)$，资本可能达到的最高水平是 $k_{max}=Ak_{max}^\alpha$。给定 b，如果 k_{MAX} 不能满足不等式（7），那么家族永远不会将企业上市，因为 k_{max} 是家族可能获得的最高的资本水平。换句话说，尽管家族资本回报是递减的，但对于 b 的某些值而言，家族企业可能永远不会将企业上市。因为，家族获得稳定收益的效用大于在一个上市成本较高时将企业上市的效用。①

3. 在家族企业能够从金融市场获得债务融资的条件下

如果家族企业能够从银行等正规金融市场融资，以 Q 的实际利率借入资本（$k_{ft}>0$），或者以 R 的实际利率借出资本给外部市场（$k_{ft}<0$）。间接融资市场的不完善使得借贷利率差存在，令借贷利差为 γ，那么 $\gamma = Q - R$。

这里，Z（ ）函数与前面是一致的。如果初级资本市场上的价格小于 Q，家族企业不会上市。为了说明这点，记 W(k) 为有 k 单位资本的家族的效用，假定家族永远不想将企业上市，此时：

$$W(k)=\frac{1}{1-\beta}[\ln(k+Y)+\ln(1-\beta)]+\frac{1}{(1-\beta)^2}[\beta\ln\beta+\ln Q]$$

其中：

$$Y=\frac{(1-\alpha)A(\frac{\beta A}{Q})^{\frac{\alpha}{1-\alpha}}}{Q-1} \tag{9}$$

则家族选择将企业上市的条件为 $Z[(1-b)k]<W(k)$

将式（5）和式（9）代入，该条件可转换为：

$$k>\frac{YQ^{\frac{1}{1-\beta}}}{R^{\frac{\beta}{1-\beta}}(1-b)-Q^{\frac{1}{1-\beta}}} \tag{10}$$

式（10）成立的条件必须要 $b=1-Q$，若不满足该条件，家族企业将不会上市。若该条件满足，则企业上市的临界资本水平为：

$$\bar{k}>\frac{YQ^{\frac{1}{1-\beta}}}{R^{\frac{\beta}{1-\beta}}(1-b)-Q^{\frac{1}{1-\beta}}} \tag{11}$$

---

① 因此，在推导家族企业上市的临界资本水平时，须确保这个资本水平满足不等式（7）。在随后对家族企业上市决策的分析中，均是以假定（7）式可能满足为前提。

同样，满足一阶条件 $\partial \bar{k}/\partial b > 0$，$\partial \bar{k}/\partial R < 0$。除了前面得出的其他条件不变的情况下，上市的临界资本 $\bar{k}$ 随单位成本系数 b 的增加而提高的结论依然成立外，在其他条件及 Q 不变的情况下，$\bar{k}$ 还是 R 的减函数。由于 Q 不变的情况下 R 与 γ 负相关，于是 $\bar{k}$ 与 γ 正相关。

由此可以得出基本结论：借贷市场越不发达（高 γ，相同的 Q 和低的 R），家族企业上市的临界资本额越大。与前面不同的是，这里存在一个 b 的上限：

$$\bar{b} = 1 - Q^{\frac{1}{1-\beta}} / R^{\frac{\beta}{1-\beta}}$$

在满足此条件下家族才会将企业上市。也就是说，只有在更低的 IPO 成本下，家族企业才会考虑上市。

4. 模型分析结论

上述模型分析表明，无论家族企业运行环境中是否存在外部的间接融资市场，家族企业上市融资行为决策都会受到上市成本的影响。具体可以概括为以下两点：①在不考虑外部信贷融资机会、家族企业成长完全依靠自有资金的情况下，影响家族企业 IPO 融资决策的唯一因素是 IPO 价格，或者说是 IPO 成本 b。家族企业上市的临界资本 k 随单位成本系数 b 的增加而提高。而且，对于 b 的某些值而言，家族企业可能永远不会选择上市融资。②在存在外部借贷的情况下，IPO 成本 b 和银行存贷利差 γ 均会对家族企业的上市融资决策产生影响。银行存贷利差 γ 越高，家族企业上市的临界资本规模越大，而且只有在更低的 IPO 成本下，家族企业才会考虑上市融资。可见，尽管家族企业对是否上市有着诸多不同的考量，但上市的融资成本与所获得的收益回报，是家族企业上市融资行为决策的基本依据。

通过家族企业上市融资行为决策的模型分析，有助于我们从技术因素层面对家族企业上市融资的行为、动因及其决策过程的理性认识。其本质意义在于，家族企业的融资行为策略，必然受到企业主及其家族财富效应的影响，总是寻求融资收益与成本差额最大的融资路径。

第五章　家族企业融资行为的动态变迁

家族和企业都是具有生命周期的生命体。无论是家族企业的创立和发展，还是家族企业资本的积聚和运转，都显现出有机的、动态的生命周期特征。家族系统与企业系统相互交织和动态变化的复杂性质，以及家族、资本、所有权、控制权以及外部环境等内生结构要素和外生作用要素的多维波动，决定了家族企业生命周期各阶段的融资需求、融资能力和融资方式也不尽相同，由此也注定了其融资行为的动态性特征。也就是说，家族企业融资行为并非一种固定的模式，而是体现出随生命周期演进而动态变迁的运作机制和变化规律。

第一节　家族企业生命周期

一、企业生命周期现象

企业所呈现的生命周期现象是其基本活动规律之一。作为一个社会经济组织，企业自我更新和发展的内在特征与生物体所具有的特征非常相似，都要经历从生到死、由盛转衰的过程。空间上，企业是各种要素、资源或能力在结构上的不同安排，即构成企业有机体的那些物质的、社会的、文化的要素的有机结合。时间上，企业总是遵循着自身的规律，在开放的环境中通过投入产出不断地与外部进行物质能量交换，从而实现自身的目标。空间因素和时间因素的结合，构成企业有机体的生命内涵。

最早将企业比喻成生命有机体，认为企业是有生命周期的是英国经济学家阿弗里德·马歇尔（Alfred Marshall，1890）。他在《经济学原理》中用森林中的树木来比喻企业的成长机理：一个产业就像一片森林，大大小小的企业犹如森林中参差不齐的树木，都有生存和发展的机会，也都有凋零枯萎的命运，"岁月或迟或早都要对它们发生影响……它们逐渐地失去活力"。[284]也就是说，企业就像生物有机体一样具有生命，并且存在着一个相对稳定的生命周期，即所有企业都会经历一个从低级到高级、由幼稚到成熟的生命规律，它们都有自己的出生、成长、成熟和衰退的不同阶段，每个阶段之间紧密相连，从而构成了企业完整的生命周期。1972年，美国哈佛大学教授拉丙·格雷纳（Larry E. Greiner，1972）在《组织成长的演变和变革》一文中，率先用"生命周期"这一概念框架对企业的成长过程进行了分析和总结。[285]格雷纳将企业作为一般组织去研究，认为企业组织包含了一段相对平静的稳定进化成长期，而结束于不同形式的管理危机，组织发展同时受到组织年龄、组织规模、稳定进化时期、剧烈改革时期与产业的成长率等内外因素的互动影响。企业在不同时期有不同的特征和问题，需要权变地选择解决问题的方法和战略。丘吉尔和刘易斯（Churchill和Lewis，1983）根据管理决策风格、组织结构复杂性、运作系统、战略规划、业主与企业的关系这五方面把企业的生命周期分为五个阶段，即创业、生存、成功、扩张和成熟。他们认为在每个成长阶段，企业一般会面临健康成长和经营失败两种选择，而很少有企业能够长期维持现状。[286]

美国的伊查克·爱迪思博士（Ichak Adizes，1989）在其名著《企业生命周期》中指出，[287]企业与自然界生物一样都遵循生命周期规律，都会经历一个从出生、成长到老化直至死亡的生命历程，而且呈现出的性质也极为相似。他基于企业所具有的灵活性和可控性将企业生命周期分为成长和老化两大阶段，并根据风险偏好、期望值、资金、主导部门、目标导向等因素进一步把两大阶段细分为十个时期，即孕育期、婴儿期、学步期、青春期、盛年期、稳定期、贵族期、官僚化早期、官僚期和死亡期，这可用一根钟形曲线表现出来（见图5.1）。企业活力在成长阶段不断增加，但从青春期到稳定期，其速率已呈递减趋势。稳定期是企业成长的顶峰。经历稳定期之后意味着企业进入了老化阶段，活力不断减少，直至死亡期，企业活力为零。企业在生命周期的每一阶段都会面临转型问题，只有在克服了这些问题之后方能健康成长。

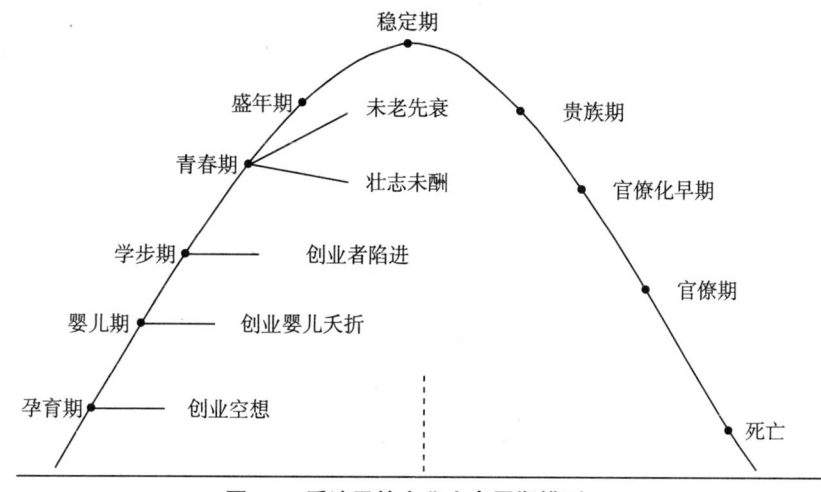

图 5.1 爱迪思的企业生命周期模型

资料来源：伊查克·爱迪思：《企业生命周期理论》，北京：中国社会科学出版社，1997年版，第96页。

国内学者陈佳贵教授（1995）发展了日本学者藤芳诚一的蜕变理论，提出了企业生命周期蜕变模型。[288]他以企业规模作为纵坐标，把企业生命周期划分为孕育期、求生存期、高速成长期、成熟期、衰退期和蜕变期六个阶段。与爱迪思的古典模型相比，陈佳贵不但在模型中加入了一个规模变量，还在企业衰退期后加入了蜕变期，认为企业在衰退期时可以通过经济形态、实物形态、产品三种蜕变形式，获得第二个生命周期，这就摆脱了在爱迪思企业生命周期模型里企业一定要面对死亡期的"宿命"，对企业可持续发展具有重要意义。李业（2000）提出了企业生命周期的修正模型，[289]他不同于陈佳贵将企业规模大小作为企业生命周期模型的纵坐标，而是以销售额作为纵坐标，将企业生命周期依次分为孕育期、初生期、成长期、成熟期和衰退期。单文、韩福荣（2002）重新审视了爱迪思古典企业生命周期模型中灵活性与可控性两个因素后，把企业规模作为变量加入到模型中，提出了由可控性、应变性和规模三个变量组成的三维空间企业生命周期（Three-Dimension Corporate Lifecycle，TDCL）模型。[290]

本质上，企业生命周期不是对企业存续时间长短的描述，而是对企业灵活性、成长性及竞争性的本质揭示（刘朝明，2004）。各种企业生命周期理论的共同点是把企业看作一个活的生命体，即心智、躯体、精神一应俱全的生物法人，从生存发展的角度深入考察企业从创立、成长到衰亡的全部过程，动态评价企业发展各阶段特点及对策，探讨企业生命演进过程中呈现的阶段性及成长与老化衰亡的关键因素和深层原因，揭示企业持续成长的规律，寻求企业长寿之道和修炼途径。其中，有关企业生命周期阶段的划分一直是一个重点。表 5.1 为国内外一些企业生命周期模型的比较。各模型的描述基本都是在一个连续的时间段内，依据一定的标准人为地将企业的发展划分为若干个阶段，通过研究不同阶段的特征，归纳企业动态发展过程的基本规律。

表 5.1 国内外一些企业生命周期模型比较

作 者	所用术语	阶段数	阶段划分的依据
Mcgure（1963）	成长阶段	5	经济增长阶段模型
Downs（1967）、Lippitt（1967）	发展阶段	3	组织结构复杂程度
Sicinmetz（1969）	成长阶段	4	所有者对企业的控制方式
Scott（1971）	成长阶段	3	组织结构复杂程度
Greiner（1972）	成长阶段	5	管理风格
Galbraith（1982）	生命周期阶段	5	针对高技术企业
Quinn 和 Cameron（1983）	生命周期阶段	4	管理风格、组织结构
Gherchill 和 Lewis（1983）	发展阶段	5	管理风格、组织结构、运营系统、战略、业主
Smith、Michell 和 Summer（1985）	生命周期阶段	3	企业规模
Flanholt（1986、1990）	成长阶段	7	企业规模（以销售额计）
Kazanjian（1988）	成长阶段	4	产品或技术的生命周期
Adizes（1989）	生命周期阶段	10	实现企业目标、行政、创新精神、整合
Timmons（1990）	成长阶段	4	销售收入，企业年龄
Rowe 等（1994）	生命周期阶段	5	组织规模、管理风格
陈佳贵（1995）	生命周期阶段	6	企业规模
李业（2000）	生命周期阶段	5	销售额
单文、韩福荣（2002）	生命周期阶段	9	可控性、应变性和规模

二、家族企业生命周期演变

与一般企业组织一样，家族企业也存在由小到大、由弱到强或者由盛到衰的生命周期。但家族嵌入使得家族企业生命周期的演变又体现出其独有的特性。家族企业生命演进是伴随着家族和企业两个维度而发生的，是一个规模扩张、资本开放、企业边界发生变化的过程，也是治理结构、能力积累和组织制度的变迁过程，具有显著的阶段性特征。盖尔西克在分析家族企业发展过程时提出，应从两个视角把组织结构在长期中为什么变化和怎样变化加以考虑。第一个视角集中于制度、惯例等外部的经济和社会力量对组织的影响。第二个视角将组织看作是在一系列可预测的阶段上的不断变化，部分受到外部环境条件的驱使，但首先是受组织内复杂而成熟的因素的自我推动。"这些要素集中在组织生命周期上……公司在其生命过程中经过一个大致上可预期的阶段系列，每个阶段都伴随有一套可预期的挑战，就像生物体一样"。[1]

盖尔西克（1998）以家族、所有权、企业的三环模式为基础，进一步加入时间因素，将家族企业的生命周期分为初创期、扩展或正规化期、成熟期三个阶段，建立了一个家族企业的三极发展模型，[1] 见图5.2。在所有权、家族和企业三个独立而又相互交叉的子系统所构成的家族企业系统中，企业到达任何一个新阶段时所呈现出的形态由所有权、家庭和企业这三个发展轴上的某一点所决定，既相互独立，又相互影响。随着生命周期的变化，所有权维度从创业者主要拥有到向家族成员的逐步分散，甚至引进外部财务资本实现产权深度多元化；家庭（家族）维度则体现家族的发展周期，随着不同的家庭或其后代的成长，家族成员逐步展开分工协作，家族内部也要考虑领导权的传递，以延续家族企业的生命；而企业维度与所有权、家族的各个发展

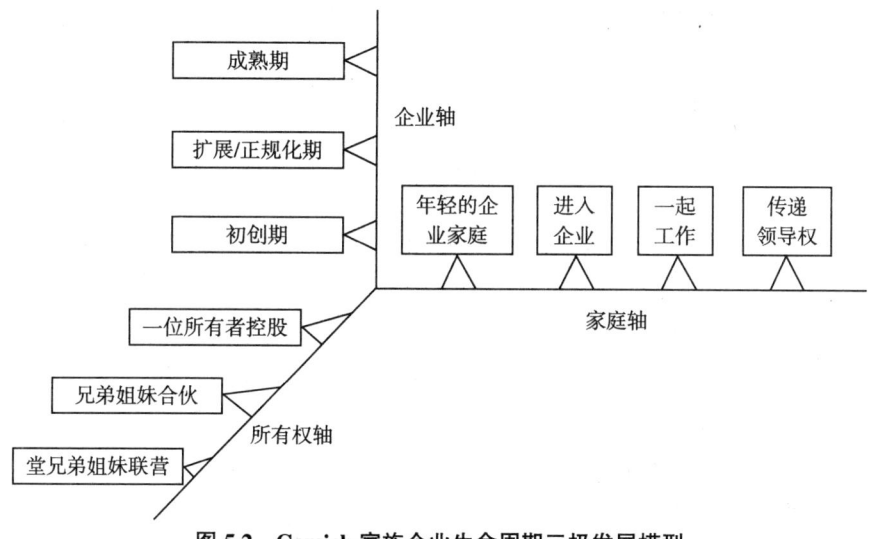

图5.2 Gersick家族企业生命周期三极发展模型

阶段对应与结合，呈现管理模式、组织结构的逐步变迁过程。模型对家族企业生命周期内在演变规律的分析，深刻地揭示出家族成员在家族企业中工作的生命周期、企业的生命周期与家族企业所有权之间的空间关系，为家族企业每一个进程的长远发展提供了一个可预期性的框架。

卡洛克和沃德（2002）则更为全面地从生命周期出发来考虑家族成员与企业的发展，"个人的生命周期发展遵循一定模式，发展时间一般平均为70~80年，而行业与组织的生命周期发展轨迹则较难预测"。[176] 其建立的家族企业生命周期模型（即 Carock-Ward 模型）如图 5.3 所示。

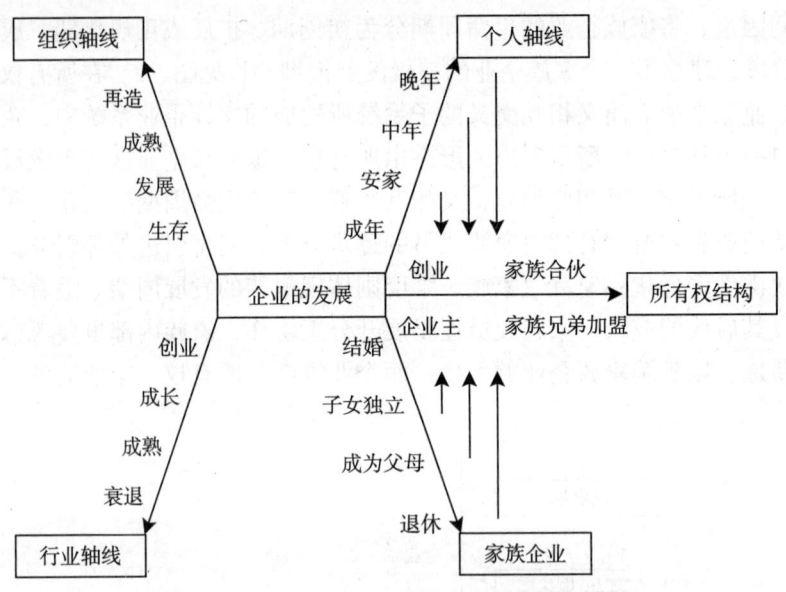

图 5.3 Carock-Ward 家族企业生命周期模型

无论在中国，还是在其他国家，都有关于家族企业生命持续的话题。中国有"富不过三代"的民谚，欧洲有"三代人木屐传木屐"的传说，南美有"做生意的老子，花花公子的儿子，要饭的孙子"的讽喻。由于历史的原因，我国家族企业发展历史较短，寿命普遍不长。根据第七次全国私营企业抽样调查，2006 年样本中私营企业的平均存续年限为 6.3 年，其中存续最长的企业是 20 年。而家族企业的平均寿命在欧洲是 24 年，这大致与经营者的创立年限相同。美国只有 30%的家族企业延续到第二代（Beckhard 和 Dyer，1983），而不足 16%能延续到第三代（Applegate，1994）。尽管这些数据说明了家族企业持续经营的脆弱性，但却不具有普遍性，一些家族企业显示出非常强大的生命力。例如，莱维—斯特劳斯公司、罗思柴维尔家族、杜邦公司等是延续了六七代的家族企业。长期以来一直被公认为杰出的家族企业的杜邦公司，由家族控制和管理的时间长达170年。公司于1802年创立，皮埃尔及其兄弟通过控股公司的复杂网络保持了对公司的控制；到1917年，公司的所有者仍然管理着公司；到20世纪30年代，公司董事会中高层经理的人数开始超过杜邦家族成员；直到70年代公司才正式由专业管理层接管，成为经理式的企业。

三、家族企业生命周期模型构建

影响家族企业生命周期的变量是极其复杂的，不同研究虽然选择的划分标准和阶段数目有所差异，但基本上都是围绕着诞生、成长、壮大直至死亡的这一主线确定家族企业生命周期的各个阶段。本研究将家族企业生命周期划分为初创期、成长期、成熟期和转化（衰退）期[①]四个阶段。以此为基础，从家族企业生命周期的特征及规律出发，以企业成长为纵坐标，企业寿命为横坐标，建立家族企业的生命周期模型，以对家族企业的生命周期进行更为直观的解析。

家族企业发展应该具备以下几个条件：一是企业的规模能够进行扩大，同时企业的发展后劲得到加强，以及企业可以累积自身的无形资产。因此，家族企业的生命周期可以用以下三个方面的指标来判断和测算：企业规模（S）、企业发展后劲（D）、企业无形资产（U），见表5.2。这三个指标结为一体，缺一不可，放弃其中任何一个或两个指标，追求企业发展都是不能成功的。

表5.2 企业发展的衡量指标体系

衡量指标	细分指标
企业规模（S）	员工数量、营业额、有形资产
发展后劲（D）	资金状况、产品和服务质量、管理实力
无形资产（U）	品牌、声誉、技术专利

---

① 与一些研究将死亡作为企业生命周期的终点不同，笔者认为家族企业进入转化（衰退）期后，存在两种前途：或是衰退，并迅速走向消亡；或是转化蜕变，向一个新的生命周期转化。

据此，家族企业生命周期可用函数表示为：$F = f(S, D, U)$。其中，$S = s(T)$、$D = d(T)$、$U = u(T)$ 分别表示企业规模函数、发展后劲函数和无形资产函数，而这些函数又都是时间的函数，意味着不同时期家族企业的规模、发展后劲和无形资产是不同的。由此，家族企业生命周期函数最终可以表示为时间 (T) 的函数：$F = f(S, D, U) = f[s(T), d(T), u(T)]$。

通过函数模型的一阶导数和二阶导数，可以划分出家族企业生命周期的各个阶段。F' 是家族企业生命周期曲线 F 的斜率函数，F'' 是 F' 的斜率函数。如果 F 曲线的斜率>1 或<-1 时，曲线将加速变化。① 当 $F''|_{T=t} = 0$ 时，点 $C(t, F|_{T=t})$ 是函数 F 的拐点，即函数曲线的凹面和凸面相连接的点。② 拐点在家族企业生命周期中具有重要的影响，有学者曾以"战略转折点"来描述它（例如，杨杜，2000）。据此，家族企业生命周期可划分为四个时期，如图 5.4 所示，点 A、B、C 是生命周期阶段划分的临界点。其中有：

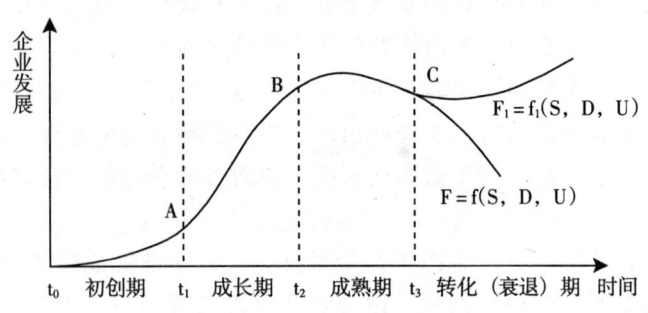

图 5.4 家族企业生命周期演进

$F'|_{T=t1} = 1$，$F'|_{T=t2} = 1$，$F'|_{T=t3} = 1$。

当 $0 < F'|_{T=t1} < 1$ 且 $F'' > 0$ 时，家族企业处于创始期，此时生命周期曲线是凸的，预示着企业有加速发展的趋势。

当 $F'|_{T=t} > 1$ 时，家族企业处于成长期，此时生命周期曲线可能是凸的，也可能是凹的。凸状说明家族企业的增长是以加速度递增的方式成长，凹状曲线则意味着家族企业是在增长，但发展势头呈递减趋势。

---

① 根据微分学，当一个函数的一阶导数大于零时，意味着函数值将随变量值的增加而增加；小于零时，意味着函数值将随变量值的减少而增加。同时如果一阶导数大于1，这意味着函数值随变量值的增加而增加且增加幅度要大于变量值的增加幅度；如果大于零但小于1，这意味着函数值随变量值的增加而增加且增加幅度要小于变量值的增加幅度。

② 如果当函数的二阶导数取零时，函数的凹凸性会发生变化，那么该点就称为函数的拐点。

当 $-1 < F'|_{T=t} < 1$ 且 $F'' < 0$ 时，家族企业处于成熟（稳定）期，此时的生命周期曲线是凹的，企业发展态势开始从缓速递增向缓速递减转变。函数的拐点在该阶段末端出现。

当 $F'|_{T=t} < -1$ 时，家族企业处于转化（衰退）期。此时如果没有出现新的力量来改变家族企业的路径依赖性，其生命周期曲线依旧沿原轨迹运行，则面临着快速衰亡。但如果家族企业能够提前进行二次创业，通过转型改造实现飞跃，则其生命周期曲线会在成熟期末端的 C 点出现一个向上弯曲的转折点，企业生命形态继续上升，形成新一轮成长发展周期，出现新的企业生命周期曲线：$F_1 = f_1(S，D，U)$，且 $F''|_{T=t} > 1$，这种形态也是许多家族企业所追求的目标。

家族企业生命周期曲线的各个阶段呈现出不同的特征。

（1）初创期。这是家族企业的设想、组建和起步时期，面临的主要问题就是创立和生存，主要特征是：①企业创始资本主要来源于作为核心创业者的企业主投资及其家庭积蓄，企业主既是财务资本的提供者，又是人力资本和社会资本的供给者。②企业组织结构是最小的而且是非正式的，企业主凭借其主要的原始资本投入、创办企业的功勋以及家长式的管理，在企业中树立了至高无上的权威，成为企业的实际所有者和控制者，绝大多数信息要归向或通过企业主，血缘关系维系着企业的发展和治理。③大多数家族企业致力于一种产品或服务，希望能够坚持足够长的时间并最终安定下来，在规模和无形资产等方面几乎是一片空白。该阶段面临的最大问题是资金不足，如果解决了资金制约，家族企业就可能比较顺利地成长发育步入成长期。①

（2）成长期。经过初创期的发展，一些家族企业会进入一个快速增长的成长期，也许是"一个短暂的、爆炸式的时期"，也许是"逐渐进化的一个很长的时期"（盖尔西克等，1998）。该阶段需要考虑如何产生足够的现金流量来支持企业成长，通过管理变革和组织变革应对复杂的商业环境和企业发展，主要特征是：①企业规模不断扩大，需要较多人力、财力、物力的支持，更多的家族成员进入企业，家族其他亲缘关系者②成为企业获得资本或人力支持的重要来源。②企业出现了组织结构和制度程序变迁或转折的趋向，财务

---

① 据盖尔西克（1998）的研究，家族企业在初创期的失败率较高。在美国，这类企业成立后第一年倒闭的有 40%，第二年倒闭的有 60%。
② 包括"五缘"（血缘、亲缘、地缘、学缘、业缘）等关系者。

制度、会计制度、采购、销售等管理制度逐步建立并趋于正规。该阶段家族企业处于快速成长的运行状态,但也面临一些新的挑战,资本融合、组织变迁及制度完善尝试的成功与否将在很大程度上决定家族企业的未来发展方向。

(3) 成熟期。成熟期的来临是以"组织结构与关键产品渐渐放慢它们的进化速度"为标志,这是家族企业生命周期中最理想的状态。该阶段所面临的挑战是如何通过持续稳定的增长来巩固和控制企业利润,保持家族企业的持续发展,主要特征是:①企业组织结构总体上处于相对稳定的状态,所有权结构趋于分化与明晰,组织结构由高级管理层掌握,组织日常工作已相当固定。②企业具有比较稳定的市场份额,以及稳定的(或正在下降的)企业利润和顾客基础,而进一步扩展的可能性不太大。资本获取及业务拓展超出了企业主个人能力所把握的范围,为充分利用规模经济和范围经济带来好处,保持企业生命的延续,理性的企业主会更多地融入外部资本,并招聘具有专长的管理者进入企业,向其转移让渡部分企业控制权。但出于对职业经理人逆向选择和机会主义行为的忧虑和担心,绝大部分家族企业的创业者很难完成这种质变。

(4) 转化(衰退)期。经过较长时间的发展,家族企业会进入转化(衰退)期。处于衰退期的家族企业面临来自于内部或外部双重困境,资金严重缺乏,缺乏创新精神,技术老化,产品落后,竞争力差。这时,家族企业可能沿着两个不同的方向运行转化:一种是不满足家族制日益减少的组织净收益,企业组织开始摆脱家族管理模式,企业股权的多元化和社会化程度越来越高,吸纳大量社会股本而成为公众公司,从而逐渐失去家族的特色,这是一种"安乐死";另一种是保持家族企业的路径依赖,由于不能顺利实现转化而出现衰败或倒闭,这是一种"痛苦死"。显然,"痛苦死"的比例要高得多。该阶段是家族企业生命演变的重要转折。

四、家族企业生命周期的阶段轮回

尽管家族企业的发展能清楚地分辨出不同阶段,但真实世界里的大多数家族企业更加复杂,可以跳过几个阶段、倒退、停滞或同时处于几个阶段。企业某些部分在扩展或成熟,而新的事业又在其他部分产生,重新创造兴起的动力。但是作为一个整体,处于某一时刻的家族企业总可以被归结于四个阶段其中的一个,体现出该阶段的主要特点(盖尔西克,1998)。家族企业的衰落或死亡在生命周期的任何阶段都可能发生，而并不仅仅是在成熟期之后，正如盖茨所说"微软离破产永远只有18个月"。同时，家族企业也会在某个阶段长久停留，甚至会倒退到以前的阶段，在整个生命历程里可以经历很多次阶段的轮回（于立、马丽波、孙亚锋，2003），见图5.5。一般说，主要有三种情况：[135] 一是部分家族企业顺利地逐一走过始创、成长、成熟和转化（衰退）四个阶段，如图5.5中的粗黑线所示；二是有的家族企业可能出现跳跃式前进，如图5.5中的细黑线所示；三是相当多的家族企业可能出现"未老先衰"现象，如图5.5中的虚线所示。盖尔西克（1998）指出，[1] 不同阶段之间的过渡可能是渐进的，也可能是急剧的。在家族企业领域有各种各样的事件（例如一个新市场突然开张或得到一位重要的新主顾）都能使企业沿着发展道路开始大步前进。所有权及家庭中的变化也能刺激或延缓组织的发展，例如一次突然的资金涌入，一次谈判，或者是一大笔家庭投资资本未经计划的抽出。相比而言，较为缓慢的继承程序也能刺激家族企业运动到下一阶段。在成长壮大与停滞衰退的转折点存在着生命力与衰朽力之间的平衡或者均衡，正确应对不同问题的挑战是家族企业顺利进入下一阶段的前提。

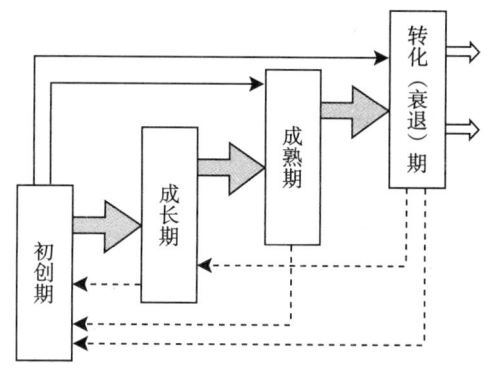

图5.5 家族企业的生命周期阶段轮回示意图

由此可见，并不是每个家族企业都会经历所有的生命周期阶段，很多家族企业寿命较短，甚至只经历初创期就夭折了。即使家族企业经历了从产生到转化（衰退）的全部过程，也存在不同家族企业处于同一阶段的时间长短不同的问题，有的家族企业在很短的时间内就经历了所有生命周期阶段，而一些百年老店却长期处于生命周期的成熟阶段。①后者数量很少但却有着特殊的重要性,美国也只有不足5%的家族企业达到这一阶段,它们都对国民生产总值、就业机会、出口及技术革新做出巨大贡献(盖尔西克,1998)。著名家族企业日本松下公司历经持续发展,松下幸之助的个人股权从创业之初近乎100%下降到1950年的43%,1955年的20%,1975年更猛降到2.9%,而松下公司的成长发展突破了个人和家族的局限性,成为国际大企业。相比之下,大部分家族企业基本上停留在创业或成长阶段,甚至还没有解决生存问题就消失了。盖尔西克对美国家族企业的研究表明,到开业的第10年时,约有90%的企业都会倒闭。而中国每年新生15万家家族企业,同时每年又死亡10万多家,有60%的家族企业在5年内破产,有85%的家族企业在10年内死亡,其平均寿命只有2.9年。[19]

第二节 家族企业融资行为的动态性特征

企业生命周期的各阶段不仅代表时间的演变,更多是代表企业的众多战略性问题,影响到企业内部所需资源以及获取相应资源的挑战的实质和程度(Quinn和Cameron,1985)。这种不同发展阶段的资源需求挑战在应用于家族企业的资本积累和运转上时更是明显。对家族企业而言,生命周期各阶段的内生所有权结构、资本结构、组织结构以及外部融资环境的差异,导致企业融资需求、融资能力、融资方式和信息约束的动态性,映射出家族企业融资行为伴随其生命周期动态变迁的运行机制和变化规律。这或许能够部分解释为什么研究者们在运用不同的样本研究家族企业融资行为和融资结构时,得到的结论亦不相同,甚至截然相反——特别是当不同样本企业的年龄有较大差异的时候。

---

① 值得注意的是,家族企业生命周期的不同发展阶段并非唯一取决于企业的存续年限,正如爱迪思(1997)所言,规模和时间不是引起成长和衰老的原因,不要以为一家有传统的大公司就老,一家没有传统的小公司就年轻。

一、融资需求的动态性

家族企业现实资金需求的形成受两个方面因素的影响：一是企业融资能力；[①] 二是企业未来发展及经济活动。当家族企业的财务状况非常好，现有资金能够满足生产经营的需要，并且有充足的利润盈余和内源融资能力，一般不会形成现实的资金需求；反之，若财务状况十分糟糕，偿债能力、积累能力等各项指标均达不到外部投资者的要求，企业将丧失举债资格，同样也形不成现实资金需求。可见，融资能力是家族企业融资（特指外源融资）的基础和出发点。另外，家族企业的未来发展及经济活动是潜在资金需求产生的物质基础。家族企业未来发展离不开资源的配套，其生产经营活动将始终伴随着资金流动。在此过程中必然要产生对资金的需求，这就是潜在的资金需求。在特定财务状况（即融资能力）的基础上，这种潜在的资金需求进一步转化为现实资金需求，并最终成为企业外源融资行为的动机所在。因此，以潜在资金需求为诱因，以融资能力为条件，形成了家族企业现实资金需求，亦即家族企业有意愿（潜在需求）又有能力（融资能力）的资金需求，它与现实资金供给的匹配就成为融资，如图5.6所示。

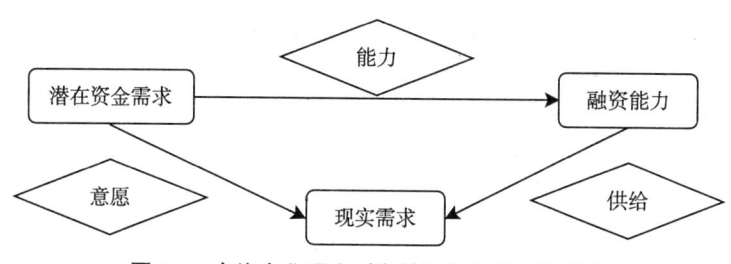

图 5.6 家族企业现实（有效）资金需求的形成

在家族企业生命周期不同阶段，其融资需求各不相同。不同年龄、不同规模、不同资本扩张阶段的家族企业，对资金的需要量以及渴求程度不同，资金偿付能力也存在差异。在初创期，由于需要投入初始固定资产和市场开拓的资金，融资对企业极为重要，但市场占有率较低、拥有的资产规模较小

[①] 此处主要指企业的各项财务指标均表现良好，投资者预期企业未来有充足的净现金流可以偿还企业的债务。

以及无盈利记录和无抵押能力的现实状况，又决定了此阶段其对资本需求相对有限，融资需求的规模也较小，但随着产品开发和市场开拓的进展，对资金的需求逐渐增大。在成长期，产品得到市场认可使其产品销售得到迅速增长，市场占有率的迅速提高，企业大规模的扩展光靠利润盈余的再投资不能满足需要，资金需求量很大，融资的需求程度及其规模扩大成为家族企业成长阶段融资需求的重要特征。至成熟期后，家族企业的产品市场需求进入相对稳定与饱和阶段，资本需求规模的增加速度也将放缓。当进入衰退期时，产品的市场份额急剧下降，财务状况趋于恶化，偿债能力、积累能力等各项指标不断下降，均达不到外部投资者的要求，家族企业的举债能力逐步丧失，基本上难以形成现实的资金需求（见图5.7）。

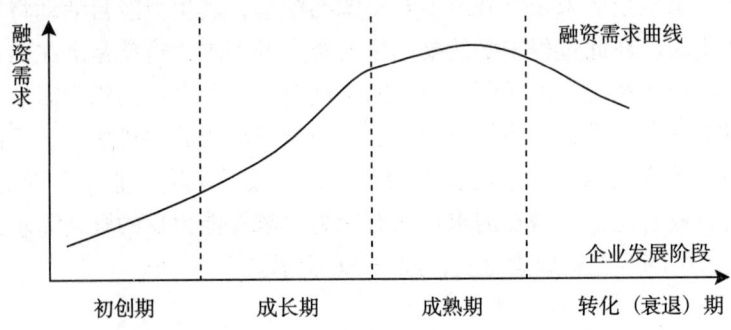

图 5.7　家族企业生命周期与融资需求之间的关系

二、信息约束的动态性

信息作为经济社会中必不可少的一个因素，是企业能否获得外部资金的决定因素。家族企业内生的信息封闭性和低规范性，是形成信贷配给、制约其融资活动空间的主要障碍。家族企业显示信息能力在生命周期各阶段[①]是不同的（见图5.8）。从信息经济学的角度来看，这种能力可以通过家族企业规模、存续时间、财务状况、企业拥有可抵押或质押的财富水平和企业能够获得潜在资金的渠道等指标来反映，由此形成了与其信息透明程度相匹配的不同的融资行为方式。

---

① 在以下分析中，由于家族企业转化（衰退）期的融资活动具有很多不确定性，因此部分内容主要讨论家族企业从初创到成熟这段时期融资行为的动态变迁，未涉及转化（衰退）期的融资活动。

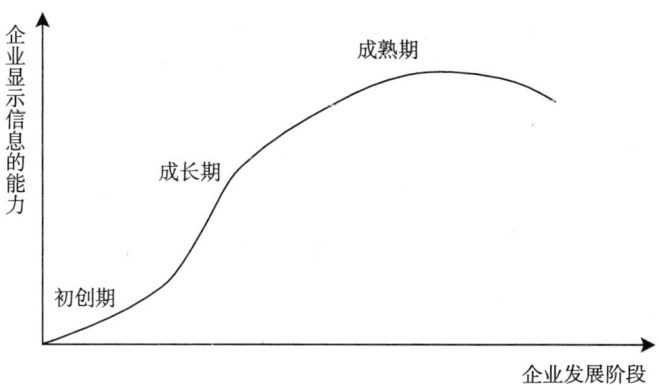

图 5.8 家族企业生命周期与显示信息能力

信息不对称导致了资本市场不完善,企业在发展初期缺乏一定的资信来获取便宜的外部融资,因此需要逐渐积累(Zsuzsanna,1998)。在家族企业初创期,通常是根据企业主个人的判断性决策创办企业的,生产经营活动具有高度的不确定性,企业既没有抵押能力,又没有信贷记录,信息透明度极低,使资金所有者无法准确判断投资收益率和风险程度而限制资金投放,基于软信息的内源融资和非正规融资成为企业首选。随着成长期家族企业规模的扩大和存续时间的延长,企业有了抵押能力和信贷记录,企业内部信息和隐藏行为在与金融机构发生借贷关系之后开始变得透明,与银行和供应商的信息沟通传递逐步改善。当家族企业进入成熟期后,资产规模进一步加大,生产经营活动所面临的不确定性程度降低,能够提供充分的信贷记录和足够的有效抵押品,有了相对较高的信息透明度,便于贷款者和投资者更加透彻地掌握企业经营信息。商业银行对企业经营状况有良好的判断,也愿意对其提供中长期信用贷款;同时,企业在满足资本市场信息要求的基础上,通过发行股票和债券进行直接融资的渠道也随之拓展。

Berger 和 Udell(1998)认为,[50]企业融资问题本质上就是信息不透明的问题。不同的外部中介机构在处理企业融资问题上有不同的方式,不同融资渠道的选择部分地取决于企业所面临的信息问题类型,以及什么样的渠道适合解决这个问题。他们把伴随着企业生命周期而发生的信息约束、企业规模和资金需要量等作为影响企业融资结构的基本因素,研究描述了美国中小企业生命周期与融资渠道、模式的演变关系,如图5.9所示。小的年轻的信息不透明的企业多依赖于初始内部融资、贸易信贷或天使融资;当企业逐步发展时,则可以获得间接融资;① 最后,如果企业持续增长,则有机会通过公共权益和债务市场进行融资。随着企业的发展壮大,信息逐渐透明,融资逐渐容易起来。其结论是:在企业成长的不同阶段,随着信息约束、企业规模和资金需要量等约束条件的变化,企业的融资方式和融资结构将随之发生变化。基本变化规律是:越是处于早期成长阶段的企业,外部融资的约束越紧,渠道也越窄;反之则相反。这一分析在很大程度上也反映出生命周期不同阶段的信息约束变化对家族企业融资行为的影响。

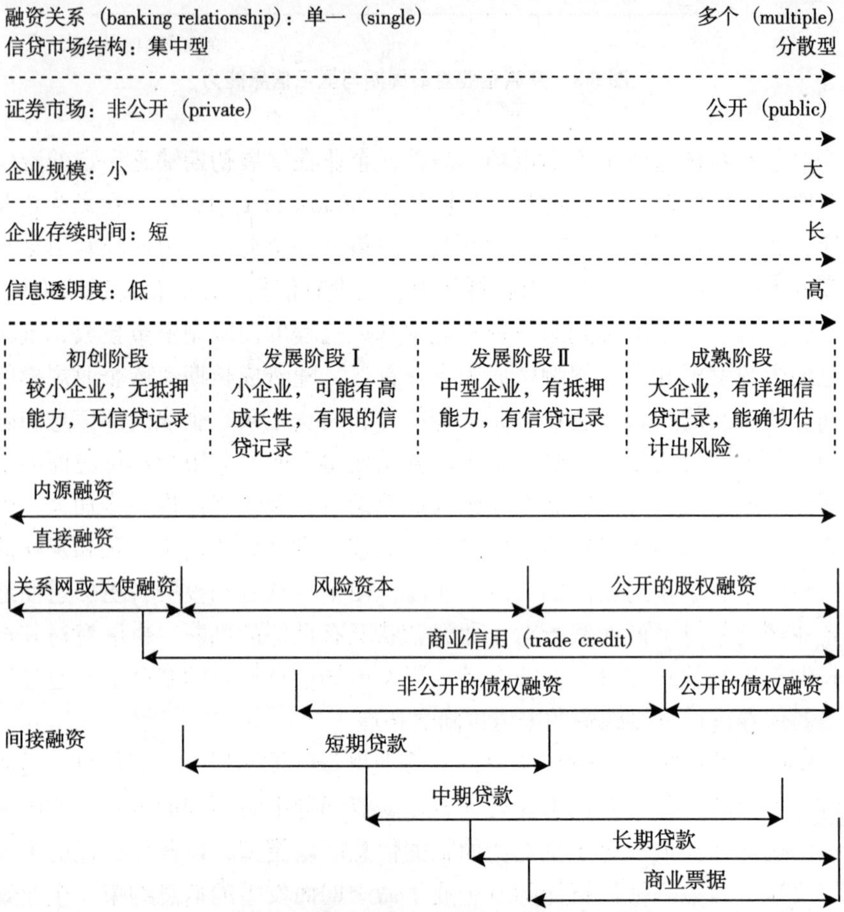

图 5.9 美国中小企业成长与融资方式演变

① 其中,权益资金来自于风险投资,债务资金来自于银行、金融公司等。

三、融资方式的动态性

家族企业生命周期各阶段对资金来源的属性要求与偏好不同,且不同融资方式资金的可得性与成本也不同,体现于内源融资和外源融资、正规融资与非正规融资的交替变换等方面。

1. 内源融资和外源融资

家族企业在生命周期的不同阶段,融资方式经历由内源融资到外源融资的交替变换。处于创始期的家族企业非常依赖于企业主及其家族的初始投入,内源融资随着家族企业的发展而继续增加;到了成长阶段,这种趋势逆转,外源融资开始增加,内源融资开始减少;到了成熟阶段,内源融资的比率再次增加,如图 5.10 所示。这是因为,在初创时期家族企业的生产规模小,资金需求量相对不高,同时企业没有任何积累也没有任何可抵押的资产,在信息透明度和信用保证、抵押能力等方面的缺陷也导致外源融资的困难,企业资本扩张主要依靠内部积累,因此内源融资比例处于上升趋势;当家族企业扩张到一定水平时,单纯的内源融资难以满足企业日益增长的投资资金需求,依靠外源融资就显得日趋重要,加之资产抵押能力和信用保证有所提升,此时家族企业会利用商业信用、银行贷款及非正规金融等方式取得外源融资,于是内源融资的相对比例就会下降;进入成熟期的家族企业自我积累能力日益提高,出于降低融资成本、节约金融交易费用,防范经营风险、财务风险等各种动因,在扩展不同外源融资方式选择范围的同时,内源融资的资金供给能力和应用又趋于上升。

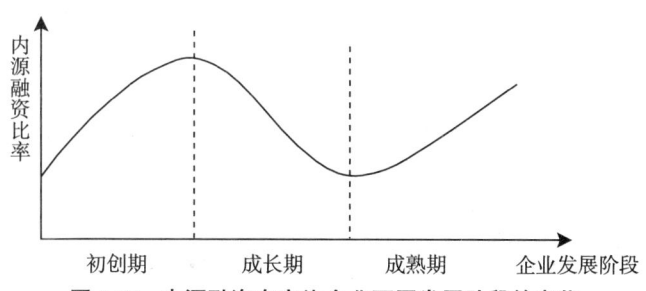

图 5.10 内源融资在家族企业不同发展阶段的变化

2. 正规融资与非正规融资

对于家族企业，非正规金融在外源融资渠道中占有举足轻重的作用，并与正规金融生成不同发展阶段此消彼长的替代效应（见图5.11）。在生命周期初级阶段，由于从正规融资渠道获得发展资金的路径较为狭窄，在大范围的正规金融市场难以进入的条件下，只好较多地求助于小范围的非正规金融市场筹集资金。对资金的极度渴求和正规金融机构的信贷配给等限制，加之非正规金融在信息搜寻、客户甄别、抵押担保、交易成本等方面的比较优势，形成家族企业对非正规金融市场一定程度的依赖。但随着家族企业的持续发展，非正规融资在活动范围、资金供应量以及融资成本（如高利率）等方面的缺陷日益显现，既无法充分满足企业资金需求，也带来非法运营所产生的一定的法律风险。出于融资来源多元化和资金成本的考虑，促使家族企业降低对非正规融资渠道资金来源的依赖。而正规融资渠道的变化趋势则正好相反，随着家族企业规模的扩大，资产抵押能力和信誉程度的提高，通过正规金融市场获得债务资金或权益资金的可得性趋于上升，逐步成为规模较大的家族企业外源融资的主要渠道。

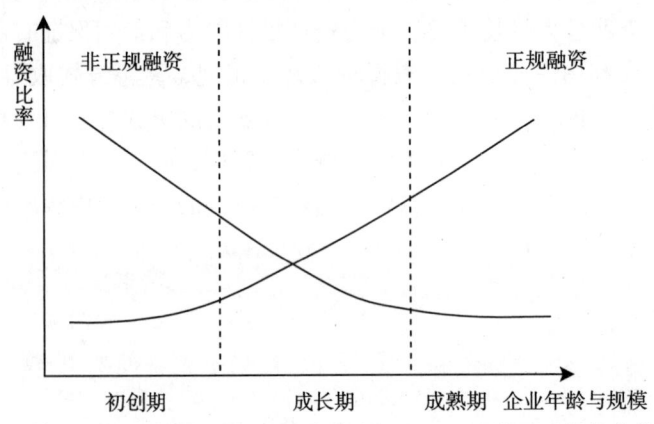

图5.11 正规融资与非正规融资在家族企业不同发展阶段的变化

四、融资方式与生命形态演变的动态对应性

以上分析表明，家族企业生命形态的周期性与融资方式的变化存在一定的关联性，不同的融资方式对应着不同的生命形态。一般来讲，在家族企业

初创、成长、成熟、转化（衰败）等几个阶段中，初创阶段对应的主要是内部融资方式，成长阶段对应的是主要借贷市场的债务融资，成熟期主要对应着资本市场的股权融资，而家族企业衰败的过程是逐渐依次退出资本市场和借贷市场，直至耗尽内部资金的过程。①

在此，以 X 轴代表家族企业周期的不同阶段，以 Y 轴代表融资方式的转化，构建家族企业融资方式演变模型，如图 5.12 所示。模型的函数表达式为：

$$Y = f(x) \begin{cases} f_1(x) & x \in [0, x_1] \\ f_2(x) & x \in [x_1, x_2] \\ f_3(x) & x \in [x_2, x_3] \\ f_4(x) & x \in [x_3, \infty] \end{cases}$$

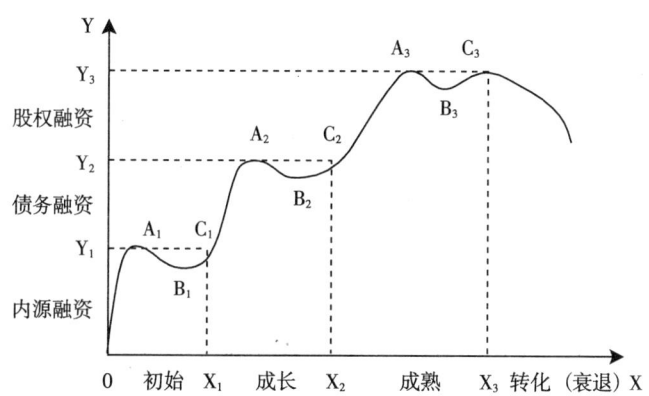

图 5.12 家族企业生命形态中的融资方式演变

当 $x \in [0, x_1]$ 时，A_1 为极大值：$f'(A_1) = 0$，$f''(A_1) > 0$；B_1 为极大值：$f'(B_1) = 0$，$f''(B_1) > 0$。

家族企业处于初创阶段，资产规模小，缺乏抵押资产及信誉记录，资金来源主要依靠企业主及其家族自有资金或留存收益。A_1 点表示企业使用内部资金达到顶峰，A_1 点过后，企业仅靠内部资金不足以满足发展需求，B_1 点表示企业在初创阶段靠内部资金维持生产时出现的危机点。这一阶段企业所需

---

① 当然，并不能排除现实中诸如高科技风险投资公司的介入会催生高科技家族企业，使之生命形态与融资形态在起始之初就站在很高的起点上，但这只是家族企业极为少见的例外，并不具有普遍意义。

融资的总额是：

$$\int_{x_0}^{x_1} f(x)dx$$

当 $x \in [x_1, x_2]$ 时，A_2 为极大值：$f'(A_2) = 0$，$f''(A_2) > 0$；B_2 为极大值：$f'(B_2) = 0$，$f''(B_2) > 0$。

进入成长期后，尽管成长初期外源债务融资仍然较难，部分地使用内部资金维持生产至 C_1 点。但 C_1 点过后，可供抵押资产和商业信用逐渐增加，形成一定的借款能力，逐步由内源性融资向外源性融资拓展，债务融资成为这一时期的主要融资方式。在 A_2 点，使用债务融资的能力最大。过 A_2 点后，债务融资所带来的利息成本和还款压力逐渐加大，债务融资开始下降，融资效率降低，至 B_2 点，单纯依赖债务融资维持发展出现危机。该阶段企业所需融资总额：

$$\int_{x_1}^{x_2} f(x)dx$$

当 $x \in [x_2, x_3]$ 时，A_3 为极大值：$f'(A_3) = 0$，$f''(A_3) > 0$；B_3 为极大值：$f'(B_3) = 0$，$f''(B_3) > 0$。

随着家族企业进入成熟期，由于债务资金的融资成本和交易成本相对较高，企业希望在规避风险的前提下获取资金以扩大市场份额，直接融资就成为这一阶段的最佳融资方式。企业走向成熟的初期阶段，债务融资向股票融资需过渡时期，即从 B_2 点到 C_2 点，企业仍部分依靠债务融资维持发展。过 C_2 点后，企业逐渐具备进入公开市场发行股票和债券等有价证券的条件，股权融资的比例不断上升，在 A_3 点达到最大。企业的生命历程达到最顶峰，处于最成熟时期。这一阶段企业需融资总额为：

$$\int_{x_2}^{x_3} f(x)dx$$

家族企业进入转化（衰败）阶段以后，融资形态显示急剧下降，逐渐依次退出资本市场和借贷市场，直至耗尽内部资金的过程。除非彻底打破家族资本的封闭性，通过家族企业经济形态、资本形态的蜕变获得新的生命周期，否则就会走向衰亡。

第三节 家族企业生命周期各阶段的融资行为特征分析

一、家族企业融资行为动态模型构建

作为一个复杂的生命集合体,家族、资本、所有权、控制权及外部环境等因素的复杂交织与动态变迁,使得家族企业生命周期呈多维波动。决定了其融资活动的复杂多样性。沿着家族企业生命周期的轨迹,基于家族企业多维动态变迁的融资行为演变三维模型如图5.13所示,家族企业到达任何一个阶段时所呈现出的融资规律和融资行为特点,由企业生命周期维度、控制权维度和融资方式维度这三个发展轴上的某一点所决定。从三者之间的相互关系来看,伴随着家族企业生命周期维度沿初创期、成长期、成熟期和转化期的演进,其融资行为的动态演变是一个受多因素影响的、综合的、系统的动态过程,一个显著的特征就是随着企业生命周期的变化以及家族资本与外部金融资本不断融合,企业组织、家族结构、所有权结构、控制权结构以及治

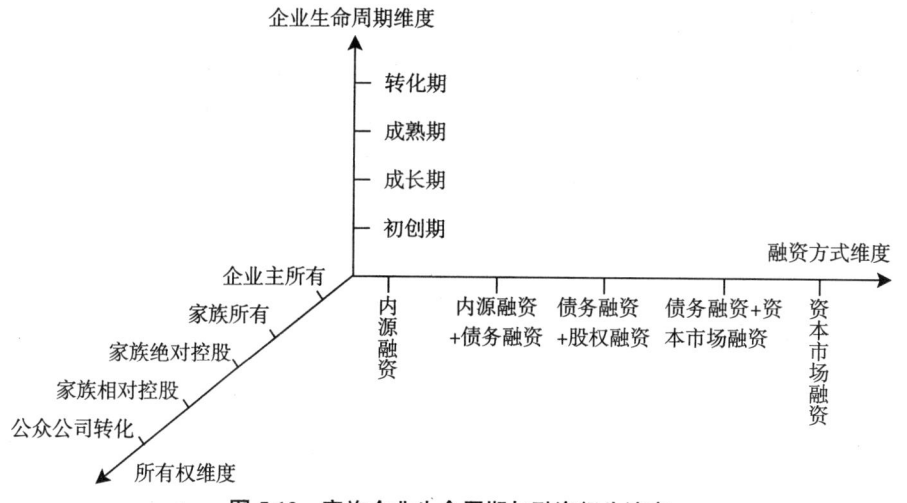

图5.13 家族企业生命周期与融资行为演变

理结构都会相应地发生变化，体现出家族企业组织发展演变的动态性和阶段性。因此，动态变迁的家族企业融资行为，实际上是一个伴随其生命周期演变的综合变量与效应函数。

假定：家族企业是由企业主自己和家族成员创办而成。对于家族企业来说，其融资行为及融资目标的确定与多种因素相关，不仅要解决资金来源及资金成本问题，还要考虑家族利益、声誉及权力的安危，在企业不同发展阶段具有不同的侧重。由于企业主依靠自己的能力借助家族内成员的力量，千辛万苦营造了家族企业，当家族企业发展到一定规模时，维护家族的荣誉和声望是至关重要的。很多人习惯地将家族企业的名称、企业创始人的名字或者现在的一家之长的名字以及企业家族当做一个团体来看待。从西方国家到中国、日本等亚洲国家，一些创业者往往偏爱将自己的姓氏和企业紧密地联系在一起，他们不仅将企业和自己姓名合而为一，有的还将自己的名字印在产品标签上，更有甚者将它们刻在公司办公大楼的上面，创业家族从这种自我表现中获得满足感和荣誉感。[293]从企业主家族及企业的稳定性和安全性考虑，企业所有权配置就成为家族企业融资安排的一个关键因素。不同资金来源背后所生成的利益配置格局，必然影响到各个资本主体间所有权、控制权、剩余索取权等权利安排的相互分布关系。不管企业主及其家族原先在企业内部的权利有多大，只要出让了足以吸引外部投资者的所有权和控制权，就必将受到外部投资者的约束。创业家族固然希望保持对企业所有权的控制地位，但随着企业的成长，也不得不从企业绩效、发展的方面考虑通过融资结构的选择，使所有权、剩余索取权的分配形成有效激励。家族企业融资行为及其决策与外部融资环境密切相关，同样的融资需求安排，如果面对的外部融资环境不同，家族企业的融资行为将有较大的差别，其融资的安全性和平稳性也截然不同。总之，家族、资本、所有权、外部环境等因素的复杂交织以及阶段性调整变化，引致资金需求、融资渠道、融资时机以及信息不对称程度的变化，形成家族企业生命历程中融资行为的复杂多样性与动态性。因此，家族企业融资行为是一个伴随其生命周期动态演变的综合变量函数，体现为融资成本与收益、家族利益、家族荣誉、权力配置和环境约束等多种因素的综合，可以表示为：

$$Y = Y(H, K, M, N, P, Q, R, \theta)$$

式中：H 表示家族的荣誉；K 表示家族内部资金所带来的净收益；M 表示债权融资所带来的收益；N 表示家族外部股权融资所带来的收益；P 表示

企业主家族内部冲突所造成的所有权分散、资金分流的损失成本；Q 表示企业为引进或稳定非家族管理、技术人才所赠与股票或股票期权的成本和协调成本；R 表示外部资金所产生的代理成本和契约成本；因子 θ 表示融资环境对家族企业融资行为的作用效应，且 $0 \leq \theta \leq 1$。[①]

同时，假设 Y 对前七个变量为二阶可微，且一般情况下，满足以下约束条件：

$$\frac{\partial Y}{\partial H} > 0, \frac{\partial Y}{\partial K} > 0, \frac{\partial Y}{\partial M} > 0, \frac{\partial Y}{\partial N} > 0, \frac{\partial Y}{\partial P} > 0, \frac{\partial Y}{\partial Q} > 0, \frac{\partial Y}{\partial R} > 0$$

组织的行为是具有不同和相互冲突的目标的参与者最大化它们目标的复杂契约的均衡行为（Jensen 和 Smith，2000）。家族企业融资行为决策及融资目标的确定，实际上体现为满足企业生命周期不同阶段要求的复杂均衡过程，是一个自适应动态变迁的结果。

二、初创期融资行为特性

初创期是家族企业萌生及其资本原始积累的起步阶段。虽然该阶段需要的资金量并不大，但资金是决定家族企业创立发展的关键因素。根据创业融资理论，创业者和提供资金者之间存在信息不对称问题，创业者向外部投资人提供信息的能力决定了其融资的能力。由于家族企业很多都始于"夫妻店"、"父子店"、"兄弟店"等形式（见表 5.3），仅企业主个人独创和夫妻联手两种发起形式就占到 80%。这种以家庭为主体所构建的家族企业的信息封闭性很强，很难提供令外部资金提供者完全信任的信息。加之创业初期资产规模小，产品尚无市场，生产经营活动具有高度的不确定性，缺乏抵押资产及信誉记录，导致外部融资环境对家族企业的支持极为微弱，即 θ 值很低甚至接近于零，外源融资异常困难。

因此，大多数家族企业创业早期的资金主要来源于企业主自身或其家族。如希望集团的刘氏三兄弟，创业时就是通过变卖家产作为资金创办企业。在家族企业完成初始创业后成长发展的相当长的一段时期内，即使少数企业获

[①] 当 θ=0 时，外部融资环境恶劣，社会信用低下，融资制度不完善，这时家族企业趋向于完全使用家族内部自有资金从事生产经营；随着融资环境的改善及融资制度效率的提高，θ 值逐步上升，家族企业对外部资金的利用程度也随之提高；在融资制度完善、社会信用度高、多层次资本市场发育成熟的环境下，θ≈1，对家族企业的融资行为选择集合具有积极的正面影响。

家族企业融资行为机理与特性

表 5.3 家族企业的发起形式

发起方式	企业数	占被调查企业比重	资金来源
兄弟联手	8	18	家族内部
夫妻联手	11	25	家族内部
个人独创	24	55	家族内部
父子合作	1	2	家族内部

资料来源：甘德安：《中国家族企业研究》，北京：中国社会科学出版社，2002年版，第282页。

得有限的银行信贷，但内源性融资仍是家族企业融资的主要依赖。也正是由于正规融资渠道的阻塞，非正规金融市场也成为家族企业一个重要的资金来源。与私募资金、风险投资、天使投资是欧美等国中小企业创业融资最重要的资金来源有所不同，我国家族企业创业早期的资金绝大多数是依赖家族关系网的资本融入，亦即主要来源于企业主家族以及亲戚朋友等社会网络关系的资金运用，加上来自于民间金融的资金借贷，极少获得风险投资和天使投资之类的融资。主要原因有：①我国风险投资刚刚起步，符合市场经济行为的风险投资市场还未真正建立，缺乏风险投资的退出机制和合理的运作机制，风险投资基金量少。②风险投资对象是高成长性的行业、产品和服务，主要集中于高科技行业，而我国家族企业较集中于劳动密集型产业，符合风险投资要求的数量很少。③风险投资和天使投资是股权投资，投资者往往要求参与企业的经营管理甚至控股，以达到对目标企业强有力的控制，而企业主及其家族一般不愿意分散对企业的控制权。

在家族企业初创期，企业主既是企业金融资本的主要提供者，又是人力资本的主要提供者，凭借其原始资本投入、创办企业的功勋以及家长式的管理，树立了至高无上的权威，拥有企业几乎全部的所有权、经营控制权和剩余索取权。所有权与经营权的完美结合使得代理成本几乎为零，共同的信仰及价值观形成了家族成员强大的向心力和创业动机，但创始阶段尚无力考虑家族的荣誉。此时，$H=0$，$M=0$，$N=0$，$P=0$，$Q=0$，而 $K>0$，且 $\frac{\partial Y}{\partial K} > 0$。

初创期家族资本的封闭性对信息公开要求的程度最低，信息可以完全封闭在企业内部，融资成本及信息不对称性都降至最小，但企业主承担的风险是最大的，如果投资失败，所有损失将由企业主承担。企业的生存发展在一定程度上主要依靠企业主对创业的独到理解和企业高效率的运转，以抓住每一个可能稍纵即逝的发展机会,通过"自筹资金、自我积累、自我发展"的经营之道,在自身原始积累资本投入的基础上,加上经营活动所获取的留存收益的再投入,形成"投入—产出—再投入—再产出"的资金循环过程。家族财富与企业价值的紧密结合,导致资本投入对企业的产出和对家族的产出具有高度的一致性。企业主必须尽最大的能力提高企业利润,降低企业成本,家族消费成本也减少到最低限度,努力使企业自有资金逐步积累,资本投入对企业价值和家族财富的总产出率得到最大限度的提升。总体而言,在家族企业初创期,由于金融资源局限在所熟悉的人群范围内,存在排他性特征,而且都是个人资金,因此融资能力有限(郑江淮,2001)。因此随着企业规模和资金需求量的扩大,家族企业依靠企业内部留利以及通过家族关系网络融资的能力会相对下降,拓展融资来源还是必不可少的。

三、成长期融资行为特性

家族企业经过初创阶段的苦心经营而进入成长期后,意味着其规模逐渐变大,产品已经开始被市场所认可并占有一席之地,销售量不断增长,市场份额逐渐扩大,利润显著增加,有了一定数量的现金流入,也逐步具有了可供抵押的资产,并形成了一定的商业信用,企业形象和发展潜力初现端倪。此时,企业主积累家族财富、维护家族荣誉、树立企业形象,扩大企业影响的愿望不断增强。① 因此,随着 H 的增加,Y 也逐步增加,而且以一种递增的速度增加,即:

$$H > 0,\ \frac{\partial Y}{\partial H} > 0,\ \frac{\partial^2 Y}{\partial^2 H} > 0,\ K > 0,\ \frac{\partial Y}{\partial K} > 0,\ \frac{\partial^2 Y}{\partial^2 K} > 0$$

尽管成长期家族企业相比初创期有了正的现金流,但随着企业所面临的市场和发展方向的逐步明朗化,为了拓展市场份额还需要不断地投入营销费用,尽可能扩大投资以产生规模效应,资金需求量较前期大幅上升,仅靠自身积累和内源融资显然不能满足这种快速发展的要求,家族企业真正进入资金饥渴阶段。② 当家族企业无法抵御激烈市场竞争和扩大规模的资金短缺时,

---

① 实际上,世界上许多家族企业都是以家族姓氏来命名,它不仅是财富的象征,也是家族荣誉的象征。

② 根据欧盟成员国的调查(European Communities, 2006),处于规模扩张期的中小企业的融资压抑感最强,最容易出现信贷缺口,我国的一些调查也得到类似的结论(郭斌、刘曼路,2002)。

家族企业融资行为机理与特性

其资金来源的轨迹就开始偏移,逐步由内源性融资向外源性融资拓展。就融资环境而言,随着家族企业规模的扩大,可用于抵押的资产逐步增加,并有了初步的业务记录,信息不透明程度有所减少,企业信誉有所提高,外部融资环境对家族企业融资活动的认可度和支持力度逐步改善,亦即θ值有所上升。但由于企业主及其家族已经向企业投入大量的货币资本和人力资本,因此其融资行为受到相应的约束,即首先确保家族投入企业的资源的安全性和营利性,并在已有的治理机制和企业发展策略的影响和约束下,研究各种融资方式的可获得性及融资成本,选择能使自身效用最大化的融资安排。一般来说,债务的资金成本低于股票的资金成本,且债务融资不会像股权融资那样引起家族所有权的分散,有利于维护家族的利益以及对企业控制。因此,即使是通过私人关系渠道获得成本相对较高的资金,家族企业也尽可能地采取举债方式融通资金,包括从商业银行、非银行金融机构以及非正规金融市场努力获得资金,而不大愿意引进外部权益资金,从而导致其资产负债率在这一阶段较前期有较大的增加。但是举债可能带来代理成本和财务风险,且剩余索取权很大,即:

$$N=0,\ M>0,\ R>0,\ \frac{\partial Y}{\partial M}>0,\ \frac{\partial Y}{\partial R}>0,\ \frac{\partial Y}{\partial M}-\frac{\partial Y}{\partial R}>0$$

该阶段家族企业所遇到的另一个问题是人力资本不足。随着成长期家族企业规模的扩大、经营范围的拓展、管理复杂性的增大,导致愈来愈强烈的资本与管理的分工要求。基于家族成员自身管理、技术和知识资源的制约,企业主在掌握最终控制权的基础上,将部分技术、经营管理等分工委托让渡给"信得过"的专业人员去完成,并通过工资、奖金、津贴,以及对重要的技术和管理人才赠与少量股票等报酬契约,吸引、诱导和激励其充分发挥专业才能。虽然此时企业专业化分工程度不高,但企业以企业主为轴心,靠彼此间的默契进行合作,从而获得较大利润。由于所赠与的股票极为有限,[①]只会引起家族企业所有权结构的微小变化,表现为 $Q>0$, $\frac{\partial Y}{\partial Q}<0$, $\frac{\partial^2 Y}{\partial^2 Q}\approx 0$,但幅度较小。

---

① 相关调查表明,私营企业中股票奖励虽然已经出现,但总体上所占比例很低,是所有奖励方法中频数最小的,并且从总经理到一般管理人员,呈现出递减趋势。这主要是企业主及其家族认为企业是个人财产,投资者应得益,且改变股份构成会影响家族股东的利益,产生控制权旁落他人等。参见张厚义、明立志:《中国私营企业发展报告》,北京:社会科学文献出版社,2001年版,第183~184页。

对于家族内部来说，稳固的家族关系是十分重要的，家族成员的支持既是家族企业发展的基础，也意味着家族的延续与兴旺。一旦家族成员发生剧烈冲突甚至分裂（P>0），就会导致所有权的分散和资金的流失，即 $\frac{\partial Y}{\partial P} < 0$，且冲突、分裂的次数越多，所有权向外分散的程度越大，且以一种递减的速度分散，即 $\frac{\partial^2 Y}{\partial^2 P} < 0$。

成长期家族企业发展的特征决定了 $\frac{\partial Y}{\partial R}$、$\frac{\partial Y}{\partial Q}$ 都不会很大。当 P = 0，且 K > 0 时，即企业主家族稳定、企业发展势头很好时，$\frac{\partial Y}{\partial H} + \frac{\partial Y}{\partial K} > \frac{\partial Y}{\partial Q} + \frac{\partial Y}{\partial R}$，表明企业主掌握着企业绝大部分所有权，出让的部分所有权是依据家族企业发展进程逐渐进行，且是一个缓慢而长期的过程；当 P = 0 时，如果企业经营不善，即 K < 0，则企业主就有可能借助外来的力量，或引进人才提高企业的管理能力，或出让部分所有权以降低家族的风险，从而使家族企业的所有权份额降低；当 P > 0 时，如果 $\frac{\partial Y}{\partial H} + \frac{\partial Y}{\partial K} + \frac{\partial Y}{\partial M} > \frac{\partial Y}{\partial P} + \frac{\partial Y}{\partial Q} + \frac{\partial Y}{\partial R}$，则企业主仍掌握着企业绝对控制权，但如果分裂的家族成员与外部股东联手，企业主就有可能失去最大股东的交椅，可见稳定的家族关系对家族保持对企业所有权的控制是至关重要的。

总体而言，随着成长期家族企业对外源融资依赖性的逐渐增强以及所有权结构的微妙变化，不同融资行为决策和外部融资环境对家族企业及其控制性家族的影响逐渐显现。除了稳定的家族关系对家族保持企业所有权至关重要外，企业的进一步扩张需求与资金供给缺口日益明显成为成长期家族企业面临的主要矛盾。不断拓宽融资渠道，努力获得外源融资的支持，就成为家族企业快速发展的关键。若不能很好地解决家族企业的资金饥渴症问题，成长期家族企业就很难顺利扩张发展到成熟期，这也是很多家族企业都长不大甚至衰败的重要原因之一。从曾经名噪一时的德隆、巨人及三株的成长与衰落可以看出（见表5.4），[296] 巨人陨落是因为资金链断裂，德隆崩溃是由于资金链绷断，三株衰亡也是由于现金流干涸，资金特别是现金流在成长期家族企业衰亡中具有决定性作用。另外，三株、巨人、德隆的快速成长时间和衰亡时间都很短，三株仅用 2 年的时间就完成了它的快速成长历程，德隆也仅

家族企业融资行为机理与特性

用11年的时间就形成了220亿元的资本规模;可是它们衰亡的时间更快,三株用了一年,巨人用了半年,德隆仅用了60天就轰然倒塌。可见,家族企业在成长期发展可能非常迅速,也许用很短的时间就能够膨胀到较大的规模,在这个过程中,资金特别是稳定的现金流对其成长发展起着关键性作用。如果对融资、投资等问题处理不当,就会形成家族企业"抛物线"式的发展轨迹,甚至导致企业快速衰亡。案例中的几家企业都没有能够度过生命周期的成长阶段就夭折了,其中固然有外部环境方面的原因,但主要是企业主忽视了企业的生命周期规律,融资行为决策超出了成长期企业所能承受的极限范围,资金链断裂导致企业的破产危机。德隆危机就是唐氏兄弟通过大规模、高成本的融资实现家族企业资本扩张的神话的终结。

表5.4 德隆、巨人及三株的成长与衰落

企业名称	存在时期(年)	快速成长时间(年)	衰落时间	爆发诱因	主要根源
德隆	1986~2004(18)	1992~2003	60天	资金链崩断	疯狂资本扩张
巨人	1989~1997(8)	1990~1995	半年	资金链断裂	盲目多元化
三株	1994~2001(7)	1995~1997	一年	现金流干涸	高速市场扩张

四、成熟期融资行为特性

在经历了成长期的快速发展以后,家族企业随后就会进入相对平稳发展的成熟期。该阶段企业已在市场中树立起良好的信誉,现金流量比较稳定,有了相当的业务记录和信贷记录,信息不对称程度大大降低,与金融机构的合作关系趋于稳定,逐渐具备进入证券市场发行股票和债券等有价证券的条件,筹资渠道和方式较以前更为宽泛。同时,外部融资环境对家族企业的支持达到一个较好的水平,θ值持续上升,在健全发达的金融市场和法规制度环境下,$\theta \approx 1$。该阶段最重要的融资特征是家族企业开始全面考虑融资结构效率及其所带来的治理问题。这主要是因为,作为企业筹集资金的各种来源组合关系的融资结构,反映了家族企业融资行为、融资约束及其结构变化。不仅家族企业的组织形式影响着其融资行为与融资能力,反过来,不同融资行为及其作用效应也影响着家族企业所有权结构和相应的治理结构。

在家族内部,家族总收入处于巅峰状态。不同家庭分支或其后代在家庭发展周期的各个阶段逐渐成长起来,子女也陆续进入企业。企业主在历经事业、权力和地位的高潮以后,其所掌控的所有权逐步在家族成员中加以分配,所有权在家族内一定程度上已有所分散,家族与企业的关系变得比较复杂。同时,上一代的衰老也意味着领导权的交接问题提到议事日程,家族企业的代际传承逐步展开。此时,处理好泛家族乃至跨代的交流与合作至关重要,否则家族内部就会爆发矛盾冲突,造成家族所有权的分离。如果接班平稳过渡,家族内部责任、权利、利益分化能够协调和解决,则有利于企业的平稳发展;如果接班人选择不当,家族矛盾与纷争日益显露并扩大,就可能使得家族企业所有权和资金以一种递减的速度向外分散,即 $\frac{\partial Y}{\partial P} < 0$,$\frac{\partial^2 Y}{\partial^2 P} < 0$,导致家族企业的分解甚至破产。

成熟阶段市场竞争更加激烈,市场环境瞬息万变,家族企业创新意识与创新动力趋淡,经营管理的复杂程度和难度持续增加。为了使专用性人力资本所有者的收益与企业前途相联系,保持企业的竞争优势和发展活力,在专业化人才的知识与能力所引致的企业生产剩余增量大于企业支付给其的报酬的前提下,企业稳定和吸引人才的股票期权、雇员持股计划等激励政策力度逐步加大,从而使家族所有权结构比例下降,表现为:

$$Q > 0, \frac{\partial Y}{\partial Q} < 0, \frac{\partial^2 Y}{\partial^2 Q} < 0$$

企业主及其家族通过让渡一部分剩余索取权,使专用性人力资本所有者的收益与企业前途相联系,发挥其最大效率,从而提高家族企业的总收益。如浙江温州正泰集团的南存辉家族,注重以职务权与股权的结合来吸引技术和管理等骨干人才,通过为优秀人才配股等方式让其真正变成企业的"内人"。从1998年开始,正泰的股东每年以级数上升,从10个上升到115个,从115个上升到300个。其中80%是在集团发展过程中带着有形资产加入而成为股东的原加盟企业主,另外20%则是曾对公司做出巨大贡献的业务骨干。南存辉个人的股份逐步降至20%多,家族成员南存飞(弟弟)、朱信敏(外甥)、吴炳池(妹夫)和林黎明等分别持有7%~10%不等的股份。[246] 从表面上看,南存辉的股份有所减少,但他把公司所有的关键人物都拉上了正泰这辆战车,把一个传统、典型的"家族企业"变成了庞大的"企业家族"。由此,正泰集团从年产值不足1万元到100多亿元,保持年均近50%的惊人增长速度,已拥有总资产42亿元,员工15000人,成为中国低压电器行业最大的产销企业，集团综合实力已经连续五年名列中国民营企业500强前十位，世界行业100强前五位。但不容忽视的是，如果加上南氏家族其他成员所持有的股份，南存辉家族依然处于正泰的核心控制地位。

相比前两阶段，成熟期家族企业融资渠道最为宽泛。由于银行贷款程序的繁杂以及抵押贷款资产评估费用，使得家族企业获取银行信贷的实际成本较高，且债务融资面临着固定的还本付息的压力，债务融资规模的增大导致家族企业所面临的财务风险不断加大，容易引发财务危机或破产风险。而家族企业依赖程度较大的民间借贷等非正规融资方式，其私营资本主导参与的特性所要求的高投资回报率或高利率，也会大大增加融资成本而降低企业的收益。另一方面，成熟期家族企业虽然销售额在提高，但企业的销售增长率、资产利润率却保持在一定范围内甚至开始有所下降，企业的经营风险、财务风险、不确定性趋于提高，经营管理的复杂程度和难度持续增加。家族企业主既希望保持家族的利益与荣誉，又希望在规避风险的前提下扩大市场份额，促进企业的持续发展。此时，企业发展机会更多地取决于企业管理组织费用和交易费用的降低，依赖于企业合约的各种要素缔结成本及流动成本的制度性障碍的削弱。企业主及其家族就有可能采取让渡部分家族所有权而至少保持临界所有权的策略，拓展没有固定的股利负担、股本是企业永久性资本的股权融资渠道，以在获得持续发展所需资金的同时分散企业财务风险，满足对规模经济、财务杠杆利益等诸多外部利润以及持续发展空间的希冀。由此，家族企业中家族资本与非家族外部资本的融合进一步加深，有：

$$H>0, \frac{\partial Y}{\partial H}>0, \frac{\partial^2 Y}{\partial^2 H}>0; K>0, \frac{\partial Y}{\partial K}>0; M>0, \frac{\partial Y}{\partial M}>0, \frac{\partial^2 Y}{\partial^2 M}\approx 0;$$

$$Q>0, \frac{\partial Y}{\partial Q}<0, \frac{\partial^2 Y}{\partial^2 Q}>0; R>0, \frac{\partial Y}{\partial R}<0, \frac{\partial^2 Y}{\partial^2 R}>0。$$

但与前两阶段不同的是 $\frac{\partial^2 Y}{\partial^2 K}<0$，企业发展到一定程度就会出现：

$$\frac{\partial Y}{\partial H}+\frac{\partial Y}{\partial K}+\frac{\partial Y}{\partial M}+\frac{\partial Y}{\partial N}=\frac{\partial Y}{\partial P}+\frac{\partial Y}{\partial Q}+\frac{\partial Y}{\partial R}$$

$$\frac{\partial^2 Y}{\partial^2 H}+\frac{\partial^2 Y}{\partial^2 K}+\frac{\partial^2 Y}{\partial^2 M}+\frac{\partial^2 Y}{\partial^2 N}=\frac{\partial^2 Y}{\partial^2 P}+\frac{\partial^2 Y}{\partial^2 Q}+\frac{\partial^2 Y}{\partial^2 R}$$

这个拐点就是家族持股的临界点。为了维护家族的利益，家族不会再轻易放弃家族对企业所有权的持有比例，以确保家族对企业的最终控制，维护家族的利益与荣誉。

成熟期家族企业面临融资结构较大的改变,融资行为决策面临着股权融资乃至是否公开上市的选择。① 确定恰当的融资战略,把握不同融资方式的有机搭配及各种资金所占比例,权衡各种资金背后产权主体相互依存、相互作用、共同生成的利益配置格局与治理结构,在控制融资风险、融资成本与谋求最大收益之间寻求一种均衡,对成熟期家族企业的可持续发展至关重要。

五、转化(衰退)期融资行为特性

家族企业进入转化(衰退)期后,竞争能力、市场份额、利润、销售收入急剧下降,产品走向老化,创新能力锐减,经营状况和财务状况恶化,资金严重不足。企业所面临的融资环境不断恶化,各种融资方式开始变得困难,融资渠道趋于阻塞,θ值持续下降甚至接近于零。同时,R≈0,P≈0,K<0。企业逐渐演变成"资金的陷阱",危机四伏,面临全面衰落甚至生命终结。

然而,死亡并不是该阶段家族企业的必然结局。一般生命周期理论把企业看作一个生命体来研究,认为企业死亡是必然的,只是时间上的问题。但企业与一般形式生命体的本质区别在于:它是一个人工系统生命体,而人工系统具有目的性、主动选择性及适应性等属性。因此,家族企业的生命具有延长或转化的可能性。美国学者高哈特和凯利(1998)把企业生命周期形象地称为"企业蜕变"过程,为企业蜕变规划了四个架构:重新规划、重建组织架构、重振活力和重获新生。他们将企业视为"生物法人",号召企业家创造企业独有的基因构造,推动企业的同步蜕变,协调一致追求相同的目标,确保企业健康成长。[298] 可见,家族企业试图从衰退中脱身,就必须形成融资行为战略的根本性"蜕变",亦即更广泛地打破家族资本的封闭性,引入新的投资者,通过外部产权主体的"外延"式改造,不仅能够吸纳资金化解自身的财务危机,更重要的是以产权的多元性、开放性提升企业资产和个人资产分离所产生的超越性,从而超越亲情血缘的人格化治理而迈入非人格化的制度性治理。推动家族企业产生更高层次的质变,逐渐从原来完全封闭的家族色彩浓厚的准经济组织,向一个开放程度越来越高、家族色彩逐渐淡化的现代经济组织成长转化。此时:

---

① 并不是所有家族企业都会选择公开上市融资,尤其是那些极为重视家族利益或规避财务信息披露的家族企业。

$$\frac{\partial Y}{\partial H} + \frac{\partial Y}{\partial K} + \frac{\partial Y}{\partial M} + \frac{\partial Y}{\partial N} < \frac{\partial Y}{\partial P} + \frac{\partial Y}{\partial Q} + \frac{\partial Y}{\partial R}$$

最终，家族企业成功地完成一次蜕变，亦即发生"经济形体、实物形体和产品（劳务）的革命性的、脱胎换骨的变化"（陈佳贵，1995），跳跃进入到一个新的生命周期循环，也在更高的基础上开始新的有形、无形资源积累及量变质变过程。反之，如果企业主及其家族"宁为鸡头，不为凤尾"，不愿对带有浓厚血缘、亲缘色彩的所有权结构和融资结构做出根本性的变革，或者市场化资源配置下的外部资本基于自身的择优选择而不愿进入，则家族企业无法通过新的资本融入来实现蜕变，就会迅速走向衰败。

第六章 家族企业融资行为实证研究

家族企业融资行为存在一定程度的各异性，要想从中探寻其趋同性，必须对现实融资活动现象进行有目的、系统的考察，运用客观的事实存在并通过逻辑推理的数据分析，验证和支撑理论分析的可靠性，达到认识和掌握家族企业融资行为特征、作用要素及其变化趋势的目的。

第一节 家族企业融资问卷的设计构架

一、设计目的与原则

本书前面系统地分析了影响家族企业融资行为的内生结构因素和外部融资环境，并通过构建伴随生命周期多维波动的家族企业融资行为演化模型，揭示了其动态的融资行为路径依赖，为家族企业融资行为模式的研究提供了理论支撑。在此基础上，本章围绕家族企业问卷调查的数目统计分析展开实证研究，为理论分析提供事实基础并验证其可靠性和有效性。

（1）通过问卷分析，找寻家族企业的融资状况和融资决策之实践规律。一方面，基于家族企业的特质，笔者关注到其面临着战略目标定位的矛盾或冲突，存在以家族利益为中心或以促进企业价值成长目标选择，形成情感与理性相交融的融资行为。另一方面，不同目标导向的家族企业的企业主在控制权和融资决策方面表现迥异，部分企业主的家族控制本位观念较重，甚至为了绝对控制家族企业而放弃绝佳的外源融资机会；而部分企业主以家族企业成长为重，愿意通过让渡部分所有权引入外部投资者，实现企业的价值扩张。出于验证前述理论分析结论与实践结果的吻合度，针对我国私有经济发达地区的家族企业主设计了问卷量表。

（2）通过问卷分析，探寻家族企业融资行为特征与选择趋向，基于真实的融资环境对前述理论结果进行实证并修正调整，为后续家族企业相关研究提供可靠依据。我国家族企业的融资行为选择趋向受到其企业目标导向、企业主控制权偏好及企业发展阶段等内生因素的影响。同时，由于家族企业个体差异（如规模、行业、企业主政治身份等）以及复杂而严峻的融资环境，相当一部分家族企业融资需求强烈却面临无法取得资金融通的困境。剖析我国家族企业的融资行为路径及融资难的具体影响因素及宏观环境约束，也是问卷量表的目的之一。

总的来说，调查问卷量表的设计主要遵循以下原则：①可量化性：量表中的各选项字义明晰，对相关的因素指标能够给予评分量化。②普遍性：它是被调查对象在融资行为选择过程中所熟悉的、共存的认识或问题选项。③可操作性：问卷量表中的选项能够进行有效归类汇总，具有实质性衡量效果。④可比性：量表中各选项对不同被调查对象的实际选择，可以进行有效赋值，可供不同样本之间的相互比较，分析差异显著性。⑤品质与数量相结合：问卷量表既有数量指标，又有品质指标，它们相辅相成、互为补充、互为验证。

二、问卷内容变量设计

基于以上目的与设计原则，结合研究的着眼点，设计出家族企业融资调查问卷量表（详见附录），用于对特定区域的家族企业主展开调查，获取相关基本信息，作为实证分析的数据来源。问卷量表各部分及其设计变量主要围绕以下六方面展开：

1. 企业基本情况

该部分主要涉及所属区域、企业成立年份、类型、人数、资产总额、资产负债率以及企业所处发展阶段判定等。需要说明的有以下三点：

（1）所属区域：考虑到研究重心在于以企业为线索，而非重点研究区域差异，以及笔者获取调查数据的便利性，将此次调查区域锁定为江苏、浙江、广东和上海等地区。作为我国私营经济萌生及发展的前沿，这些地区的家族企业发展轨迹具有较高代表性。

（2）资产负债率：考虑到资产负债率作为家族企业的商业秘密，部分企业主出于种种顾虑而不愿意详细据实填写，造成关键数据缺失或失真。本问卷量表将资产负债率划分为五个层级：0~20%、21%~35%、36%~50%、51%~70%、70%以上区间，这样能够保证量表数据的有效性。

（3）企业发展阶段：本问卷量表将企业发展阶段划分为初创、成长、成熟和转化（衰退）四个阶段，由企业主根据家族企业状况填写。因为笔者确信企业主更能了解自己企业所处的发展阶段，与通过设计条件和标准由笔者判定家族企业的发展阶段相比，这在实践上显得更加可行。

2. 个人信息

该部分主要涉及企业主的性别、年龄、文化程度、是否为人大代表（政协委员）或从政经历、是否兼任本企业总裁或总经理等项目。需要说明的是，笔者认为家族企业融资行为背后体现着企业主的强大权威与意志，而企业主的身份特征和政治地位等因素直接影响着家族企业融资行为的选择以及融资便利程度，故本问卷量表设计了此部分调查项目。

3. 企业目标选择

家族企业作为家族和企业的二元结合体，其异质性特征决定了家族企业目标的多元化，即交织存在以家族为中心和以企业为中心的目标集合。融资目标决定融资行为，而不同的融资行为对家族企业的增长和持续发展又产生不同的影响。基于此，本问卷量表将家族企业目标划分为五个：为家族成员提供就业机会或工作经验、为家族积累财富、传承给下一代、提升企业价值并促使企业成长和延长企业发展周期，按照不重要到重要程度设置为5个层级并相应赋值（从1分到5分），可供企业主结合自身实际情况打分。

4. 企业所有者权益构成

该部分主要涉及企业主个人、企业主家族成员源于所有权关系的控制状况，划分为绝对控制和相对控制地位，按照比例很小到比例很大程度设置5个层级并相应赋值（从1分到5分），用于获取家族企业主关于控制地位的客观认识。

5. 企业决策权分配

家族嵌入导致家族企业融资行为取向除了追求企业价值外，很大程度上还受制于企业主及其家族的控制权偏好和决策权分配。该部分主要调查家族企业重大决策是由企业主个人决定，或由企业主个人及家族成员共同决定，或由企业主与管理层共同决定，还是由企业管理层决定，按照比例很小到比例很大程度设置5个层级并相应赋值（从1分到5分），可供企业主结合自身实际情况打分，以获取我国家族企业决策权分布情况的客观数据。

6. 融资环境与发展阶段

家族企业融资行为既取决于其内生异质性结构的作用效应，也受到外部融资环境的影响约束。而家族企业生命周期各阶段发展特性的多维波动，又决定了其融资需求和融资方式的不尽相同。企业发展阶段、宏观融资背景和融资体制，以及正规融资与非正规融资市场的有效性差异，对家族企业融资行为选择发挥着至关重要的作用。该部分主要涉及企业创立时的资金来源、现阶段的资金来源、资金需求状况、选择非正规融资的理由、银行贷款融资难的影响因素等方面，旨在获取融资环境和发展阶段对家族企业融资行为的影响程度及融资约束的客观数据。

内生异质性结构与外部融资环境的复杂性以及特有的动态发展习性，引致家族企业不同于其他经济组织的融资行为特性。以上问卷量表各个方面与融资行为实质上构建了一种相互交织的复杂关系网络，它们互为因果关系、多维牵制，始终呈现出动态的相互制衡和相互匹配。

第二节 样本来源与描述统计

一、样本数据来源

家族企业融资行为研究，一个主要的障碍是数据资料的来源问题，显著的信息封闭性和低透明度是家族企业的重要特点。由于家族企业融资问题比较敏感，再加上文化传统、社会环境等方面的原因，家族企业融资的相关调查统计较为困难，特别是规模较小的家族企业，更难获得真实的资料。基于此，笔者主要从以下两方面入手，获取实证分析的样本数据。

（1）部分调查依靠一些相关的社会关系网络进行，以便利数据获取。考虑到匿名填写会提高被调查对象回答问题的积极性和可信度，因此调查问卷量表中允许匿名回答，并未要求填写企业名称及注册地等方面的内容，同时将涉及核心数据的敏感项目设置为若干个区间，供被调查对象勾选，以尽可能地消除家族企业主对于相关内容信息披露的顾虑，提高回答问题的积极性和可信度。

（2）采用问卷调查与实地调研相结合的形式完成前期样本选取和数据收集工作。在样本数据来源中，一部分数据是通过实地调研某些家族企业过程中获取并分析相关信息加工形成的；另一部分样本数据则是采取对家族企业邮寄发放和上门递送等方式获取的。

结合以上的问卷调查渠道和方式，此次调查对象为江苏、浙江、广东、上海等地区的一些家族企业主，主要是出于该区域私营或民营经济发达、发展时间较早且发展阶段较完整、足以代表我国家族企业融资行为取向之考虑。本次调查活动主要分两个阶段进行。第一个阶段，大范围地向以上地区400户家族企业发出问卷，实地调研14家，实际回收216份，回收率为52.17%；第二阶段，在对第一阶段的有效问卷数据进行探索分析基础上，考虑到样本容量以及确保样本数据的可靠性和充分性，有针对性地向122户家族企业补充发放了调查问卷，实际回收67份，回收率为54.92%。两阶段共发出问卷536份，其中回收问卷283份，整体回收率为52.79%。

针对回收的问卷，先后进行两轮筛选。首轮经过问卷的分析和整理，剔除无效问卷64份，初步得到信息充分的问卷219份，回收有效率为40.86%；在此基础上，经过统计发现，约有一成（26户）家族企业主认为"目前无须融资"或"未来一段时间内也没有融资的打算"，这在一定程度上显现出家族企业往往不愿举债这一特点。① 但笔者注意到抱有此类态度的企业主往往对融资方式选择、融资环境约束的影响因素并不敏感或关心程度较低，基于融资行为取向实证分析有效性的考量，故未将此类问卷纳入融资分析的有效问卷之中。经过二轮筛选，最终纳入融资行为分析的有效问卷193份，总体有效率为36.07%。

---

① 这种现象在家族企业特别是中小家族企业中普遍存在。Sonnenfeld 和 Spence（1989）发现，由于外部债务融资的风险很大，家族企业主会非常慎重。他们发现大多数家族企业的边际收益率都很好，但其债务比率都较合适的偏低。此外被调查的家族企业大多数准备保持或降低自己的债务比例，其中27.4%的企业没有任何外部债务，其中只有9.09%的企业准备借债。而已借债企业中，58.18%的企业中期目标是缩减债务水平，只有16.36%的企业准备继续借债。而程蕾（2002）的调查表明，一些温州民营家族企业对外源融资缺乏动力，究其原因，有的是企业经营者为规避财务风险，力求稳健、渐进发展；大多数是由于企业所有权与经营权合一，所有者不愿进行股权融资，以免分散对企业的控制权。

二、样本描述统计

通过筛选,最终确定了 193 份有效问卷纳入样本数据,采用手工整理、Excel 数据汇总以及数理统计软件 SPSS16.0 分析包等方式,对样本进行简单描述统计,具体结果见表 6.1。

1. 样本所属区域与行业分布情况

表 6.1 样本所属区域与行业分布汇总

单位:户

行业＼区域	江苏	浙江	广东	上海	合计	行业比例(%)
工业企业	32	30	25	12	99	51.3
农林牧渔	6	2	1	1	10	5.2
建筑业	6	4	2	0	12	6.2
批发零售	12	10	11	2	35	18.1
交运仓储	4	2	2	1	9	4.7
住宿餐饮	6	4	3	2	15	7.8
社会服务	2	3	2	1	8	4.1
其他	2	2	0	1	5	2.6
合计	70	57	46	20	193	100
区域比例(%)	36.3	29.5	23.8	10.4	100	

从样本所属区域来看,江苏、浙江、广东和上海的有效样本比例分别为 36.3%、29.5%、23.8%和 10.4%,江苏样本量居首。从全国范围来看,浙江和广东作为民营经济发达地区拥有众多家族企业,但受限于跨地区获取家族企业相关数据存在困难,以及由于笔者工作之关系,搜集江苏本省样本数据存在一定的便利之处,故样本所属区域形成上述分布结构。从行业分布来看,调查对象主要分布在工业企业、批发零售业、建筑业、住宿餐饮业,分别占样本总量的 51.3%、18.1%、7.8%和 6.2%。另外,农林牧渔业、交运仓储业、社会服务业等在样本中也有所体现。

2. 样本企业规模分布结构

如表 6.2 所示,资产规模的分类变量 1、2、3、4、5 分别表示资产总额 500 万元以下、501 万~1000 万元、1001 万~4000 万元、4001 万~10000 万元以及 10000 万元以上;人数规模的分类变量 1、2、3、4、5 分别表示人数

第六章 家族企业融资行为实证研究

表 6.2 样本企业规模分布情况

频数（户）		资产规模					合计（户）	Pearson Chi-Square（卡方检验）
		1	2	3	4	5		
人数规模	1	72	19	7	3	0	101	Asymp.sig (2-sided) =0.000（双侧近似 P 值=0.000）
	2	11	18	18	2	0	49	
	3	5	7	13	3	1	30	
	4	0	0	1	9	2	12	
	5	0	0	0	1	0	1	
合计		88	44	39	19	3	193	

100 人以下、101~300 人、301~500 人、501~1000 人及 1000 人以上。统计结果显示，家族企业资产规模与企业人数表现出较强的正向相关性与一致性，50%以上的样本企业人数在 100 人以下，接近 90%的样本资产总额在 4000 万元以下，多属中小企业。

3. 样本企业发展阶段分布结构

表 6.3 家族企业发展阶段分布情况

	项目	频数（户）	频率（%）	累计频率（%）	均值	标准差
有效样本	1（初创期）	70	36.3	36.3	1.75	0.649
	2（成长期）	102	51.3	87.6		
	3（成熟期）	21	11.4	100.0		
	4（衰退期）	0	0			
合计		193	100.0			

如表 6.3 所示，样本企业的发展阶段以初创期（36.3%）和成长期（51.3%）为主，成熟期的样本企业仅占 11.4%。整体上看，与国有企业相比，我国家族企业群复苏、成长与发展的时间不长，资产规模较小，仍有较大的提升空间。需要说明的是，样本中没有企业选择衰退期的发展阶段，可能的解释有两点：一是企业主即使了解自己企业处于衰退期，但是由于种种原因（比如个人及家族的情面、口碑、声誉、负面影响等）而不愿披露真实的发展阶段；二是那些处于衰退期的企业主疲于应对生产经营的困境，无心或无暇顾及问卷而造成无法回收有效的衰退期样本。

4. 企业主身份特征分布结构

如表 6.4 所示，家族企业主性别构成中近 90%的样本企业主为男性，女性比例很低，这可能是主要受到我国传统社会文化中父系成员较高的家庭地

表 6.4　企业主身份特征分布情况

变量		项目	性别		是否人大代表或政协委员		是否兼任总裁	
			频数(人)	百分比(%)	频数(人)	百分比(%)	频数(人)	百分比(%)
有效样本	0（男、否）		175	90.7	119	61.7	5	2.6
	1（女、是）		18	9.3	74	38.3	188	97.4
合计			193	100.0	193	100.0	193	100.0
平均数			0.093		0.38		0.97	
方差			0.087		0.249		0.016	
标准差			0.294		0.499		0.125	

位以及"男主外，女主内"观念的影响所致。对于是否人大代表或政协委员的选项，38.3%的企业主是我国各级（包括全国、省、市、县区、乡镇）人大代表或政协委员，一方面表明家族企业为当地经济发展做出了贡献，得到了社会和政府的认可；另一方面也反映了企业主对政治身份的重视。至于企业主政治身份与融资便利是否存在正向关系，将在后续分析中进一步验证。在被调查的家族企业中，绝大部分企业主（97.4%）都兼任本企业总裁或总经理等管理层岗位，折射出企业主不愿意放弃对家族企业控制的现实认知，一定程度上使企业融资决策陷入所有权控制与外源融资相悖的"两难"困境。

5. 企业主年龄、文化程度分布结构

表 6.5　企业主年龄、文化程度分布情况

变量	项目	年龄		文化程度	
		频数(人)	百分比(%)	频数(人)	百分比(%)
有效样本	1	1	0.5	78	40.4
	2	68	35.2	59	30.6
	3	89	46.1	47	24.4
	4	28	14.5	7	3.6
合计		186	96.4	191	99.0
缺失值		7	3.6	2	1.0
总合计		193	100.0	193	100.0
平均数		2.77		2.32	
方差		0.489		0.692	
标准差		0.699		0.832	

表 6.5 中年龄的分类变量（1、2、3、4）分别代表 30 岁及以下、31~40 岁、41~50 岁、50 岁以上；文化程度的分类变量（1、2、3、4）分别代表高

中及以下、大专、本科、研究生及以上；统计结果显示，样本中的企业主年龄主要分布在 31~50 岁，占总样本的 81.3%，即以中年为主；大约 50%的企业主拥有大专或本科学历，研究生及以上学历的企业主仅有 3.6%，仍属偏低。

第三节 实证分析过程

一、实证假设与路径

通过对样本数据的描述统计，初步显现出样本企业的基本分布结构、企业主个人的身份特征分布等情况。笔者认为，家族企业作为家族和企业二元结合体，双方组成的两个子系统互相嵌入，势必在运行机制上产生碰撞和摩擦。各种内生和外生要素的交织构成一个多维结构的博弈网络，使得家族企业融资行为选择呈现出动态的、多元化的态势。在此，以 SPSS16.0 为基础平台，构建一系列的数学模型，运用相关的数理统计方法，以家族企业发展阶段为主线，多方位探寻企业主身份特征、企业目标、企业控制权、融资环境等影响因素与家族企业融资行为的动态演变路径。基于研究目的、研究环境以及研究条件，现提出以下基本假设：

假设 1：同等条件下，家族企业的发展阶段具有逐级渐进式的特征。

在本书前述相关章节，将家族企业的发展阶段划分为初创、成长、成熟、转化（衰退）四个阶段，并赋予每个阶段所具备的显性融资行为特征。笔者认为，各阶段的不同特点决定了家族企业金融需求和融资行为的复杂多样性。更为重要的是，其发展阶段是多维动态的，既可以依次按照初创—成长—成熟—衰退的发展路线演进，也可能随时因内外部主客观因素的改变而发生突变，比如一个初创期的家族企业不经过成长期而直接进入衰退期的案例比比皆是。客观上，家族企业的发展阶段实质上是断裂式与渐进式并存的特征。这一点，是毋庸置疑的。但家族企业发展模式的复杂性以及研究条件的限制，使得现实中难以获取那些发展阶段突变的家族企业的相关数据以及确切的突变时点，加上国内外学术界并没有对其各阶段突变的条件及特征进行统一的界定，缺乏相应的理论支撑，阻碍了对该部分家族企业融资行为的实证研究。

另外，笔者意识到，作为一个整体，处于某一时刻的家族企业总可以被归结为四个阶段其中的一个，体现出该阶段的主要特点和融资行为取向，且现实中也更多地存在大量逐级演化、递进发展的家族企业。因此，本书实证分析中所有的家族企业样本都被视为循序渐进地发展，即各个阶段样本的融资行为取向可以拟合成一个家族企业依次从初创到衰退的多维动态的融资路径。

假设2：同等条件下，家族企业主对于融资行为的选择与决策是理性的。

家族、资本、所有权、外部环境等因素的复杂交织，以及企业生命周期的多维波动，使得家族企业融资行为决策与融资路径安排是内外多种影响因素效用调和及动态均衡的结果。而隐性非正式契约和正式契约的集合，以及人格化、半人格化的治理特征，造就了企业主在家族企业控制权和决策权方面独一无二的权威地位，对融资行为决策具有超强的意志表达能力，尤其是控制权和决策权高度集中于企业主的中小家族企业。可以说，企业主一个非理性的融资决策失误，将有可能造成家族企业发展阶段的突变，此种断裂式发展的家族企业已不属于本书研究的范畴。为了保证假设1的有效性和延续性，笔者认为企业主在特定融资环境和发展阶段下所做出的融资行为选择与决策是理性的，即为假设2。

以上基本假设为本书的研究提供了一个相对真实客观的研究环境，据此提出的具体实证研究路径如图6.1所示。

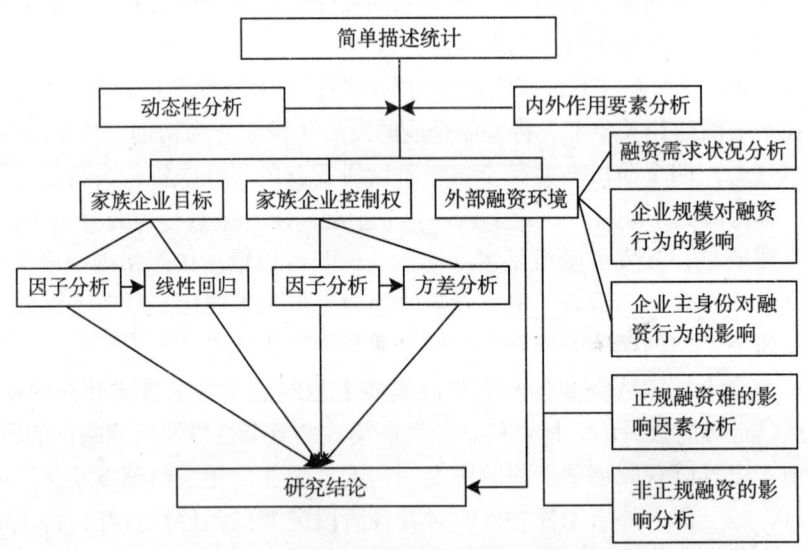

图6.1 家族企业融资行为实证研究路径

第一步,根据样本数据的简单描述统计结果,进行初步的探索性分析。第二步,分别对家族企业目标、所有权控制及决策权分配选择因子分析法,确定各项的公共因子并计算因子等分,然后以企业发展阶段划分成不同的独立样本,构建简单的线性回归模型,采用逐渐引入相关控制变量的逐步回归方法,分析各项自变量因素的显著性差异。第三步,基于家族企业目标、所有权控制及决策权配置等内生异质性以及不同发展阶段融资行为的动态演变规律,结合我国具体的融资环境现实,构建以资产负债率为因变量,家族企业目标因子、所有权控制及决策权分配因子为自变量的综合线性模型,采用逐渐引入相关控制变量的逐步回归方法,分析不同发展阶段下的各影响因素对融资行为选择路径的显著性差异;运用单因素方差分析法,展开家族企业的融资需求状况分析、企业规模和企业主身份特征对融资方式的影响分析,以及对家族企业正规融资和非正规融资的现状展开实证调查,确定不同样本组下的各影响因素的显著性。

二、家族企业目标演化与融资行为传导分析

家族企业目标决定融资目标,而融资行为是融资目标的体现,亦即家族企业目标对融资行为决策发挥着间接传导的作用。家族的嵌入使得家族企业目标必然受到家族价值、家族期望、家族利益和家族对企业的控制权偏好等因素的影响,不仅追求快速发展和企业价值最大化,也追求家族福利最大化的目标。基于此,将家族企业目标划分为五个:①为家族成员提供就业机会或工作经验。②为家族积累财富。③传承给下一代。④提升企业价值并促进企业成长。⑤延长企业发展周期。采用 Likert 五级量表来衡量,5 表示重要,1 表示不重要。

1. 因子分析

使用 SPSS16.0 统计软件包,对样本家族企业目标数据进行探索性因子分析,[①] 运用主成分分析方法和正交旋转的方差最大化法(Varmiax),采用特征值大于 1、因子负荷不低于 0.5 等标准抽取因素。

---

① "因子分析"的名称于 1931 年由 Thurston 首次提出,但其概念起源于 20 世纪初 Karl Pearson 和 Charles Spearmen 等人关于智力测验的统计分析。因子分析就是用少数几个因子来描述许多指标或因素之间的联系,以较少几个因子反映原始资料的大部分信息的统计学方法。

因子分析并非适用于所有情况下的样本数据，变量之间须具备一定程度的相关，相关度太高或太低皆会造成执行因子分析的困难。通常相关系数绝对值低于 0.3 时，不建议进行因子分析。对于样本数据是否合适因子分析，可透过巴特利（Bartlett）球形检定和 KMO（Kaiser-Meyer-Olkin）来检定。一般而言，KMO 在 0.9 以上，非常合适做因子分析；在 0.8~0.9 之间，很适合；在 0.7~0.8 之间，适合；在 0.6~0.7 之间，尚可；在 0.5~0.6 之间，很差；在 0.5 以下应放弃。

家族企业目标样本数据相关检验情况及相关矩阵结果显示如表 6.6 和表 6.7 所示。

表 6.6 家族企业目标样本数据相关检验情况

	KMO 值	0.704
巴特利球形检验	卡方检验	383.688
	自由度	10
	P 值	0.000
α 值		0.770

表 6.7 家族企业目标相关矩阵

	项目	为家族成员提供就业机会或工作经验	为家族积累财富	传承给下一代	提升企业价值并促进企业成长	延长企业生命周期
相关系数	为家族成员提供就业机会或工作经验	1.000	0.606	0.574	−0.215	−0.197
	为家族积累财富	0.606	1.000	0.611	0.002	−0.105
	传承给下一代	0.574	0.611	1.000	0.099	0.002
	提升企业价值并促进企业成长	−0.215	0.002	0.099	1.000	0.753
	延长企业生命周期	−0.197	−0.105	0.002	0.753	1.000

可见，样本企业目标的 alpha 信度为 0.770，显示了较好的内部一致性。KMO 值为 0.704，Bartlett 球形检定值的显著性水平为 0.000，并且各变量间的相关系数适中，介于 0.5~0.7 之间，这一切表明该观测变量较适合做因子分析。下面给出因子分析的具体分析结果。

从表 6.8 可以看出，采用主成分分析法提取了 2 个公共因子，能够描述原变量总方差的 79.993%，接近 80%，可以认为这 2 个公共因子反映了原变量的绝大部分信息。

表 6.8 家族企业目标的因子提取

成分	初始特征根			主成分提取个数		
	合计	可解释的方差（%）	累积方差（%）	合计	可解释的方差（%）	累积方差（%）
1	2.258	45.153	45.153	2.258	45.153	45.153
2	1.742	34.839	79.993	1.742	34.839	79.993
3	0.403	8.062	88.054			
4	0.381	7.621	95.675			
5	0.216	4.325	100.000			

注：提取方法：主成分分析法。

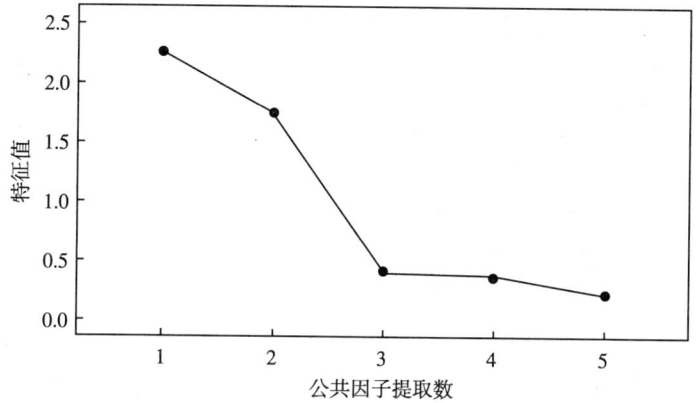

图 6.2 公共因子碎石图（Scree Plot）

在图 6.2 的公共因子碎石图（Scree Plot）中，横轴（Component Number）表示公共因子提取数，纵轴（Eigen value）表示特征值。可以看出，当提取第一、第二个公共因子时，特征值变化非常明显，而到第三个公共因子时，特征值变化已经基本趋于平缓，所能解释的信息越来越少。

表 6.9 家族企业目标因素的共同度

项 目	初始（%）	提取后（%）
为家族成员提供就业机会或工作经验	1.000	0.747
为家族积累财富	1.000	0.753
传承给下一代	1.000	0.757
提升企业价值并促进企业成长	1.000	0.885
延长企业生命周期	1.000	0.858

注：提取方法：主成分分析法。

表 6.9 结果显示，两个公共因子对所有变量的共同度都较高，介于 0.75~0.88 之间，说明公共因子能够较好地反映原变量。

表 6.10 家族企业目标的因子旋转结果 *

项 目	因子负荷	
	1	2
1. 为家族成员提供就业机会或工作经验	0.833	−0.231
2. 为家族积累财富	0.868	−0.018
3. 传承给下一代	0.862	0.120
4. 提升企业价值并促进企业成长	0.007	0.941
5. 延长企业生命周期	−0.077	0.923

注：*通过三次迭代旋转收敛得出。

表 6.10 的因子旋转结果显示，第一个公共因子较好地反映了为家族成员提供就业机会或工作经验、为家族积累财富、传承给下一代三个目标的信息，均呈现正向载荷；第二个公共因子充分反映了提升企业价值并促进企业成长、延长企业生命周期两个目标的信息，均呈现正向载荷。根据以上归类结果，笔者将公共因子 1 称为家族利益因子，公共因子 2 称为企业价值因子。这与 Singer 和 Donahu（1992）关于家族企业目标的划分结果是一致的，[①] 说明了家族企业目标存在多维结构，可能面临着"增长与控制"的两难处境。

采用回归法计算各个公共因子（F1 和 F2）的得分函数，两个公共因子的具体得分将在样本源数据中以新的变量 fac1（家族利益因子）和 fac2（企业利益因子）反映。结合上述各因子的得分函数，再以两个因子的方差贡献率（详见表 6.8）为权数，最终可以得到家族企业目标的综合得分：

家族企业目标综合值 = 0.45153F1 + 0.34839F2

采用一般线性模型（general linear model），以家族企业发展阶段为自变量（横轴 1、2、3 分别代表初创期、成长期、成熟期），家族企业目标综合值为因变量（纵轴为各阶段的目标综合得分均值）进行分析，两者之间的演变趋势如图 6.3 所示。从中可看出，随着家族企业从初创期逐级演进到成熟期，

---

① Singer 和 Donahu（1992）认为，家族企业目标可以划分为两类：一类是以家族为中心的企业（family centered business），对于企业主和家族而言，企业只是生活的一种方式；另一类是以企业为中心的家族（business centered family），企业是谋生的一种手段。

企业目标导向变化明显，呈现从家族利益为中心向企业价值为中心转移的趋势规律。可能的解释是：初创期家族企业大多以家族为单位，企业规模有限，生产经营单一，主要以家族自有资金为创业资本，家族承担了经营的风险，同时也是企业经营成功的受益者，此时家族资本的聚集和家族成员的凝聚力对家族企业是非常重要的，企业主更多地考虑维系家族利益；成长期家族企业由于扩大再生产而面临着巨大的资金缺口，以家族为中心所构筑的单一投资主体将无法提供企业规模扩张所需要的大量资本，在家族资本和企业自有资金无法满足的情况下，外源融资对于企业的生存显得尤为重要，此时家族企业严格的家族资本封闭性有所削弱，企业主开始更多地考虑通过外部资金的融入提升企业价值并促其成长；成熟期家族企业经营产业层次不断提高，业务不断拓展，家族资本与非家族外部资本的融合进一步加深，使得家族企业社会化程度不断上升，追求企业价值的特征更加明显。需要说明的是，在后续的相关实证研究中，涉及以家族企业目标自变量或因变量的，均以综合得分对其进行赋值。

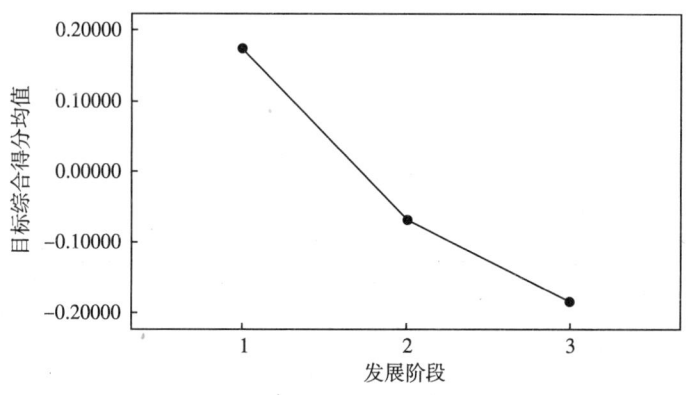

图 6.3　家族企业目标的发展趋势

2. 回归分析

以家族利益目标为因变量，采用层级回归分析法，依次引入控制变量，具体线性回归模型如下：

家族利益目标 $y = \beta_0 + \sum \beta_i \text{control variables}(x_i) + \varepsilon$ （$i = 1, 2, 3, 4, 5$）

其中，家族利益目标的赋值为其利益因子的得分；control variable 为控制变量，具体包括经营年限（x_1）、企业主年龄（x_2）、性别（x_3）、资产规模

(x_4)、文化程度(x_5)等前述研究成果中已证明较有效的控制变量。具体回归结果如表6.11和表6.12所示。

表6.11 模型1的拟合优度情况①

模型	R	R^2	调整后的 R^2	估计的标准误差	Durbin-Waston检验值
1	0.453②	0.205	0.193	0.88244168	
2	0.554③	0.307	0.285	0.83085748	
3	0.635④	0.403	0.375	0.77685719	0.842

注：①因变量：回归因子得分。②预测变量：(常数)，ln 经营年限。③预测变量：(常数)，ln 经营年限，ln 年龄。④预测变量：(常数)，ln 经营年限，ln 年龄，ln 资产规模。

表6.12 模型1系数*

模型		未标准化的系数		标准化的系数	T值	P值	多重共线性	
		估计值(B)	标准误差	Beta值			容忍度	方差扩大因子
1	(常数)	0.921	0.324		2.843	0.006		
	ln 经营年限 (x_1)	−0.752	0.183	−0.453	−4.100	0.000	1.000	1.000
2	(常数)	−0.469	0.548		−0.856	0.395		
	ln 经营年限 (x_1)	−0.676	0.175	−0.407	−3.872	0.000	0.979	1.021
	ln 年龄	1.294	0.424	0.321	3.053	0.003	0.979	1.021
3	(常数)	−0.829	0.525		−1.581	0.119		
	ln 经营年限 (x_1)	−0.377	0.188	−0.227	−2.007	0.049	0.738	1.355
	ln 年龄 (x_2)	1.490	0.401	0.370	3.716	0.000	0.957	1.045
	ln 资产规模 (x_4)	−0.721	0.226	−0.359	−3.195	0.002	0.750	1.333

注：*均为 α=0.05 下的因变量回归因子计算得出。

结果显示，企业主性别、文化程度等控制变量没有通过相关检验，并未纳入线性模型回归，与女性企业主样本数过少有关。① 从以上逐步回归迭代产生的模型来看，第3个模型（包含经营年限、年龄和资产规模控制变量）的

---

① Haynes等（2000）在比较了女性控制和男性控制家族企业的融资行为后发现，控制人的性别也会对家族企业的融资行为产生影响。对男性控制的企业而言，家庭的财务结构信息能够可靠预示企业的财务结构，贷款人可以根据来自各方面的财务信息——包括家庭收入和权益表——所提供的信号进行贷款决策。但在贷款人看来，这类家庭财务信息对于评价女性控制的家族企业并不特别有效，通常是女性家族企业控制人需要提供一些额外的信息来说服贷款人，以证明她们同样是成功的企业所有者。在融资渠道上，女性控制家族企业可能对关系有更大依赖性，家庭、朋友等非机构贷款人常常是主要的借贷对象，这一点与男性控制的家族企业不同。

R^2最大,说明对家族利益目标的解释能力最强。在95%的置信区间水平上,该模型除了常数项外,所有控制变量均通过显著性检验,不存在多重共线性,其他检验指标结果良好。

由此,家族利益目标可以表示为:

家族利益目标 = $-0.829 - 0.377\ln(x_1) + 1.490\ln(x_2) - 0.721\ln(x_4)$

以上模型说明,因变量与经营年限、资产规模均为负相关。表明随着企业发展阶段的逐级递进,企业主的家族利益观念有所弱化,对企业价值与成长的考虑逐渐增加;同时,随着企业主年龄增长,考虑传承给下一代的家族情结有所增加,而长期价值最大化的企业可以作为传承给子孙后代的一项资产。① 家族企业目标演进传导于融资行为取向上,体现为企业融资目标中家族利益与企业价值之间的效用均衡发生变化,家族资本的封闭性逐渐被打破,与外部资本的融合程度趋于加深,为企业成长与价值增长不断注入新的资本血液和发展活力。

三、家族企业控制权演化与融资行为取向分析

控制权是家族企业不可或缺的要件之一,贯穿于家族企业的整个发展阶段。可以说,家族企业的发展史就是家族对其企业控制权的演变史。从行为本质上来看,企业主及其家族并不愿意放弃对家族企业的控制权,但规模扩张与持续发展所带来的资本需求的压力,引致企业主不得不为获取外部投资者的资金付出一定的成本代价。家族企业融资契约包含了家族控制权对外部资本所有者的稀释和让渡,其融资行为取向必然受制于企业主及其家族的控制权偏好。所以,企业主的控制权与企业的融资行为,与企业目标定位一样,也形成了动态的博弈网络,从而达到在特定情境下的动态均衡。

控制权实质上体现了家族企业中的企业主权威、企业主决策地位和方式,这三者之间呈现出正向强相关关系,企业主权威及个人特质往往就成为维系企业管理稳定性、影响企业重大决策的关键因素。因此,本部分将调查问卷中的企业所有者权益比例构成状况、企业决策权分配纳入一个整体,作为分

---

① 许多学者也研究认为,家族是潜在的企业长期价值最大化的倡导者,这主要是缘于创业家族具有将企业传承给后代的愿望,家族企业的生存与长期发展问题对家族来说非常重要(Becker,1981; James, 1999; Casson, 1999; Chami, 1999)。

析家族企业控制权的影响因素，采用 SPSS 16.0 统计软件包，运用主成分分析法和正交旋转的方差最大化法（Varmiax），采用特征值大于 1、因子负荷不低于 0.5 等标准抽取因素。由于篇幅有限，此处仅列出因子分析过程的核心数据结果。

表 6.13 家族企业控制权 KMO 和球形检验

KMO 值		0.706
巴特利球形检验	卡方检验	719.493
	自由度	28
	P 值	0.000
α 值		0.653

从表 6.13 可以看出，该部分样本数据的 alpha 信度为 0.653，显示了较好的内部一致性。KMO 值为 0.706，Bartlett 球形检定值的显著性水平为 0.000，并且各变量间的相关系数适中，介于 0.35~0.60 之间，这一切表明该观测变量比较适合做因子分析。

表 6.14 家族企业控制权因子旋转结果和方差贡献率 *

项目	因子负荷	
	1	2
1. 企业主个人所有者权益处于绝对控制地位	−0.159	0.853
2. 企业主个人所有者权益处于相对控制地位	0.820	−0.109
3. 企业主及其家族成员的所有者权益处于相对控制地位	0.834	−0.148
4. 企业主及其家族成员的所有者权益处于绝对控制地位	0.111	0.831
5. 企业重大决策由企业主个人决定	−0.317	0.807
6. 企业重大决策由企业主个人及其家族成员共同决定	−0.228	0.639
7. 企业重大决策由企业主与管理层共同决定	0.764	−0.217
8. 企业重大决策由企业管理层决定，企业主不再参与	0.758	−0.063
方差贡献率（%）	43.926	32.058

注：* 通过 3 次迭代旋转收敛得出。

从表 6.14 可以看出，采用主成分分析法提取了 2 个公共因子，能够描述原变量总方差的 75.984%，仍基本能够反映出原变量的大部分信息。在此，笔者将第一个公共因子定义为相对控制因子，包含第 2、3、7 和 8 项因素；

第二个公共因子定义为绝对控制因子,包含第1、4、5和6项因素。2个公共因子各自的项目因素相互对立,体现了较好的匹配性,同时也说明了控制权与决策权的高度一致性。

采用回归法计算各个公共因子的得分函数,2个公共因子的具体得分将在样本源数据中以新的变量 fac1(相对控制因子)和 fac2(绝对控制因子)反映。结合上述各因子的得分函数,再以两个因子的方差贡献率(详见表6.14)为权数,最终可以得到家族企业控制权的综合得分。

家族企业控制权综合值 = 0.43926F1 + 0.32058F2

需要说明的是,在后续的相关实证研究中,涉及以家族企业控制权为自变量或因变量的,均以综合得分对其进行赋值。

采用一般线性模型(general linear model),以家族企业的发展阶段为自变量(横轴1、2、3分别代表初创期、成长期、成熟期),分别以家族企业相对控制因子和绝对控制因子为因变量(纵轴为各阶段的控制因子得分均值)进行分析,两者之间的演变趋势见图6.4和图6.5。

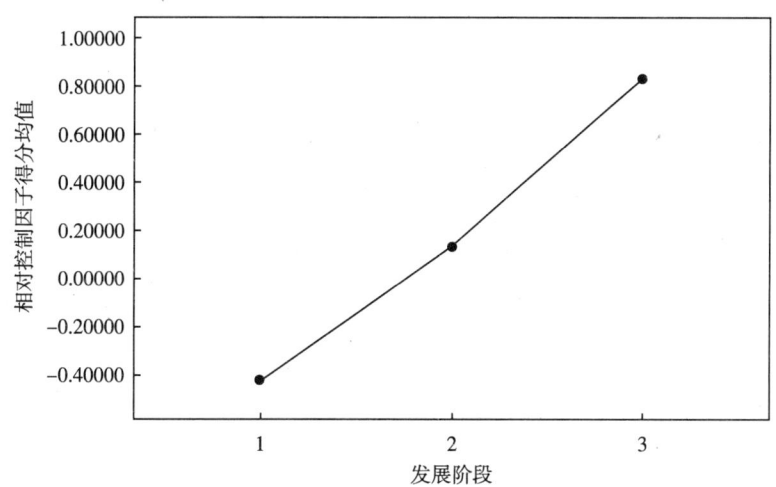

图6.4 相对控制因子的发展趋势

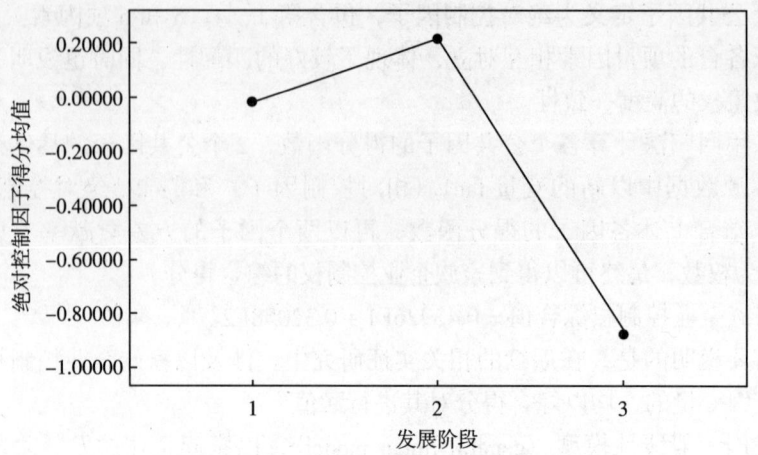

图 6.5 绝对控制因子的发展趋势

从图 6.4 和图 6.5 可以看出,相对控制因子得分(图 6.4 纵轴相对控制因子得分均值所示指标)以一个较大的斜率上升,而绝对控制因子(图 6.5 纵轴绝对控制因子得分均值所示指标)先缓慢上升然后急剧下降。这表明:①随着发展阶段的逐级递进,家族企业融资行为取向是在企业控制权和企业成长机会之间的权衡,是企业控制权动态均衡配置的结果,如果家族企业具有成长性,那么在其成长中必然面临外部资本进入所导致的控制权部分转移与让渡。②控制权的配置作为家族企业一个关键的因素,一端连接着融资决策者(企业主及其家族)的利益和目标,另一端则代表着不同的融资偏好,企业主及其家族让渡部分企业剩余索取权和所有权来换取家族基业常青的融资行为取向,是一种理性和情感交融的选择。这与本书前述理论分析基本吻合。

下面以家族企业发展阶段为分类变量,对家族企业控制权(赋值为控制权综合得分)采用单因素方差分析(one-way ANOVA),进一步分析家族企业控制权配置与其发展阶段的对应关系。

需要说明的是,单因素方差分析的前提条件是样本数据能够通过方差齐性检验。此次齐性检验值为 $p = 0.177 > 0.05$,说明总体方差无显著性差异。由于篇幅有限,故未能将该检验结果逐一列出。除非特别说明,否则均视为该单因素的样本数据通过齐性检验。表 6.15 结果显示,家族企业控制权与其发展阶段存在显著性差异,可以确认两者的动态演变均衡之关系成立。

表 6.15 基于发展阶段的企业控制权方差分析 *

控制权综合值		离差平方和	自由度	均方	F 值	P 值
组间	（综合）	4.222	2	2.111	7.642	0.001
	非加权	1.237	1	1.237	4.476	0.036
	加权	2.918	1	2.918	10.564	0.001
	偏差	1.304	1	1.304	4.720	0.031
组内		51.384	186	0.276		
合计		55.606	188			

注：* 以上数据在 α=0.05 下显著。

四、现实环境下的家族企业融资行为特性与演变实证分析

笔者始终认为，家族企业融资行为取向本质上是其内生异质性结构的映射，也受制于外部融资环境的影响和制约，体现了从微观的企业经营管理层面到宏观的融资制度体系层面的共同作用。同时，家族企业融资行为又具有伴随其生命周期变迁的动态性特征，是相应发展阶段和一定融资环境下理性选择的结果。现实背景下家族、资本、所有权、控制权及外部环境等因素的复杂交织，决定了家族企业融资活动的复杂性。在以上企业目标和控制权实证分析的基础上，结合融资环境和生命周期不同发展阶段的演变，进一步展开对家族企业融资行为的实证研究。

1. 家族企业融资需求状况分析

家族企业由于其自身情况以及未来的发展战略不同，对融资的需求状况各异。问卷设置了对家族企业融资需求状况的选项：①有很大资金缺口，急需融资。②有资金缺口，需要融资。③自有资金充足，无须融资。通过 SPSS 16.0 统计软件分析包，具体统计结果如表 6.16 所示。

表 6.16 家族企业融资需求状况

发展阶段	1. 有缺口，急需融资		2. 有缺口，需要融资		合计（户）
	频数（户）	频率（%）	频数（户）	频率（%）	
初创期	31	16.1	39	20.2	70
成长期	19	9.8	83	43.0	102
成熟期	3	1.6	18	9.3	21
合 计	53	27.5	140	72.5	193

表6.16显示，在具有融资意愿的193家样本中，近三成家族企业有迫切的资金需求。从发展阶段来看，初创期资金需求最为强烈，说明该阶段资金缺口最大，较难获取（或不愿引入）外部资金；成长期资金需求比较强烈，主要是家族企业规模扩张带来的资金需求压力以及内源融资能力的不足；成熟期资产抵押能力和信用程度的提高，使得家族企业融资渠道有所拓宽，融资的可得性趋于上升。另外，以上统计结果的 Pearson Chi-Square=36.300，sig=0.000，说明结果有效。

2. 家族企业的融资方式状况分析

以问卷中的样本数据为基础，分析现阶段可供家族企业选择的融资方式和具体分布结构，以及现有融资方式较之创立时的规律变化。问卷中的融资方式可以复选，如选择，该项融资方式赋值=1；否则该项融资方式赋值=0。具体分析结果如下：

表6.17 家族企业创立和现阶段的融资状况

创立时			现阶段		
融资方式（复选）	频数（户）	频率（%）	融资方式（复选）	频数（户）	频率（%）
自主资金	188	97.4	企业主再投入	84	43.5
家族资本	156	80.8	自有资金积累	177	91.7
银行贷款	45	23.3	银行贷款	96	49.7
民间借贷	30	15.5	上市融资	2	1.1
风险投资	5	2.6	债券融资	0	0
其他	6	3.1	商业信用	153	79.3
			民间借贷	73	37.8
			风险投资	10	5.2
			其他股权融资	28	14.5

表6.17中的统计结果显示：①我国绝大部分的家族企业都是依靠企业主及其家族资本创立，初创期能够获得银行贷款或民间借贷的比重较低，风险投资仅为2.6%。②较之创立阶段，家族企业后续发展阶段可供选择的融资方式种类有所增多，银行贷款和民间借贷的比重明显增加，也开始考虑吸收外来投资者的股权融资，但主要还是依赖自有资金积累和商业信用等方式获取资金融通。可能的解释是，随着家族企业发展阶段的演进，企业规模逐步壮大，实力有所增强，具备了一定的抵押资产和信用基础，能够取得一定的融

资信任，融资圈的扩展及融资的便利性有所加大。同时，企业规模的扩张使得资金需求量大幅上升，仅靠自身积累和内源融资不能满足发展需求，推动企业资金来源轨迹的偏移，拓宽融资渠道以获得外源融资的支持，呈现内源融资与外源融资、债权融资与股权融资相互并存的融资局面。但笔者也意识到，由于宏观融资体制时滞效应、资本市场容量不足等原因，家族企业仍客观存在着巨大的融资壁垒。比如，上述的193家样本企业中，无一通过债券融资，获取上市融资机会的仅有2家，足以说明家族企业融资环境改善及融资行为优化任重而道远。

3. 基于企业规模的融资方式分析

以企业资产规模为500万元以下、501万~1000万元、1001万~4000万元、4001万~10000万元、10000万元以上分类标准，分别对家族企业各主要融资方式进行单因素方差分析，结果如表6.18所示。

表6.18 家族企业不同规模下的融资方式显著性

变量	500万元以下	501万~1000万元	1001万~4000万元	4001万~10000万元	10000万元以上	F值
企业主再投入	85.2%	77.3%	92.3%	68.4%	66.7%	1.752
自有资金积累	93.2%	90.9%	92.3%	89.5%	100.0%	0.752
银行贷款	48.9%	86.4%	100.0%	94.7%	100.0%	9.329***
商业信用	72.7%	77.3%	89.7%	47.4%	33.3%	4.037***
民间借贷	47.7%	38.6%	23.1%	5.3%	0.0%	5.143***
其他股权融资	5.7%	13.6%	20.5%	36.8%	66.7%	3.037***
样本数（户）	88	44	39	19	3	

注：***$p<0.01$，通过方差齐性检验。

表6.18结果显示：①基于家族企业不同规模，银行贷款、商业信用、民间借贷和其他股权融资等方式在1%的水平下呈显著性差异。可能的解释是，规模的提升增强了家族企业的抵押能力和信用等级，有助于融资圈的拓展和外源资金支持的获取。②企业主再投入、自有资金积累等方式与企业规模不存在显著差异，均为企业重要的资金来源，这可能存在两种解释：一是家族企业主对外源融资所带来的财务风险、控制权风险以及经营信息流失风险更为敏感，而内源性融资不存在控制权转移风险和信息披露风险，且有利于降低筹资费用和减少融资的不确定性，衍生了企业主显著的内源融资倾向，首

选自有资金积累实现资金的有效供给；二是现阶段外源融资难以获得，企业主及其家族的再投入以满足家族企业资金需求，实属无奈之举。③民间借贷等非正规融资与企业规模呈现此消彼长的趋势，可能的解释是，由于小规模家族企业从正规融资渠道获得发展资金的路径较为狭窄，在大范围的正规金融市场难以进入的条件下，只好较多地求助于小范围的非正规金融市场筹集资金，但随着家族企业规模的扩大以及资产抵押能力和信誉程度的提高，通过正规金融市场获得债务资金或权益资金的可得性趋于上升，并逐步成为规模较大的家族企业外源融资的主要渠道，非正规金融的生存空间相应地被压缩。④债务融资的比重显著高于股权融资的比重，说明家族企业更偏好于债务融资，以尽可能回避外源性权益融资所带来的企业主及其家族对企业控制权的削弱，而通过证券市场直接上市融资的门槛之高以及有限的市场容量也是一个重要的原因。

4. 基于企业主身份特征的融资方式分析

以家族企业主身份特征（是否兼任总裁或总经理、是否人大代表或政协委员以及是否有过政府部门从政经历）为分类标准，对家族企业主要融资方式进行单因素方差分析，结果如表6.19所示。

表6.19 家族企业主的身份特征对融资方式的影响

变量	兼任总裁=1	不兼任总裁=0	F值	是人大代表、政协委员或曾经从政=1	非人大代表、政协委员或不曾从政=0	F值
企业主再投入	82.97%	80%	0.594	75.7%	92.4%	10.694***
自有资金积累	92.02%	100%	0.26	91.3%	92.4%	0.197
银行贷款	76.60%	80%	0.171	87.4%	63.9%	15.422***
商业信用	73.90%	100%	1.032	68.0%	82.4%	5.364***
民间借贷	34.60%	40%	1.293	31.1%	40.3%	1.898
其他股权融资	13.30%	60%	1.095	23.0%	9.2%	3.650*
样本数（户）	188	5		74	119	

注：* $p<0.1$，*** $p<0.01$，已通过方差齐性检验。

从表6.19可以看出，①是否兼任总裁（总经理）与任一融资方式均不存在显著性差异，可能的原因是，不兼任总裁（总经理）的样本企业仅有5个，样本数太少，解释能力较差。②对于是否是人大代表、政协委员或曾经从政的分类标准，企业主再投入、银行贷款、商业信用均在1%的水平下显著，表明企业主有政治身份比无政治身份的家族企业获得了更多的银行贷款等外部资金。究其原因，一方面，企业主具有政治身份的家族企业可以通过政府对银行的影响来获取贷款支持，改善企业受到的银行信贷歧视等融资约束，提高了企业的资金获取能力。另一方面，企业主获得人大代表和政协委员等政治身份，既表明企业具有相当的经济实力和规模，而且企业主的政治身份还具备了融资的传递信号功能。在信息不对称的信贷市场，尽管银行不能完全直接观察家族企业的预期还款能力，但他们可以通过观察家族企业表现出来的某些特征来判断其还款能力。对于企业主有政治身份，社会声誉较好的家族企业，银行认为其贷款风险也较小，更愿意贷款给这类企业。[①]这也从一个侧面验证了本书的观点：企业主对于家族企业融资活动具有不可或缺的重要影响力。

5. 基于银行贷款的家族企业正规融资难分析

理论分析表明，正规金融机构对非国有经济的支持远低于对国有经济的扶持，多数银行的信贷结构存在着显著的非均衡性，向国有企业以及大企业、大项目倾斜，客观上形成对部分弱势企业的挤出效应。作为经济转轨过程中萌生、成长与发展起来的企业群体，我国家族企业所面临的融资环境尤为严峻，以银行贷款为代表的正规融资仍是高门槛。问卷选项"您认为正规融资存在困难吗"调查结果显示，61.8%的样本企业认为融资困难。

表6.20关于银行贷款融资难的影响因素统计描述表明，样本企业对上述各项影响因素的认识趋于一致，各项因素均值较高，说明它们均为获取银行贷款的关键性因素。进一步以家族企业的发展阶段为分类标准，通过单因素方差分析，旨在得到各阶段的银行贷款影响因素之差异。

[①] 本书的结论在国内外一些研究文献中也得以佐证，即参与政治有利于改善企业所受的融资约束，为企业融资带来便利。Soto (1989)、Shleifer 和 Vishny (1994) 研究认为，企业与政治家的联系不仅保护了企业避免其被侵占的可能，同时也给企业有限获得政府的补助、融资和税收减免的途径。在新兴市场上也有对应的研究结论证明与政府有联系的企业，银企关系也得到改善，其融资约束有所减少 (Kwahja 和 Mian, 2005)。Faccio、Masulis 和 MeCormell (2006) 研究了在1997年至2002年6年间35个国家的450家有政治关联的企业和一系列能配对的同等企业。研究结果表明，有政治关联的企业比没有关联的企业借的钱更多，他们在遇到经济困难时也更可能受到其本国政府的援助。

表 6.20 银行贷款融资难的影响因素统计

银行贷款影响因素	单位	均值（标准差）	非常不重要到非常重要				
			1	2	3	4	5
所有制歧视	频数（份）	3.86	4	32	26	62	69
	频率（%）	(1.161)	(2.1)	(16.6)	(13.5)	(32.1)	(35.8)
企业规模	频数（份）	3.98	3	3	49	78	60
	频率（%）	(0.867)	(1.6)	(1.6)	(25.4)	(40.4)	(31.1)
融资成本	频数（份）	3.79	7	22	27	93	44
	频率（%）	(1.008)	(3.6)	(11.4)	(14.0)	(48.2)	(22.8)
企业信息透明度	频数（份）	3.95	3	7	52	77	54
	频率（%）	(0.845)	(1.6)	(3.6)	(26.9)	(39.9)	(28.0)
银企关系	频数（份）	4.28	0	8	24	67	94
	频率（%）	(0.843)	(0)	(4.1)	(12.4)	(34.7)	(48.7)

表 6.21 家族企业银行贷款的影响因素差异分析

变量	初创期	成长期	成熟期	F 值	均值
所有制歧视	3.71	4.03	3.50	2.369*	3.86
企业规模	4.29	3.93	3.20	14.455***	3.98
融资成本	3.53	3.94	3.90	3.565**	3.79
企业信息透明度	3.96	4.01	3.60	1.905	3.95
银企关系	4.40	4.19	4.30	1.321	4.28
样本合计（户）	70	102	21		

注：* $p<0.1$，** $p<0.05$，*** $p<0.01$，已通过方差齐性检验。

表 6.21 结果显示：①企业规模、融资成本与企业各发展阶段存在显著性差异。可能的原因是，不同企业规模背后隐含着信用保证、抵押能力以及银行贷款管理成本的差异，而家族企业发展阶段的逐级递进往往伴随着规模的扩大，导致获取银行贷款的机会也随之上升，融资渠道的拓宽使得融资成本有所降低，从而证明金融机构在开展信贷业务过程中确实存在"规模歧视"的成分。②所有制歧视和企业信息透明度作为获取银行贷款难的重要因素，并没有基于家族企业发展阶段的演进而发生显著变化，表明所有制歧视和信息不对称普遍存在于家族企业各发展阶段，是导致信贷约束与融资困境的持续性重要因素，其阶段性差异并不显著。③从家族企业各发展阶段的均值以及总体均值来看，企业主对银企关系的重视程度都很高，而银企关系与家族企业发展阶段的差异性并不显著，这表明无论家族企业处于何种发展阶段，

促进银企关系均被视为家族企业提升贷款可得性的有效途径,由此也进一步从侧面验证了本书理论研究中提出的观点,即融资关系对家族企业改善融资困境、突破信贷配给具有积极而现实的意义。

6. 家族企业非正规融资的影响因素分析

在正规金融支持不足以及金融资源配置存在"市场失灵"的情况下,对那些单方面苦苦寻求正规金融资金支持的家族企业而言,大都难以避免正规金融机构的歧视性定价策略或信贷配给,这却激发了家族企业通过非正规渠道——民间借贷融资的热情。实践证明,民间借贷等非正规金融作为对正规金融的一种补充和替代,凭借其一定程度的比较优势,弥补了宏观金融资源配置与实体经济结构的不均衡特性,拓宽了家族企业的融资渠道,使得企业资金配置的不确定性得到有效控制,资金的可得性大大增强。结合调查问卷中关于选择非正规融资的理由,就其问卷打分结果(多选题,选择赋值=1,不选择赋值=0),分析描述如下:

表6.22 家族企业非正规融资的影响因素统计情况

非正规融资的影响因素	均值	选择=1		不选择=0	
		频数(份)	频率(%)	频数(份)	频率(%)
信息沟通便捷	0.42	80	41.5	113	58.5
交易成本低	0.41	79	40.9	114	59.1
抵押担保灵活	0.50	96	49.7	97	50.3
与家族文化相融合	0.31	60	31.1	133	68.9

从表6.22可以看出,对于选择非正规融资的理由,认可上述非正规融资优势的比例并非很高,且诸影响因素中存在一定程度的分歧,说明非正规市场融资可能并非家族企业融资的首选,而仅是一个被动选择——无力通过正规渠道融资时的一种融资路径替代。下面以家族企业的发展阶段为分类标准,通过单因素方差分析,旨在得到各阶段的非正规融资的影响因素之差异。

表6.23 家族企业非正规融资的影响因素差异分析

变量	初创期	成长期	成熟期	F值	均值
信息沟通便捷	0.48	0.33	0.62	3.809**	0.42
交易成本低	0.49	0.36	0.33	1.675	0.41
抵押担保灵活	0.52	0.45	0.67	3.823**	0.50
与家族文化融合	0.22	0.39	0.19	1.641	0.31

注:** $p<0.05$,已通过方差齐性检验。

表 6.23 结果显示：①抵押担保灵活、信息沟通便捷及交易成本低等因素的均值较高，与家族文化融合的因素均值数较低，表明非正规融资的抵押担保、信息搜寻、操作简便等特点，与家族企业融资需求状况更为吻合；相比之下，与家族文化融合并非首要考虑因素，表明家族企业选择非正规融资具有很强的现实针对性。②抵押担保灵活、信息沟通便捷与家族企业的发展阶段在5%的水平下呈显著性差异，而交易成本低、与家族文化融合的因素与差异不显著，各因素影响力变化的差异，显然与家族企业不同发展阶段的资产规模、信用保证、抵押能力以及融资渠道的变迁有着密切关联。

五、实证分析总结

1. 家族企业目标对融资行为的影响

对家族企业目标的影响因素进行因子分析，并以家族企业的发展阶段为线索，构建企业目标与系列控制变量之间的线性回归模型。实证研究结果充分说明：家族企业作为家族和企业两个子系统的交互嵌入，基于家族利益和企业利益的负向激励，使其在运行机制上产生碰撞，以寻求两者之间的均衡博弈，从而衍生出家族企业的一系列异质性特征。家族企业的异质性特征必然使得其同时追求家族利益和企业价值增长的双重目标。随着家族企业的发展阶段逐级递进，呈现家族利益因子下降而企业价值因子上升的发展规律。

2. 家族企业主控制权偏好对融资行为的影响

对家族企业控制权的影响因素进行因子分析，以家族企业的发展阶段为线索，引入一般线性模型探寻家族企业控制权的演化规律。实证研究结果显示：家族企业主客观存在控制权偏好，在股权融资行为对其控制权的削弱方面表现出强烈的谨慎性。即家族企业融资行为的因素不是单纯的融资成本问题，而是由外源股权融资可能导致的企业主及其家族利益的损失。家族企业较一般企业更为关注因融资所导致的控制权让渡问题。所以，在某些情况下，考虑到家族利益，企业主并不一定会为了实现价值最大化或利润最大化而寻求大量的外源股权融资，而是更加关注削弱或丧失控制权对其本人和家族后代的影响。同时，由于家族企业的异质性特征赋予的企业主权威，在家族企业的控制与决策分配方面实施重大深度影响。

3. 现实融资环境下家族企业的融资行为选择

采用单因素方差分析法，分别从内外部的融资环境角度，并结合家族企业的发展阶段，得出家族企业的融资行为趋势规律。实证结果显示：①家族企业的发展规模、企业主的政治身份特征与外源融资呈显著正相关关系，说明家族企业的规模扩大以及企业主身份的影响，均增加了其取得融资信任的筹码，有利于构建家族企业融资圈。②不可忽视的是，绝大部分家族企业仍难以获取正规融资，根本原因在于强制性金融制度变迁中正规金融资源控制权存在国有垄断格局，以及金融资源分配过程中所有制和规模的双重歧视，导致对家族企业的金融服务供给的不足。③出于突破正规融资渠道的限制之困境，以民间借贷为主要表现形式的非正规融资，由于其本身的抵押担保灵活、信息沟通便捷等比较优势，占据了家族企业融资方式决策中的一席之地，这也主要是由于特殊历史条件和体制背景下的正规金融制度安排的扭曲而产生的。

实证研究基于家族企业融资行为的内生和外生影响因素，沿着家族企业融资行为动态变迁的演变过程，以调查问卷的样本数据为分析基础，分别从家族企业目标、家族企业主控制权、融资环境等方面对家族企业融资行为特性及其动态变迁展开深入分析，进一步验证了理论分析的有效性、可信性和说服力。

第七章 结论、启示与展望

内生结构与外部环境的复杂性、多变性及其特有的发展习性，形成家族企业不同于其他经济组织的复杂而独特的融资行为特性。本书从整体的、有机的、能动的思维逻辑出发，重新审视与考量现有主流融资理论对家族企业融资活动的适用性及其理论诠释的匮乏与不足，基于家族企业中家族与企业复杂交织的内生异质性特征，结合现实外部融资环境的复杂作用效应，沿着家族企业生命周期动态变化的轨迹，寻求对家族企业融资行为的科学而有价值的分析研究。通过理论研究和问卷调查样本的数据建模与统计分析，得出以下主要结论与启示：

（1）家族企业融资行为取向，本质上是其内生异质性关系结构作用效应的映射。家族嵌入内生出家族企业区别于其他企业组织的异质性特征，从企业融资目标、企业与家族之间的灰色资金流动、家族的控制权偏好、企业主权威等诸多方面，形成对家族企业融资活动的渗透和干预。企业主个人权威与特质内化于企业融资行为脉络之中，其身份地位等个人能力信号显示，对家族企业获取融资信任、拓展融资圈边界凸显出显著的作用效应。嵌入家族关系网络的资本投入和控制权偏好，引致家族企业融资目标和行为取向，除了确保企业发展、追求企业价值外，还受到企业主及其家族目标和利益导向的影响，需要考虑家族财富与权力的安危，随着家族企业的发展阶段逐级递进，呈现家族利益因子下降而企业价值因子上升的发展规律。其融资顺序与结构具有强烈的内源融资偏好，即使是有限的外源性融资，也把保留控制权与降低信息披露风险作为融资安排的前提，按照内源融资—债务融资—权益融资的序列推进，表现出家族控制与负债融资正相关、与股权融资负相关的行为特征。

由此所带来的启示意义在于，在并不是很宽松的市场环境下，家族企业基于"安全第一"的假设可能比"利润最大化"假设更可靠。体现在融资行为上，就是资金的筹集和配置并不仅仅是一个单纯的企业融资成本问题，也不再是主流融资理论以获取最大利润或企业价值最大化为目标，更多是服从家族与企业之间利益平衡的需要，甚至将家族利益置于一个更加重要的地位，强调融资决策的安全性和平稳性，强化企业主及其家族对企业的强力控制，背离资本获取增值的根本"理性"，以牺牲企业的规模收益来换取家族基业常青。这种理性和情感相交融的融资行为选择，既与家族企业在外部融资环境制约下融资渠道的狭窄有关，也是企业主及其家族自身出于保持对企业控制权和"利益独享"的需要。外源融资带来的货币效用提高必须足够大，才能弥补企业主及其家族对企业控制权的稀释所带来的自身利益和家族利益的损失。然而，如果过分强调家族利益以及家族对企业的控制，家族企业融资决策的内在缺陷就无法避免，不但会增加外源融资的难度，企业成长性也必将受到限制，导致融资行为的扭曲和融资结构的失衡。所以，确定恰当的融资行为战略，把握不同融资方式筹措资金的有机搭配，权衡各种资金背后的产权主体相互依存、相互作用的利益配置格局，在维护家族利益、控制融资风险、降低融资成本与谋求企业长远发展之间寻求一种动态均衡，对家族企业至关重要。

（2）家族企业融资行为取向不仅取决于内生要素的关系结构效用，也受制于外生融资环境因素的影响和制约，体现了从微观的企业经营管理层面到宏观的融资制度体系层面的共同作用，是在一定的融资环境制约下理性选择的结果。一方面，家族企业自身普遍存在的资产规模偏小、信用不足及其内生的信息封闭性和低规范性，引致信息不对称下的融资障碍或融资渠道狭窄；另一方面，面向非公有制经济的宏观融资制度演进具有明显的时滞效应，制度供给落后于产权制度分化时期对金融资源支持的相应需求，金融资源配置与经济增长结构不对称，资本市场容量不足。所有制歧视与规模歧视都是家族企业融资环境中普遍的客观存在，家族企业发展规模、企业主政治身份特征与银行信贷等外源融资呈显著正相关关系。正是作为对正规金融支持不足和存在"市场失灵"的融资制度环境的一种理性回应，非正规金融在一定程度上抵消了正规金融部门资金配置机制的效率损失，形成了家族企业融资行为的一个被动选择——无力通过正规渠道融资时的一种融资路径替代。外部市场的不完全性降低了家族企业在多种融资渠道、多种融资方式和融资工具之间的选择空间以及融资可得性，导致其融资行为无法合理地配置自身融资结构。因此，家族企业融资行为优化与外部融资环境改善正相关。

正视家族企业所处融资环境的现实，是把握其融资行为取向与融资决策

第七章 结论、启示与展望

效率的前提;而融资环境的改善,亦有助于加速推动家族企业融资行为的优化演进。在严峻的融资环境约束下,家族企业的融资选择权极为有限,也就谈不上考虑融资成本和融资结构问题。只有当外部环境真正得到改善,融资战略决策才会真正体现出家族企业自身的意志,选择出适合企业发展要求的、最有效率的融资行为。因此,突破家族企业融资的"瓶颈"效应,除了企业自身要打破信息的封闭性,提升信息的规范度,缓解信息不对称所导致的融资约束与障碍,拓展具有隐性契约特征的关系型融资渠道以提高贷款的可得性之外,也有赖于宏观制度层面下融资环境的改善。这不能仅靠出台一些局部政策或拘泥于少数几种融资方式的改良,而是需要在融资环境"清淤"、金融体制改革、资本市场创新等宏观制度层面系统地促进与完善。在权益资金市场方面,建立多层次的全国和地方性资本交易市场,扩大证券市场的规模,拓展资本市场层次;在负债资金市场方面,在金融产品和服务、金融工具和技术、金融监管方式和方法上进行创新,建立广泛的地方性、中小型金融机构,扶持培育良好的信用担保体系和自由投资的资本形成制度;在非正规金融市场方面,正视其在提高整个社会资金配置效率中的促进作用,减少对其高成本、低效率的管制活动,通过法律形式赋予一些有效的非正规金融活动以合法的地位,适度鼓励和引导其由低级形态向高级形态演变,以形成对正规金融体系的有益补充。总体上,消除宏观融资制度层面与家族企业在融资渠道、信用关系上的不兼容所带来的所有制歧视与规模歧视,减少融资的信息传递成本,推进资本供给的市场化变迁,跨越高层次与低层次资本市场、大型金融机构与中小金融机构以及正规金融与非正规金融的断面,形成一种涵盖不同融资规模及信息披露要求的、与非公有制经济增长相适应的宏观融资制度框架,为家族企业融资行为与融资结构的优化演进提供有效支持。

(3)家族企业融资行为及其所衍生的融资结构,与企业生命周期之间存在着动态相关性。家族企业融资行为并非一种固定的模式,而是一个与时间和空间演变相关的综合变量与效应函数。随着家族企业初创期、成长期、成熟期和转化(衰退)期各阶段内生结构要素和外生作用效应的多维波动,企业边界、资本开放、规模扩张和融资环境约束不断变化,家族结构、所有权结构、控制权结构、治理结构以及家族资本与外部资本融合度等要素关系复杂调整,引致家族企业融资需求、融资能力、信息约束和融资方式的动态变迁,内源融资与外源融资、债务融资与股权融资、正规金融市场与非正规金融市场交替变换。在由生命周期初级阶段向高级阶段的成长演进中,家族企业融资行为方式与其生命形态的演变存在着一定的对应性,总体上显现为融资渠道伴随信息显示能力的提升而日趋拓展,对内源融资、非正规金融市场的依赖程度逐步降低,而对银行贷款和发行证券的依赖性逐步增强,家族资本与社会资本的融合度不断加深,体现出动态演变的家族企业融资行为特征、运作机制和变化规律。

家族企业生命周期下融资行为的动态性,给我们提供了一个用可持续成长的眼光看待其融资行为特性的视角。家族和企业都是具有生命周期的生命体,世界范围内家族企业"富不过三代"以及少数家族企业显现出强大生命力的现象并存,表明了家族企业持续发展的脆弱性,但却不具有普遍性。家族企业融资制度及其行为模式并不存在先进与落后的问题,也没有普遍适用的标准模式,仅仅是伴随其内生关系结构及外部融资环境不断演化的一个发展阶段问题。"变则通"是永恒的道理。健康长寿的家族企业融资行为决策与融资结构安排并不是简单地逃离企业生命周期的循环,不应被动地接受外部环境条件下所存在的金融资源,而恰恰是根据企业的生命周期规律和外部环境条件,积极主动地因时、因地以及因不同行业、不同规模、不同发展阶段、不同融资环境选择制定合适的融资行为战略。既不能死守某种融资行为模式不放而失去发展的机会,也不能强求超越企业发展阶段和承受范围极限的融资行为。长远看,家族企业中家族资本与社会资本的融合是一个必然的发展趋势。结合自身的规模、企业的家族化程度和外部经济环境状况等因素,有序地打破家族资本的封闭性,通过家族资本与外部资本的交叉融合,不断注入新的资本血液,激发新的发展活力,从而实现家族企业的可持续成长。西方发达国家以及我国一些家族企业的发展经验也验证了这一点。

(4)家族企业作为开放环境下家族与企业动态集合的有机体,不断调整变化的内部关系结构以及外部环境作用效应,决定了其融资行为的特殊性、复杂性、多元性和动态性,是一个动态综合函数复杂均衡运行的结果。将家族企业融资活动复杂的结构关系要素、外部融资环境要素及其动态演变纳入一个统一的研究框架之中,整体地、有机地、能动地分析其行为逻辑,是研究家族企业融资问题的出发点,而认识成长发展的现状与趋势是家族企业融资行为主动适应变化并做出变革的前提。家族企业融资活动的行为特征和运作机制,具有一定的规律可循,但不能因此而想当然地规定家族企业融资的某种行为模式,如此也未必能达到融资活动的最终目标。应当在科学预测和把握企业发展与环境因素变化方向与趋势的基础上,采取积极主动的自我改

第七章 结论、启示与展望

造等应对策略,在既定的环境下追求家族企业融资制度安排的有效性,或者以改变外部环境来引导融资行为的有效改进。与其主观上设计某种融资行为模式,不如提高家族企业融资行为应对结构序变与环境调整的自适应改进能力,通过内生要素耦合关系结构调整或者外部融资环境改善,推动家族企业融资行为的多边协调与控制过程,引导融资的理性决策及其背后的控制权合理配置,促进家族利益与企业价值、家族资本与社会资本、内部结构与外部环境的动态均衡联结与合理匹配。如此,才能真正降低融资活动的显性成本和隐性成本等各种交易费用,最大限度地提升家族企业融资制度安排及运作效果的整体性、可行性和有效性,推动开放环境下家族企业融资行为的动态优化与演进。

作为当今社会一种具有普遍意义的重要的经济组织形式,家族企业体现出特殊的、极其顽强的生存特质,广泛地存在于不同意识形态、制度环境、文化背景的东西方各国。家族企业旺盛的生命力及其在世界范围内与非家族企业长期共存的客观事实,提醒我们有必要修正对家族企业先验的漠视、忽视、歧视态度,重新审视主流融资理论对家族企业融资问题的适用性和理论偏差,对家族企业在现代市场经济中的组织功能与融资行为特性进行更为细致的考察与分析。通过全书的理论和实证研究,对家族企业融资活动的行为机理及其复杂性、特殊性和动态性有了一个比较清晰的认识与理解,也对家族企业融资活动及外部融资环境存在的问题和矛盾有了理性的分析,取得了一些有价值的成果。然而,随着研究的逐步深入,笔者愈发感受到家族企业融资行为是一个涉及面很广的系统而复杂的课题。展望家族企业融资研究,在本书研究的基础上,一些理论和实践问题研究还能够进一步深入,有的研究方法还可以改进,对于家族企业融资行为的研究还有很大的改善空间和很多发展方向。

第一,从不同形态家族企业融资研究的分类展开。家族企业是一个多层面的复杂企业组织,其所有权与控制权呈连续分布的状态,而非某一种具体的形态。从家族100%所有和100%控制到家族临界控股和临界控制,家族化程度是一个由高到低的演变过程。在这个连续的谱系演变中,所有权和控制权在企业主、家族所有者、非家族所有者、家族经营管理层以及职业经理人之间动态配置,使得家族企业的组织形态和治理结构千差万别,必然引致融资制度安排与融资行为特征的差异。本书鉴于我国家族企业两权分布的现实状况并没有进行过细的区分,对不同形态家族企业融资行为的分类考察分析涉及有限，后续的研究需要对此进一步探讨。

第二，家族企业数据获取局限性的拓展。长期以来对家族企业研究的忽视，导致世界各国对家族企业专门的统计很少，而当代中国家族企业复兴的历史只有三十来年的时间，相关数据更为缺乏。与国内许多研究类似，本书也部分地采用了私营企业、民营企业的统计数据来代替对家族企业的分析，虽然分析的大体趋势是相同的，但也可能会影响分析的精确度。同时，家族企业本身就具有较强的信息封闭性特征，加之融资问题比较敏感，导致相关调查较为困难。本书通过社会关系网络等方式尽可能地获取样本数据，但由于调查数据的不可得性等种种因素，与家族企业融资相关的一些深层次数据获取比较困难，对于相关敏感性指标只能获取各个区间的模糊数据。尽管本书有效样本中的数据均通过了信度和效度检验，但寻找有效的、一般的、更具代表性的方法来检验家族企业融资的一般规律是一个长期的任务，同时许多结论可能还有待于家族企业更长持续发展时期的事实检验。

未来研究的着眼点将更多地集中于发展和完善那些描述家族企业融资行为复杂性的理论或框架上，针对家族企业形态及其所有者和管理者多样化的状况，通过更丰富的信息和确凿的证据，以有效的定量或定性研究，来对影响家族企业融资活动的影响因素与行为规律做出更深层次的分析。只有通过持续不懈的深入研究，才能使家族企业融资问题研究更加全面和完善。

参考文献

[1] [美] 克林·盖尔西克. 家族企业的繁衍: 家族企业的生命周期. 贺敏译, 北京: 经济日报出版社, 1998

[2] Joseph H. Astrachan & Melissa Carey Shanker, Family Businesses' Contribution to the U.S. Economy: A Closer Look, Family Business Review, 2003 (3): 16

[3] Mark A. A. M. Leenders, Eric Waarts. Competitiveness of Family Businesses: Distinguishing Family Orientation and Business Orientation. Management Report Series, ERIM, 2001 (28)

[4] M.C. Shanker and J.H. Astrachan. Myths and Realities Family Business's Contributions to the US Economy. Family Business Review, 1996, 9 (2)

[5] Lansberg, I.S., Perrow, E.L., and Rogolsky, S., Family Business as an Emerging Field. Family Business Review, 1988, 1 (1): 1-8

[6] [日] 井上隆一郎. 亚洲的财阀和企业. 宋金文等译, 北京: 三联书店, 1997

[7] Nancy upton and William Petty. Venture Capital in Vestment and Us Family Business. Venture Capital, 2000 (1): 27-28

[8] [日] 仓科敏材. 家族企业. 张同林, 杨理亚译. 上海: 上海财经大学出版社, 2007

[9] [日] 松本厚治. 企业主义: 日本经济发展力量的源泉. 程玲珠等译. 北京: 企业管理出版社, 1997

[10] La Porta Rafael, Florencio Lopez-de-Saunas, Andrei Shleifer & Robert Vishny. Corporate Ownership Around the World. Journal of Finance, 1999, 54 (2)

[11] Stijin Claessens, Simeon Djankov, Larry H.P. Lang. The Separation of Ownership and Control in East Asian Corporations. Journal of Financial

Economics, 2000 (58)

[12] Faccio, M. and Lang, L. H. F. The Ultimate Ownership of Western European Corporations, Journal of Financial Economics, 2002 (65)

[13] 汪丁丁. 经济发展与制度创新. 上海: 上海人民出版社, 1995

[14] 杨国枢. 家族化历程、泛家族主义及组织管理//郑伯埙, 黄国隆, 郭建志. 海峡两岸之组织与管理. 台北: 远流出版公司, 1998

[15] 李亦园. 中国人的家庭与家的文化//文崇一, 萧新煌. 中国人: 观念与行为. 台北: 巨流图书公司, 1988

[16] 储小平. 中国"家文化"泛化的机制与文化资本. 学术研究, 2003 (11)。

[17] [美] 弗兰西斯·福山. 信任——社会道德与繁荣的创造. 李宛蓉译. 呼和浩特: 内蒙古远方出版社, 1998

[18] 中国改革与发展报告专家组. 制度的障碍与供给——非国有经济的发展问题研究. 上海: 上海远东出版社, 2001

[19] 黄孟复. 中国民营经济发展报告. 北京: 社会科学文献出版社, 2005

[20] 张厚义等. 中国私营企业发展报告 (1999). 北京: 社会科学文献出版社, 2000

[21] 甘德安. 中国家族企业研究. 北京: 中国社会科学出版社, 2002

[22] 储小平. 家族企业研究: 一个具有现代意义的话题. 中国社会科学, 2000 (5)

[23] 黄孟复. 中国民营经济发展报告 (2007~2008). 北京: 社会科学文献出版社, 2008

[24] 中国私营经济年鉴 (2006.6~2008.6). 北京: 中华工商联合出版社, 2009

[25] 郭跃进. 家族企业经营管理. 北京: 经济管理出版社, 2003

[26] [美] 彼得·德鲁克. 大变革时代的管理. 赵干城译. 上海: 上海译文出版社, 1999

[27] [英] S. B. 雷丁. 海外华人企业家的管理思想——文化背景与风格. 张遵敬等译. 上海: 上海三联书店, 1993

[28] 付文阁. 中国家族企业面临的紧要问题. 北京: 经济日报出版社, 2004

[29] 陈凌. 面向网络时代的中国家族企业研究. 学术研究, 2001 (5)

[30] 李新春. 中国的家族制度与企业组织. (香港) 中国社会科学季刊, 1998 (秋季卷)

[31] Fred Neubauer, Alden G. Lank. The Family Business: Its Governance for Sustainability. New York: MacMillan Press Ltd., 1998

[32] 陈凌, 应丽芬. 代际传承: 家族企业继任管理和创新. 管理世界, 2003 (6)

[33] 洛桑国际管理学院. 世界竞争力报告, 家族企业网络 (The Family Business Network, FBN). 瑞士, 2000

[34] 张厚义, 明立志. 中国私营企业发展报告. 北京: 社会科学文献出版社, 2003

[35] Christensen, Management Succession in Small and Growing Business. Boston: Division of Research, Harvard Business School, 1953

[36] R.G. Donnelly, The Family Business, Harvard Business Review, Vol. 42.No.4, July–August, 1964

[37] H Levinson, Conflicts That Plague The Family Business, Harvard Business Review, 1971 (3)

[38] 程蕾. 民营企业融资行为探析与融资对策选择. 企业经济, 2002 (11)

[39] B Bird. H. Welsch. J. Astrachan, and. D. Pistrui Family Business Research: The Evolution of an Academic Field, 2002 (4)

[40] Handler, W.C., Methodological Issues and Consideration in Studying Family Businesses. Family Business Review, 1989, 2 (3)

[41] DeVisscher, F., Aronoff, C., Ward, J. Financing Transitions: Managing Capital and Liquidity in the Family Business. Marietta: Business Owner Resources, 1995

[42] Ward, J.L., Keeping the Family Business Healthy, Jossey-Bass, San Francisco, 1987

[43] Steier, L. Variants of Agency Contracts in Family Financed Ventures as a Continuum of Familial Altruistic and Market Rationalities. Journal of Business Venturing, 2003

[44] Romano, C.A., Tanewski, G.A., Smyrnios, K.X. Capital Structure

Decision Making: A Model for Family Business. Journal of Business Venturing, 2001, 16 (3)

[45] Coleman, S., Carsky, M.Source of Capital for Small Family-Owned Businesses: Evidence from the National Survey of Small Business Finance. Family Business Review, 1999, 12 (1)

[46] Sirmon, D.G., Hitt, M.A.Managing Resources: Linking Unique Resources, Management and Wealth Creation in Family Firms. Entrepreneurship Theory and Practice, 2003, 27 (4)

[47] Khan, Haider A. Corporate Governance of Family Businesses in Asia: What's Right and What's Wrong?, ADBI Working Paper No.3, 1999

[48] Poutziouris, P.Z.The Views of Family Companieson Venture Capital: Empirical Evidence from the U K Small to Medium Sized Enterprising Economy. Family Business Review, 2001, 14 (3)

[49] Barton, S.L., Mattews, C.H.Small Firm Financing: Implications from a Strategic Management Perspective. Journal of Small Business Management, 1989, 27 (1)

[50] Berger, A.N., Udell, G.F. The Economics of Small Business Finance: The Roles of Private Equity and Debts Markets in the Financial Growth Cycle. Journal of Banking and Finance, 1998, 22 (6)

[51] Donaldson, G., & Lorsch. J., Decision Making at the Top: The Shaping of Strategic Direction. New York: Basic books, 1983

[52] Norton, E. Capital Structure and Small Public Firms. Journal of Business Venturing, 1991, 6 (4)

[53] Mishra, C.S., McConaughy, D.L. Founding Family and Capital Structure: The Risk of Loss of Control and the Aversion to Debt. Entrepreneurship Theory and Practice, 1999, 23 (4)

[54] Xiao, J. J., A lhabeeb, M.J., Hong, Gong-soog, & Haynes, G.W. Risk Tolerance of Family Business Owners. Consumer Interests Annual, 2000 (46)

[55] McConaughy, D.L. Is the Cost of Capital Different for Family Firms?. Family Business Review, 1999, 12 (4)

[56] Agrawal, A. and N. Nagarajan. Corporate Capital Structure, Agency Costs, and Ownership Control: The Case of All-equity Firms. Journal of

Finance, 1990 (45)

[57] Anderson, R. C., S. A. Mansi, and D.M. Reeb. Founding Family Ownership and the Agency Cost of Debt. Journal of Financial Economics, 2003, 68 (2)

[58] Dunn, B., Hugues, M. Family Businessin the United Kingdom. Family Business Review, 1995, 8 (4)

[59] Gallo, M.A., Vilaseca, A. Financein Family Business. Family Business Review, 1996, 9 (4)

[60] Mahérault L.Is There any Specific Equity Route for Small and Medium-Sized Family Businesses? The French Experience. Family Business Review, 2004, 17 (3)

[61] Harvey. M., Evans. R, Forgotten Sources of Capital for the Family-owned Business, Family Business Review, 1995, 4 (3)

[62] Mahérault. The Influence of Going Public on Investment Policy: an Empirical Study of French Family Owned Business, Family Business Review, 2000, 13 (1)

[63] Mazzola, P., Marchisio, G. The Role of Going Publicin Family Businesses' Long-Lasting Growth: A Study of Italian IPOS. Family Business Review, 2002, 15 (2)

[64] Burkart, Mike, Fausto Panunzi.&Andrei Shleifer. Family Firms. Journal of Finance, 2003, 8 (5)

[65] Morck Randall.&Yeung Nakamura.Agency Problem in Large Family Business Groups. Entrepreneurship: Theory and Practice, 2004, 27 (4)

[66] Shleifer, Andrei. & Robert Vishny. A Survey of Corporate Gvernance. The Journal of Finance, 1997, 52 (2)

[67] Bhattacharya, Utpal, and B. Ravikumar.Capital Markets and the Evolution of Family Businesses. Journal of Business, 2001 (74)

[68] Wiwattanakantang, Y. An Epirical Sudy on the Dterminants of the Cpital Sructure of Thai Frms, Pacific Basin Finance Journal, 1999 (7)

[69] La Porta, Rafael, Florencio Lopez-de-Silanes, Andrei Shleifer, & Robert Vishny. Law and Fanance. Journal of Political Economy, 1998 (106)

[70] Stiglitz J.E. and Weiss A., Credit Rtioning in Mrket with Iperfection

Iformation, American Economic Review, 1981 (71)

[71] Besley, T. and Leverson, R. The Role of Iformal Finance in Household Capital Accumulation: Evidence from Taiwan, The Economic Journal, (Jan) 1996, 106 (434)

[72] Claessens, S and J.P.H. Fan. Corporate Gvernance in Asia: A Survey. International Review of Finance, 2002 (3)

[73] Lamba, A.and G.Stapledon. The Dterminants of Crporate Onership Sructure: Australian Eidence. Working Paper, The University of Melbourne, 2001

[74] Johnson, S., John Mcmillan, and Christopher Woodruff, Property Rights and Finance, American Economic Review, 2002, 92 (5)

[75] 周其仁. 家庭经营的再发现//周其仁. 农村变革与中国发展：1978~1989. 香港：牛津大学出版社, 1994

[76] 栗战书. 中国家族企业发展中面临的问题与对策建议. 中国工业经济, 2003 (3)

[77] 罗友松. 中国家族企业发展的思考. 江汉大学学报（人文版）, 2003 (3)

[78] 李强. 增长与控制：从企业家视角透视中小家族企业融资. 上海经济研究, 2005 (3)

[79] 储小平, 王宣喻. 私营家族企业融资渠道结构及其演变. 中国软科学, 2004 (1)

[80] 应焕红. 产权制度变迁与家族企业成长. 毛泽东邓小平理论研究, 2002 (6)

[81] 刘平青, 陈文科. 资本结构：家族企业治理结构的"来龙"与"去脉". 中国农村观察, 2003 (3)

[82] 胡鲜葵. 家族企业融资与治理结构. 广东商学院学报, 2003 (3)

[83] 张静波, 蒋绍忠. 我国家族企业资本结构的现状分析. 技术经济与管理研究, 2002 (3)

[84] 罗正英. 中小企业融资问题研究. 北京：经济科学出版社, 2004

[85] 王连娟, 姚中良, 田旭. 我国家族企业产权制度变迁因素分析. 经济理论与经济管理, 2001 (12)

[86] 余明桂, 潘红波. 政治关系、制度环境与民营企业银行贷款. 管理

世界，2008（8）

[87] Poza Ernesto, Hanlon Susan, Kishida Reiko. Does the Family Business Interaction Represent a Resource or a Cost. Family Business Review, 2004（2）

[88] 汪炜，彭勇. 民营企业不愿上市现象的背后——浙江民企上市决策的影响因素分析. 浙江经济，2005（6）

[89] 闻岳春. 家族企业上市后如何面对另类"一股独大"?. 金融研究，2001（11）

[90] 郎咸平. 中国独特的类家族企业敛财模式. 新财富，2001（4）

[91] 王国刚. "一股独大"与"一夜暴富"——家族上市公司辨析. 农村金融研究，2002（2）

[92] 王宣喻，储小平. 信息披露机制对私营企业融资决策的影响. 经济研究，2002（10）

[93] 林毅夫，李永军. 中小金融机构发展与中小企业融资. 经济研究，2001（1）

[94] 郑秀芝. 论家族企业的成长与融资结构的变迁. 学术交流，2004（1）

[95] 张杰. 民营经济的融资困境与融资次序. 经济研究，2000（4）

[96] 林毅夫，章奇，刘明兴. 金融结构与经济增长. 世界经济，2003（1）

[97] 崔荫. 中国民间金融发展原因探析. 中国流通经济，2007（6）

[98] 史晋川，严谷军. 经济发展中的金融深化——以浙江民营金融发展为例. 浙江大学学报（人文社会科学版），2001（6）

[99] 张建华，卓凯. 非正规金融、制度变迁与经济增长：一个文献综述. 改革，2004（3）

[100] 李富有，刘奕. 民间资本供求与民营企业融资：对陕西的实证分析. 当代经济科学，2005（1）

[101] 王宣喻，瞿绍发，李怀祖. 私营企业内部治理结构的演变及其实证研究. 中国工业经济，2004（1）

[102] 王宣喻，储小平. 资本市场的层级结构与信息不对称下的私营企业融资决策. 上海经济研究，2002（4）

[103] [美] 爱德华·肖. 经济发展中的金融深化. 邵伏军，许晓明，宋先平译. 上海：上海三联书店，1988

[104] Zahra Shaker A., Sharma Pramodita., Family Business Research: A Strategic Reflection. Family Business Review, 2004（4）

[105] 谢联辉，宋玉华.全球行动——迎接人口老龄化（联合国老龄话题文件总汇）.北京：华龄出版社，1998

[106] 中国社会科学院语言研究所词典编辑室.现代汉语词典（2002年增补本）.北京：商务印书馆，2002

[107] 李新春，胡骥.企业成长的控制权约束——对企业家控制的企业的研究.南开经济研究，2000（3）

[108] 张杰，郑欣.日本：融东西方为一体的市场经济.武汉：武汉出版社，1994

[109] 杨知勇.家族主义与中国文化.昆明：云南大学出版社，2000

[110] 朗文出版公司.朗文当代英语辞典（1995年最新英文版）.北京：外语教学与研究出版社，1997

[111] [美] 加里·S.贝克尔.家庭经济分析.彭建松译.北京：华夏出版社，1987

[112] [美] W.古德.家庭.魏章玲译.北京：社会科学文献出版社，1986

[113] 郝毓.中国私营企业如何走出家族化：浅析私营企业家族化利弊.贵州大学学报（社会科学版），2005（2）

[114] 陈凌，应丽芬.从家庭/网络家庭到企业/企业网络——家族企业成长的本土视角.学海，2006（4）

[115] Brockhaus, R.H. Entrepreneurship and Family Bsiness Rsearch: Comparisons, Ritique, and Lessons, Entrepreneurship Theory & Practice, 1994, 19（1）

[116] Littunen, H., & Hyrsky, K.The early Entrepreneurial Stage in Finish Family and Nonfamily Firms. Family Business Review, 2000, 13（1）

[117] Sharma, P., Chrisman, J. and Chua, J., . A Review and Annotated Bibliography of Family Business Studies, Kluwer, Boston, 1996

[118] 曹德骏.家族企业研究的几个理论问题.财经科学，2002（6）

[119] Marc A. Schwartz and Louis B. Bames: Outside Boardsand Family Business, Family Business Review, Vol.Iv. No.3 Fall, 1991, Jossey-Bass Inc. Publishers

[120] [美] 小艾尔弗雷德·钱德勒.看得见的手——美国企业的管理革命.重武译.北京：商务印书馆，1987

[121] [美] 杰斯汀·隆内克等.创业机会.敦武文等译.北京：华夏出版

社，2002

[122] 丹尼斯·杰夫. 家族企业. 周荣辉译. 台北：商周文化事业股份有限公司，1995

[123] Westhead & Cowling. Family Firm Research: The Need for a Methodological Rethink Entrepreneurship Theory and Practice, 1998

[124] Jess H. Chua, James J.Chrisman & Pramodita Sharma., Defining the Family Business By Behavior, Entrepreneurship Theory and Practice, Summer, 1999

[125] Astrachan, J.H., Shanker, M.C. Family Businesses' Contribution to the U.S. Economy: A Closer Look. Family Business Review, 2003, 16 (3)

[126] 储小平. 华人家族企业界定. 经济理论与经济管理，2004（1）

[127] 王学义. 家族财富. 成都：四川科学技术出版社，1999

[128] 叶银华. 家族控股集团、核心企业与报酬互动研究——台湾与香港证券市场之比较.（中国台湾）管理评论，1999（2）

[129] 储小平，李怀祖. 信任与家族企业的成长. 管理世界，2003（6）

[130] 潘必胜. 乡镇企业中的家族经营问题. 中国农村观察，1998（1）

[131] 姚贤涛，王连娟. 中国家族企业：现状、问题与对策. 北京：企业管理出版社，2002

[132] 孙治本. 家族主义与现代台湾企业. 社会学研究，1995（5）

[133] 晓亮. 论家族企业的健康发展. 经济研究资料，2002（12）

[134] 卢现样. 论华人企业的家庭式管理. 华东经济管理，2000（1）

[135] 于立，马丽波，孙亚锋. 家族企业治理结构的三环模式. 经济管理，2003（2）

[136] 朱卫平. 论企业家与家族企业. 管理世界，2004（7）

[137] 钟朋荣. 中国企业为谁而办. 北京：中国税务出版社，2001

[138] 李善民，王陈佳. 家族企业的概念界定及其形态分类. 中山大学学报，2004（3）

[139] 郭跃进. 论家族企业家族化水平的测定原理与方法. 中国工业经济，2002（12）

[140] Getz D., and Carlsen J, . Characteristics and Goals of Family and Owner-operated Businesses in the Rural Tourism and Hospitality Sectors, Tourism Management, 2000 (21)

[141] 苏启林,朱文. 上市公司家族控制与企业价值. 经济研究,2003(8)

[142] Donckels, R. and Frohlich, E.Family business Are Family Businesses Really Different? European Ezperzezices From STRATOS. Family Business Review, 1991, 4 (2)

[143] 约翰·伊特韦尔等. 新帕尔格雷夫经济学大辞典. 北京:经济科学出版社,1992

[144] [美] 约翰·G. 格利, 爱德华·S. 肖. 金融理论中的货币. 贝多广译. 上海:上海三联书店,上海人民出版社,1994

[145] John G. Gurley and Edward S.Shaw. Financial Development and Economic Development, Economic Development and Cultural Change, 1967, Vol.15, No.3, April.

[146] 方晓霞. 中国企业融资:制度变迁与行为分析. 北京:北京大学出版社,1999

[147] 陈享光. 融资均衡论. 北京:中国金融出版社,1997

[148] 吴少新. 储蓄转化为投资的金融机制分析. 北京:中国经济出版社,1998

[149] 万解秋. 企业融资结构研究. 上海:复旦大学出版社,2001

[150] 曾康霖. 怎样看待直接融资和间接融资. 金融研究,1993 (10)

[151] 关培兰. 简明行为科学辞典. 武汉:武汉大学出版社,1988

[152] Durand, David. Cost of Debt and Equity Funds for Business, Trends and Problems of Measurement, Conference on Research on Business Finance, New York, National Bureau of Economic Research, 1952

[153] Modigliani, Franco, and Merton Miller. The Cost of Capital, Corporation Finance and the Theory of Investment, American Economic Review, 1958 (48)

[154] Modigliani, Franco, and Merton Miller. Corporate Income Taxes and the Cost of Capital, America Econonuc Review, 1963 (53)

[155] Miller, Merton. Debt and Taxes, Journal of Finance, 1977 (32)

[156] 潘敏. 资本结构、金融契约与公司治理. 北京:中国金融出版社,2002

[157] Jensen, M.C, and W. Meckling. Theory of the Firm: Managerial

Behavior, Agency Costs, and Capital Structure. Journal of Financial Economics, 1976, 3 (4)

[158] Ross, Stephen. The Determinants of Financial Structure: The Incentive Signaling Approach, Bell Journal of Economics, 1977 (8)

[159] Myers, S.C. The Capital Structure Puzzle. Journal of Finance, 1984, 39 (3)

[160] Harris, Milton, and Artur Raviv. Corporate Control Contests and Capital Structure, Journal of Financial Economics, 1988 (20)

[161] Aghion P, Bolton P. An incomplete contracts approach to financial contracting. Review of Economic Studies, 1992, 59

[162] 马春爱，杨贺. 从家族企业家角度研究家族企业融资问题：一个理论研究提示. 经济与管理研究, 2007 (12)

[163] Weston. J.F. and Brigham, E.F. Managerial Finance: 3rd ed and 6th ed, Dryden Press, 1978

[164] [美] 保罗·A. 萨缪尔森, 威廉·D. 诺德豪斯. 经济学 (第十四版). 胡代光译. 北京: 首都经济贸易大学出版社, 1996

[165] 卢福财. 企业融资效率分析. 北京: 经济管理出版社, 2001

[166] Benjamin M., Friedman and Frank H. Hahn. Handbook of Monetary Economics. Volume II, Elsevier Science Publishers B.V., 1990

[167] L.B. Barnes and S. A. Hershon, Transferring Power in the Family Business, Harvard Business Review, 1976, 54 (4)

[168] Danco L. A. Beyond Survival: A Business Ower's Guide for Success, Cleveland, Ohio, University Press, 1982

[169] Beckhand, R., & Dyer, W.G., Managing Continuity in Family-owned Business, Organizational Dynamics, 1983, 12 (1)

[170] Lansberg I.S., Managing Human Resources in Family Firms: The Problem of Institutional Overlap, Organizational Dynamics, 1983, 12 (1)

[171] Hollander, B. S., & Elman, N. S. Family-owned Businesses: An Emerging Field of Inquiry. Family Business Review, 1988, 1 (2)

[172] McCollom, M. E. Problems and Prospects in Clinical Research on Family Firms. Family Business Review, 1990, 3 (3)

[173] Davis, The Influence of Life Stage on Father-son Work Relationships

in Family Companies, Unpublished Doctoral Dissertation, Harvard University, 1982

[174] Holland, P. G., & Boulton, W. R. Balancing the "family" and the "business" in family business. Business Horizons, 1984 (27)

[175] Sharma P. An Overview of the Field of Family Business Studies: Current Status and Directions for the Future, Family Business Review, 2004, 17 (1)

[176] [美] 兰德尔, S.卡洛克, 约翰·L.沃德. 家族企业战略计划. 梁卿译. 北京: 中信出版社, 2002

[177] Hall A, Melin L, Nordqvist. M. Enterpreneurship as Radical Change in the Family Business, Exploring the Role of Cultural Patterns, Family Business Review, 2001, 14 (3)

[178] Aldrich, H.E., Cliff E.J. The Pervasive Effects of Family on Entrepreneurship: Toward a Family Embeddedness Perspective. Journal of Business Venturing. 2003, 18 (5)

[179] 余立智. 家族制企业的生成与变迁: 一个契约观点. 财经论丛, 2005 (7)

[180] Edwin A. Hoover & Colette Lomberd Hoover: Getting Along In Family Business, The Relationship Intelligence Handbook. Routledge New York and London, 1999

[181] 马克思恩格斯全集 (第1卷). 北京: 人民出版社, 1957

[182] 杨蕙馨. 家族企业异质性特征分析. 贵州社会科学, 2008 (3)

[183] Bergstrom, T.C., A Fresh Look at the Rotten Kid Theorem and Other Household Mysteries. Journal of Political Economy, 1989, 97 (5)

[184] Singer J, Donahu C.Strategic Management Planning for the Successful Family Business. Journal of Business and Entrepreneurship, 1992, 4 (3)

[185] Davis, J A., Tagiuri R.The Influence of Life—stage on Father-son Work Relationships in Family Companies. Family Business Review, 1989, 2 (1)

[186] McGivern C.The Dynamics of Management Succession: A Model of Chief Executive Succession in the Small Family Firm. Family Business Review, 1989, 2 (4)

[187] Westhead, P. Ambitions, "External" Environment and Strategic

Factor Differences Between Family and Non-family Companies. Entrepreneurship and Regional Development, 1997 (9)

[188] C.M. Daily and M.J. Dollinger, Family Firms are Different, Review of Business, 1991, 13 (1)

[189] 马克思. 资本论 (第1卷). 北京：人民出版社，1975

[190] Gallo, M.A., Vilaseca, A.A Financial Perspective on Structure, Conduct, and Performance in the Family Firm: An Empirical Study. Family Business Review, 1998, 11 (1)

[191] Dunn, B. Success Themes in Scottish Family Enterprises: Philosophies and Practices Through the Generations, Family Business Review, 1995, 8 (1)

[192] Wetzel. W.E and Freear. J. Venture Capital, In: Bygrave, W.D. (ed.), Portable MBA in Entrepreneurship. Wiley, New York, 1994

[193] Yilmzer, T., Schrank, H. Financial Intermingling in Small Family Business. Journal of Business Venturing, 2006, 21 (5)

[194] Olson, P.D., Zuiker, V.S., Danes, S.M., et al. The Impact of Family and Business on Family Business Sustainability. Journal of Business Venturing, 2003, 18 (5)

[195] Haynes. G. Walker.R, Rowe B, Hong. G. The Intermingling of Business and Family Finances in Family-Owned Businesses, Family Business Review, 1999, 12 (3)

[196] Haynes, G.W., Avery, R.J. Family Business: Can the Family and the Business Finance Be Separated? Preliminary Results. Entrepreneurial and Small Business Finance, 1996, 5 (1)

[197] 王安. 教训. 上海：上海三联书店，1986

[198] Hart, Oliver. Corporate Governance: Some Theory and Implications. The Journal of the Royal Economic Society, 1995 (33)

[199] Demsetz, Lehn. The Structure of Corporate Ownership: Causes and Consequences. Journal of Political Economy. June, 1985 (93)

[200] Grossman, S., Hart, O. One-share-one-vote and the Market for Corporate Contro. Journal of Financial Economics, 1988 (20)

[201] Martin Holmén, Peter Hogfeldt. A law and Finance Analysis of Initial

Public Offerings. Journal of Financial Intermediation, 2004 (13)

[202] Cosh, A.and A.Hughes.Size, Financial Structure and Profitability, in A.Hughes, and D.J. Storey (eds.), Finance and the Small Firm (London: Routledge), 1994

[203] Berger A.N. and Udell, G.F. Relationship Lending and Lines of Credit in Small Firm Finance, Journal of Business, 1995 (68)

[204] Davidsson, P. Entrepreneurship—and after? A Study of Growth Willingness in Small Firms, Journal of Business Venturing, 1989 (4)

[205] Chittenden, F., Hall, G. and Huhtchinson, P. Small Company Growth, Access to Capital Markets and Financial Structure: Review of Issue and an Empirical Investigation, Small Business Economics, 1996 (8)

[206] Michaelas N. Financial Policy and Capital Structure Choice in UK Privately Held Companies, Ph Dthesis, Manchester Business School, University of Manchester, 1998

[207] 李新春. 经理人市场失灵与家族企业治理. 管理世界, 2003 (4)

[208] [美] 詹姆斯·C.斯柯特. 农民的道义经济学：东南亚的生存与反叛. 程立显、刘建等译. 南京：译林出版社, 2001

[209] 郭跃进, 徐冰. 论中国当代家族企业控制权传承的选择与决定因素. 贵州财经学院学报, 2005 (6)

[210] Coase. R., The Nature of the Firm. Econometrica, 1937, (4)

[211] 郑伯埙. 差序格局与华人组织行为. (中国台湾) 本土心理学研究, 1995 (3)

[212] Levin, R.I. and Travis, V.R. Small Business Finance: What the Books Don't Say, Harvard Business Review, 1987, 65 (6)

[213] 刘小玄, 韩朝华. 中国的古典企业模式：企业家的企业——江苏阳光集团案例研究. 管理世界, 1999 (6)

[214] Dreux, D.R. Financing Family Business: Alternatives to Selling out or Going Public. Family Business Review, 1990, 3 (3)

[215] 陈凌, 叶长兵. 中小家族企业融资行为研究综述. 浙江大学学报 (人文社会科学版), 2007 (4)

[216] Storey, D.J. Understanding the Small Business Sector. London: Routledge, 1994

[217] Neil Gregory, Stoyan Tenev, and Dileep M. Wagle. China's Emerging Private Enterprises: Prospects for the New Century. Washington: International Finance Corporation, 2000

[218] Williamson O. Corporate Finance and Corporate Governance. Journal of Finance, 1988, 43 (6)

[219] Jensen M. Agency Costs of Free Cash Flow, Corporate Finance, and Takeover. American Economic Review, 1986, 76 (5)

[220] Ang, J.S. On the Theory of Finance for Privately Held Firms, Journal of Small Business Finance, 1992, 1 (3)

[221] Sonnenfeld, J.A.Spence, P.L The Parting Patriarch of a Family Firm, Family Business Review, 1989 (2)

[222] Westhead, P., Cowling, M. Performance Contrasts between Family and Non-family Unquoted Companies in the U K. International Journal of Entrepreneurial Behavior and Research, 1997, 3 (1)

[223] 储小平. 家族企业的成长与社会资本的融合. 北京：经济科学出版社, 2004

[224] 杨其静. 财富、企业家才能与最优融资契约安排. 经济研究, 2003 (4)

[225] 何丹, 朱建军. 股权分置、控制权私人收益与控股股东融资成本. 会计研究, 2006 (5)

[226] Donnelley, R.G. The Family Business. Family Business Review, 1988, (4)

[227] Matthews, C.H., Vasudevan, D.P., Barton, S.L. and Apana, R., Capital Structure Decision Making in Privately Held Firms: Beyond the Finance Paradigm, Family Business Review, 1994, 7 (4)

[228] Jehn, K.A., & Mannix, E.A., The Dynamic Nature of Conflict: A Longitudinal Study of Intra-group Conflict and Group Performance. Academy of Management Journal, 2001, 44 (2)

[229] Jehn, K.A., A Multimethod Examination of the Benefits and Detriments of Intragroup Conflict. Administrative Science Quarterly, 1995, 40

[230] Jehn, K.A., A Qualitative Analysis of Conflict Types and Dimensions in Organizational Groups. Administrative Science Quarterly, 1997 (42)

[231] King, Robert G, and Ross Levine. Finance and Growth: Schumpeter Might be Right, Quarterly Journal of Economics, 1993 (108)

[232] Levine, Ross, and Sara Zervos. Stock Market, Banks, and Economic Growth, American, 1998

[233] Rajan and Zingales, Saving Capitalism from the Capitalist, Mit Press, 2003

[234] Beck, T., Ross Levine, and Norman, Finance and the Source of Growth, Journal of Financial Economics, 2000 (58)

[235] 樊纲. 金融发展与企业改革. 北京: 经济科学出版社, 2000

[236] 史晋川, 叶敏. 制度扭曲环境中的金融安排: 温州案例. 经济理论与经济管理, 2001 (1)

[237] 赵光君. 金融渗透差异与中小企业融资. 投资研究, 2002 (10)

[238] 马春爱, 张媛媛, 马栋. 转型经济下中国家族企业融资行为研究. 经济体制改革, 2008 (6)

[239] 夏小林, 李路路. 中国私营工业企业: 背景、现状与前途. 改革, 1998 (4)

[240] 郑江淮. 信息不对称下非国有企业的资金供给. 经济管理, 2001 (12)

[241] 何广涛, 董超. 浅析中小企业的非正式融资活动. 审计与理财, 2004, (3)

[242] 白世春. 双向激励: 消除民营企业信息不对称的政策设计. 金融研究, 2003 (12)

[243] [美] R.多恩布什, S.费希尔. 宏观经济学. 冯晴等译, 北京: 中国人民大学出版社, 1997

[244] Ou, C and Haynes, G., Acquisition of Additional Equity Capital by Small Firms Findings From the National Survery of Small Business Finances. Small Business Economics, 2006, 27 (2)

[245] 张维迎. 博弈论与信息经济学. 上海: 上海人民出版社, 2000

[246] Berger, A.N. and G.F. Udell. Small Business Credit Availability and Relationship Lending: The Importance of Bank Organizational Structure, The Economic Journal, 2002 (112)

[247] Sharpe, S.A. Asymmetric Information, Bank Lending, and Implicit

Contracts: A Stylized Model of Customer Relationships, Journal of Finance, 1990 (45)

[248] World Bank. Informal Financial Markets and Financial Intermediation in Four African Countries, Findings: Africa region. January 1997

[249] ADB. Informal Finance in Asia, Asian Development Outlook. Manila: Asian Development Bank, 1990

[250] Schreiner, Mark.Informal Finance and the Design of Microfinance, An Earlier Version of a Paper that Appeared in Development in Practice, 2000, 11 (5)

[251] Anders I. The Importance of Informal Finance In Kenyan Manufacturing. SIN Working Paper Series, 2002 (5)

[252] 郭沛. 农村非正规金融：内涵、利率、效率与规模. 中国农村金融改革学术研讨会论文集，2003（8）

[253] 任森春. 非正规金融的研究与思考. 金融理论与实践，2004（9）

[254] 林毅夫. 制度变迁的经济学理论：强制性制度变迁和诱致性制度变迁//科斯等. 财产权利与制度变迁——产权学派与新制度学派译文集. 上海：上海三联书店，上海人民出版社，2003

[255] 江曙霞. 中国"地下金融". 福州：福建人民出版社，2001

[256] Kellee S Tsai. A cycle of Subversion: Formal Policies and Informal Finance in China and Beyond. Annual Meeting of the American Political Science Association, 1999 (September)

[257] Kellee Tsai. Beyond Banks: The Locallogic of Informal Finance and Private Sector Development in China. The Coference on Financial Sector Reform in China. www.ksg. Harvard. edu/edu/cbg, 2001

[258] Sevens, C.Alexander and Kays, Amy J. Washington 1996 Directory of U.S. Microenterprise Programs The Aspen Institute, 1997

[259] Braverman, A., and J.L.Guash. Rural Credit Markets and Institutions in Developing Countries: Lessons for Policy Analysis From Practice and Modern Theory, World Development, 1986, 14 (10)

[260] Besley, T. and S.Coate. Group Lending, Repayment Incentives and Social Collateral. RPDS Discussion Paper 152, Woodrow Wilson School, Princeton University, Princeton, N.J. Processed, 1991

[261] 刘民权，徐忠，俞建拖. 信贷市场中的非正规金融，世界经济. 2003（7）

[262] Nagarajan, G., R.Meyer, and D.H. Graham. Does Membership Homogeneity Matter for Group –based Financial Services? Evidence from the Gambia. Blackwell Publishers, 1999

[263] 江曙霞，秦国楼. 信贷配给理论与民间金融中的利率. 农村金融研究，2000（7）

[264] Kern, J.R. The Growth of Decentralized Rural Credit Institutions in Indonesia, in C.MacAndrew eds.: Central Government and Local Development in Indonesia, Oxford University Press, 1986

[265] [美] 罗纳德·I. 麦金农. 经济发展中的货币与资本. 卢骢译. 上海：上海三联书店，上海人民出版社，1997

[266] Stiglitz, J.E. Incentives and Risk Sharing in Sharecropping, Review of Economic Studies. 1974, 41（2）

[267] Stiglitz, J.E. Economic Organization, Information and Development, in H.Chenery and T.N. Srinivasaneds.: Handbook of Development Economics, Vol.1.Amsterdam: North-Holland, 1987

[268] 中国人民银行广州分行课题组. 从民间借贷到民营金融：产业组织与交易规则. 金融研究，2002（10）

[269] Bell, C., T.N. Srinivasan, and C.Udry. Rationing, Spill-over, and Interlinking in Credit Markets: The Case of Rural Punjab, Oxford Economic, 1997（49）

[270] 中央国债登记结算有限责任公司债券信息部. 中国债券市场年度分析报告（2007）. www.chinabond.com.cn

[271] 陆欣. 2007年度短期融资券市场回顾和2008年展望，www.chinabond.com.cn

[272] 杨晓平. 樊纲这样看问题. 资本市场，2001（12）

[273] 储小平，李怀祖. 家族企业成长与社会资本的融合. 经济理论与经济管理，2003（6）

[274] Marchisio, et al. Family Firms and the Decision to go Public: A Study of Italian IPOS, Unpublished Working Paper, 2001

[275] James B. Arkebauer, Ronald M. Schultz, Going Public, Published

by Dearson Trade Company, 1998

[276] Eije, et al. IPO related Organizational Change and Long term Performance. Unpublished Working Paper, 2000

[277] 苏启林, 万俊毅, 欧晓明. 家族企业公开上市驱动力的国际比较与经验借鉴. 外国经济与管理, 2003（6）

[278] 郭蕾. 资本市场亿万富豪大崛起. 中国证券报网络版, 2004-06-27

[279] 郭跃进. 福建论坛（人文社会科学版）, 2004（3）

[280] 宋红梅. 关于民营企业上市的理性思考. 经济论坛, 2005（14）

[281] 李域. 创业板上市费用"选择题". 21世纪经济报道, 2009-05-19

[282] 余立智, 金祥荣. 财产权利与中国民营家族企业的制度变迁. 温州论坛, 2004（1）

[283] Becker, G. A Theory of Social Interactions, Journal of Political Economy, 1974（82）

[284] ［英］马歇尔. 经济学原理（上册）. 北京：商务印书馆, 1964

[285] Greiner, L., Evolution and Revolution as Organizations Grow. Harvard Business Review, 1972

[286] Churchill N.C., Lewis V.L., The Five Stages of Small Business Growth. Harvard Business Review, 1983, May–June

[287] ［美］伊查克·爱迪思. 企业生命周期理论. 赵睿等译, 北京：中国社会科学出版社, 1997

[288] 陈佳贵. 关于企业生命周期与企业蜕变的探讨. 中国工业经济, 1995（11）

[289] 李业. 企业生命周期的修正模型及思考. 南方经济, 2000（2）

[290] 单文, 韩福荣. 三维空间企业生命周期模型. 北京工业大学学报, 2002（1）

[291] 刘朝明. 企业成长. 成都：天地出版社, 2004

[292] Quinn R. E., Cameron K. Organizational Lifecycles and Shifting Criteria of Effectiveness: Some Preliminary Evidence. Management Science., 1985（29）

[293] 张余华. 家族企业所有权结构的演变分析. 华中科技大学学报（自然科学版）, 2003（9）

[294] Jensen Michael C., Clifford Smith, Stockholder, Manager, and

Creditor Interests: Applications of Agency Theory, 2000

[295] 张厚义, 明立志. 中国私营企业发展报告. 北京：社会科学文献出版社, 2001

[296] 刘亚军. 德隆现象给中国企业的反思. 化工管理, 2004（7）

[297] 郑学益, 张春晓, 张业光. 中国民营企业启示录——正泰经营思想研究. 北京：北京大学出版社, 2005

[298] [美] 高哈特, 凯利. 企业蜕变. 宋伟航译. 北京：经济管理出版社, 1998

[299] 郭斌, 刘曼路. 民间金融与中小企业发展：对温州的实证分析. 经济研究, 2002（10）

[300] 黄希庭. 心理学导论. 北京：人民教育出版社, 1991

[301] 刘淑莲. 企业融资方式、结构与机制. 北京：中国财政经济出版社, 2002

[302] 徐良平. 中小企业融资问题的一般分析. 民营及中小企业发展, 北京：经济科学出版社, 2003

[303] 风进, 韦小柯. 西方企业生命周期模型比较. 商业研究, 2003（7）

[304] Reid R., Dunn B., Cromie S., & Adams J. Family Orientation in Family Company: A Model and Some Empirical Evidence, Journal of Small Business and Enterprise Development, 1999, 6（1）

[305] Dewatripoint, Mathias, and Tirole, Jean, A Theory of Debt and Equity: Diversity of Securities and Manager-Shareholder Congruence, Quarterly J. Economics, 1994（109）

[306] Haynes, G. W., Rowe, B. R., Walker, R., & Hong, G.S. The Differences in Financial Structure Between Women -and Men -Owned Family Businesses. Journal of Family and Economic Issues, 2000, 21（3）

[307] Shleifer, A., Vishny, R. W. Politicians and Firms, Quaberly Journal of Ewnomics, 1994（109）

[308] Khwaja, A., Mien, A. Do Lenders Favor Politically Connxted Firms? Rent Provision in an Emerging Financial Market. Quarterly Joumal of Economics, 2005（120）

[309] Faccio Mare, Masulie Ronald W, Mccomell John J. Political Connections and Corporate Bailouts, The Journal of Finance, 2006, 61（6）

[310] Hart, O. and Moore, J., Default and Renegotiation: A Dynamic Model of Debt, MIT Working Paper No, 1998

[311] Robichek and Myers, Problems in the Theory of Optimal Capital Structure. Journal of Financial and Quantitative Analysis, 1996 (1)

[312] Kraus, Litzenberger., A State-Preference Model of Optimal Financial Leverage. Journal of Finance, 1973 (28)

[313] Horworth, C.A., 2001, Small Firms Demand for Finance: A Research Note, International Small Business Journal, 2001, 19 (4)

[314] Rob Goffer, Understanding Family Businesses: Issuse for Further Research, International Journal of Entrepreneurial Behauiour & Research, 1996, 2 (1)

[315] Applegat.J., Keep Your Firm in the Family, 1994, Money. 23

[316] Becker, G., A Treatise on the Family.Cambridge, MA, Harvard University Press, 2nd Ediaion, 1981

[317] James, H., Owner as Manager, Extended horizons and the Family Firm, International Journal of the Economics of Business, 1999 (6)

[318] Casson, M., The Economics of the Family Firm, Scandinavian Economic History Review, 1999 (47)

[319] Chami, R., What's Different About Family Business?, Working Paper University of Notre Dame and the International Monetary Fund, 1999

附 录

家族企业融资行为调查问卷

尊敬的企业家朋友：

您好！本次调查是关于家族企业融资问题的研究，通过本次调查希望获得对家族企业融资行为的相关基本数据。为了使得调查具有客观真实性和有效性，我们诚挚地希望您能客观地填写此问卷项目。本项调查的最终结果只以统计数据的形式表现，仅供科学研究之用，不做任何其他用途，所有资料将得到严格保密。

感谢您百忙之中的填答和对本次调研的合作与支持！

一、企业基本情况

1. 贵企业所属区域：
   □ 江苏　　　　□ 浙江　　　　□ 广东　　　　□ 上海
2. 贵企业成立年份为_____年
3. 贵企业类型：
   □ 工业企业　　□ 农林牧渔　　□ 建筑业　　　□ 批发零售
   □ 交运仓储　　□ 住宿餐饮　　□ 社会服务业　□ 其他
4. 贵企业人数：
   □ 100 人以下　　　□ 101~300 人　　　□ 301~500 人
   □ 501~1000 人　　□ 1000 人以上
5. 贵企业资产总额：
   □ 500 万元以下　　□ 501 万~1000 万元　□ 1001 万~4000 万元
   □ 4001 万~10000 万元　□ 10000 万元以上
6. 贵企业目前的资产负债比率为：
   □ 0%~20%　　　　□ 21%~35%　　　　□ 36%~50%

☐ 51%~70%   ☐ 70%以上

7. 您认为贵企业目前处于：
   ☐ 初创阶段   ☐ 成长阶段   ☐ 成熟阶段
   ☐ 转化（衰退）阶段

二、个人信息

1. 性别：   ☐ 男   ☐ 女
2. 年龄：   ☐ 30 岁及以下   ☐ 31~40 岁   ☐ 41~50 岁
                 ☐ 50 岁以上
3. 文化程度：   ☐ 高中及以下   ☐ 大专   ☐ 本科
                 ☐ 研究生及以上
4. 您是否为人大代表、政协委员（包括全国、省、市、县区、乡镇等各级），或个人在政府部门有过从政经历：   ☐ 是   ☐ 否
5. 您是否兼任本企业总裁、总经理：   ☐ 是   ☐ 否

三、企业的目标选择

序号	可供选择的企业目标	不重要	比较不重要	一般重要	比较重要	非常重要
1	为家族成员提供就业机会或工作经验	1	2	3	4	5
2	为家族积累财富	1	2	3	4	5
3	传承给下一代	1	2	3	4	5
4	提升企业价值并促进企业成长	1	2	3	4	5
5	延长企业生命周期	1	2	3	4	5

四、企业的所有者权益构成

序号	问题	比例很小	比例较小	比例一般	比例较大	比例很大
1	企业主个人所有者权益处于绝对控制地位	1	2	3	4	5
2	企业主及其家族成员的所有者权益处于绝对控制地位	1	2	3	4	5
3	企业主个人所有者权益处于相对控制地位	1	2	3	4	5
4	企业主及其家族成员的所有者权益处于相对控制地位	1	2	3	4	5

五、企业的决策权分配

序号	问 题	比例很小	比例较小	比例一般	比例较大	比例很大
1	企业重大决策由企业主个人决定	1	2	3	4	5
2	企业重大决策由企业主个人及其家族成员共同决定	1	2	3	4	5
3	企业重大决策由企业主与管理层共同决定	1	2	3	4	5
4	企业重大决策由企业管理层决定，企业主不再参与	1	2	3	4	5

六、企业的融资决策与融资环境

1. 贵企业创立时的资金来源：
   □ 企业主自有资金　　□ 家族资本投入　　□ 银行贷款
   □ 民间借贷　　　　　□ 风险投资　　　　□ 其他_____

2. 贵企业现阶段资金需求状况是：
   □ 有很大资金缺口，急需融资
   □ 有资金缺口，需要融资
   □ 企业自有资金充足，目前无需融资
   □ 未来一段时间内也不打算融资

3. 贵企业现阶段主要的融资方式是（多选）：
   □ 企业主及其家族再投入　　□ 企业自有资金积累　　□ 银行贷款
   □ 上市融资　　　　　　　　□ 债券融资　　　　　　□ 商业信用
   □ 民间借款　　　　　　　　□ 风险投资　　　　　　□ 其他股权融资

4. 您认为银行贷款融资的主要影响因素是：

序号	影响因素	不重要	比较不重要	一般重要	比较重要	非常重要
1	所有制歧视	1	2	3	4	5
2	企业规模	1	2	3	4	5
3	融资成本	1	2	3	4	5
4	企业信息透明度	1	2	3	4	5
5	银企关系	1	2	3	4	5

5. 贵企业选择民间金融等非正规融资的理由是：
   □ 信息沟通便捷　　　□ 交易成本低　　　□ 抵押担保要求灵活
   □ 通过正规金融渠道获取资金过于困难　　□ 与家族文化具有天然融合性

6. 选择融资方式时,会考虑该行为对企业控制权的影响吗?
□ 会,必须保留对企业主和家族对企业的绝对控制
□ 会,但从企业长远发展考虑,也可以让渡企业的部分控制权
□ 不会

后 记

时光如水,光阴如梭,历经了诸多困难与彷徨,掩卷之余有太多的感慨。我对家族企业的关注始于20世纪90年代。在对我国改革开放以来风起云涌的民营经济、私营经济进行研究的过程中,有机会深入一些私营企业考察并近距离地接触其创业者与经营管理者,逐渐注意到中国传统家族文化对私营企业组织的深刻渗透与影响。一方面,从小规模的家庭作坊式、单一业主企业,到股份合伙制、有限公司乃至少数规模较大的企业集团,私营企业普遍采取家庭或家族所有、主要家族成员直接参与经营管理的方式,家族企业制度成为众多私营企业初始以及后续发展的创富平台,家族企业的普遍存在成为当代中国社会一个不可忽视的经济现象。另一方面,20世纪70年代以来,被称为亚洲奇迹的东亚及东南亚等国经济的高速发展令全世界瞩目,尤其是东南亚"四小龙"所取得的经济成就更为显著。而与此相伴随的现象是,无论是知名的大型企业集团还是普遍存在的中小企业,作为推动这些国家或地区经济高速发展主要力量的企业都具有鲜明的家族性,体现出家族文化传统深远的影响力与家族企业制度独特的竞争力。即使在现代市场经济极为发达、崇尚个人理性的西方社会,家族企业也并未随着现代企业制度的发展而消亡,依然是一种普遍而重要的企业组织形态,表现出强大的生命力,并在市场竞争中长盛不衰。这些现象都激发了我对家族企业研究的浓厚兴趣,遂决定将阶段性的研究重点聚焦于家族企业领域之中,并在随后攻读博士学位期间,选定家族企业融资问题作为博士论文的研究方向。以此为基础,并依托若干相关科研项目,结合对一些家族企业深层次的交流沟通与考察调研,对不同于一般企业组织的家族企业融资问题展开深入研究。

本书从拟订提纲、执笔写作到不断地修改与完善,都得到了南京航空航天大学李南教授的悉心点拨与指导。导师渊博的学识、诲人不倦的品格、严谨的治学精神,让我每每"行有不得,反求诸己",时时不敢有懈怠之心,并将终身受益。在此,谨向李南老师表示最诚挚的谢意。本书的写作还有幸得到南京航空航天大学经济与管理学院刘思峰教授、周德群教授、孙涛教授、刘益平教授、苗建军教授等老师的拨冗指教，使我受益匪浅。中国人民大学商学院荆新教授，也给予了许多宝贵的提示和有意义的帮助。另外，南京航空航天大学图书馆刘明香老师、博士生林芳强以及一些企业界朋友和社会各界人士，在资料收集、问卷调查、数据采集与整理统计等方面给予了大力协助与支持，在此深表谢意。

在本书即将出版之际，还要衷心地感谢我的家人，是他们永远鼓励我积极进取，支持我不倦学习与努力工作，给了我莫大的精神安慰和前行的动力。特别是我的丈夫鄂海涛先生，耗费了大量的时间与精力帮助我进行调研、整理文稿以及探讨相关问题，在生活上和精神上对我始终如一地理解支持与默默奉献，成为我能够完成本书的坚强支撑和力量源泉。正是在这种无私的理解、支持和关怀下，并在我最困难和最犹豫时给我勇气与力量，我才能够背靠温暖家庭，全身心地投入到研究工作中并最终顺利完成书稿。在此，谨将本书作为礼物，献给我永远深爱的亲人们。

本书在撰写过程中参阅了许多国内外相关研究文献，对此已尽可能地在参考文献中加以列出，如有遗漏之处，则深表歉意。同时，谨向本书参考文献和引用文献所列出的作者及涉及的作者表示诚挚的谢意，感谢他们为本书研究所提供的重要借鉴和启示。

本书几易其稿直至最终完成，历时数年。这次出版是对我近几年研究工作一个系统化的整理与阶段性的总结。不可否认的是，在本书研究的基础上，对于家族企业融资的研究还有很大的改善空间和很多发展方向，这些都有待于今后通过持续的研究来使之更加全面和完善。由于自身学识有限，书中难免存在一些疏漏和不妥之处，恳请各位专家和同人不吝指正。

耿成轩
2013年2月于东华湖